Der Vorentwurf

zu einem

Schweizerischen Civilgesetzbuch.

Der Vorentwurf

zu einem

Schweizerischen Civilgesetzbuch.

Besprochen

von

Dr. Max Rümelin,
Professor an der Universität Tübingen.

Sonderabdruck aus Schmollers Jahrbuch für Gesetzgebung 2c. XXV. 3. 4.

Leipzig,
Verlag von Duncker & Humblot.
1901.

Inhaltsverzeichnis.

Seite

Einleitung 1
Der Plan des gesetzgeberischen Vorgehens 2
Die Gesamthaltung des Entwurfs 4
Die einzelnen Teile.
Die einleitenden Artikel 10
Das Personenrecht 12
Das Familienrecht 24
Das Erbrecht 56
Das Sachenrecht 83
Das Eigentum 83
Die beschränkten dinglichen Rechte 110
Besitz und Grundbuch 142

Einleitung.

Mit dem unterm 15. November 1900 veröffentlichten Vorentwurf des eidgenössischen Justiz- und Polizeidepartements hat die seit dem Jahre 1893 mit rastloser Energie betriebene Vorbereitung der schweizerischen Civilrechtskodifikation einen vorläufigen Abschluß erreicht, der eine zusammenfassende Beurteilung ermöglicht, mag auch immerhin die geplante Anpassung des Obligationenrechts an den neuen Entwurf, sowie der Schlußtitel, behandelnd die Anwendungs- und Übergangsbestimmungen, oder mit anderen Worten die örtlichen und zeitlichen Grenzen des neukodifizierten Rechts, noch ausstehen, und mag auch das Verständnis infolge des Fehlens von Motiven oder Erläuterungen für den größeren Teil des Werks noch erschwert sein.

Das hohe Interesse, welches die Schweizer Kodifikation für uns Deutsche bietet, ist schon in den bisher erschienenen Besprechungen des ersten Teilentwurfs über Personenrecht und Familienrecht von Laband [1] und Barazetti [2] genügend hervorgehoben worden. Unter Verwertung auch unserer deutschen Gesetzgebungsarbeiten ist hier ein durchaus selbständiges und originelles Werk entstanden, das, mögen die weiteren Schicksale des Entwurfs in der Schweiz sein, welche sie wollen, jedenfalls auf die Weiterentwickelung des gesamten deutschen Rechts nicht ohne Einfluß sein wird, bei einer Reihe von einzelnen Materien sogar vorbildlich werden kann. In einzelnen Materien!

---

[1] Deutsche Juristenzeitung von 1897, Nr. 7 S. 132 ff.

[2] Der Vorentwurf zum ersten und zweiten Teil des schweizerischen Civilgesetzbuchs. Bern 1898, Wyßscher Verlag.

Daß vielfach geschichtliche Entwickelung und Ausgestaltung der Lebens- und Verkehrsverhältnisse zu verschiedenen Regelungen führen mußten, ist selbstverständlich. Da und dort verdient unseres Erachtens auch die Normierung des deutschen B.G.B. den Vorzug. Mehrfach endlich befinden wir Deutsche uns in der glücklichen Lage, den Erfolg gewisser gesetzgeberischer Versuche, die übrigens sämtlich mit großer Umsicht und Besonnenheit angestellt sind, abwarten zu können.

Bei einer Behandlung des Schweizer Entwurfs in dieser Zeitschrift wird das Hauptaugenmerk wohl darauf zu richten sein, unter dem Versuch kritischer Würdigung der verschiedenen Standpunkte hervorzuheben, wo in wichtigeren Fragen wesentliche Abweichungen von unserem Recht vorliegen. Das technische Detail muß natürlicherweise zurücktreten. Ebenso kann der Zweck, kritische Beiträge für die weitere Entwickelung der schweizerischen Gesetzgebungsarbeit zu liefern, nur in sekundärer Weise verfolgt werden, umsomehr als für weitergehende Versuche in dieser Richtung dem Referenten schon die genügende Kenntnis des bisherigen kantonalen Rechts fehlen würde.

Der Plan des gesetzgeberischen Vorgehens.

Von Interesse ist schon die Art und Weise, wie die ganze Gesetzgebungsarbeit in Angriff genommen wurde. Der geschichtliche Hergang ist in der Hauptsache ersichtlich aus der dem Entwurf am Schluß angefügten Übersicht über die Vorarbeiten.

Besonders bemerkenswert ist, wie auf der einen Seite eine Centralisation der eigentlichen Redaktionsthätigkeit und der ganzen Initiative für die vorbereitenden Arbeiten in der Hand des Professor Eugen Huber in Bern erfolgte, auf der anderen Seite die ganze Schweizer Juristenwelt zur Mitarbeit herangezogen wurde. Voraussetzung dieses ganzen Vorgehens war natürlich, daß man als Redaktor einen Mann gefunden hatte, der nicht bloß das volle Vertrauen des Bundesrats genoß, sondern auch auf Grund seines Werkes über das schweizerische Civilrecht die allgemeinste Anerkennung bei den einheimischen Juristenkreisen gefunden hatte. Eine derartige Stellung nahm zur Zeit der Abfassung des B.G.B. kein deutscher Jurist ein. Für einen Akademiker insbesondere konnte schon wegen der weitgehenden Entfremdung zwischen Theorie und Praxis, wie sie sich namentlich in Preußen ausgebildet hatte, davon keine Rede sein.

Der in dem Memorial des eidgenössischen Justiz- und Polizeidepartements vom 17. November 1893 auf Grund von Hubers Vorschlägen entwickelte Plan ging dahin, zunächst die kantonalen Regierungen zu Vernehmlassungen über ihre Wünsche und über die Bewährung der kantonalen Einrichtungen in einer Reihe im einzelnen namhaft gemachter Punkte aufzufordern, hierauf unter Benützung des also eingegangenen Materials zur Ausarbeitung von Teilentwürfen über die schwierigsten und am verschiedenartigsten geregelten Materien, die Wirkungen der Ehe, das Erbrecht und das Grundpfandrecht zu schreiten, in der Weise, daß immer zunächst Durchberatung von seiten des Redaktors mit einer kleineren Kommission von 2—3 Personen, sodann offizielle Begutachtung von einem größeren Kreis besonders dazu aufgeforderter Personen, Korporationen oder Anstalten erfolgte. Erst hierauf schritt man zur Abfassung der eigentlichen Departementalentwürfe in 3 Abschnitten: Personen- und Familienrecht, Erbrecht, Sachenrecht. Diese Departementalentwürfe sind zunächst immer von Huber abgefaßt und sodann von Kommissionen unter Vorsitz des jeweiligen Departementsvorstehers durchberaten worden. Das zu den also festgestellten Departementsentwürfen eingereichte kritische Material ist bei der nunmehr vorliegenden Zusammenstellung derselben nur teilweise benützt, die weitere Berücksichtigung späteren Verhandlungen vorbehalten worden. Dagegen mußten vor der Zusammenfassung noch eingehendere Beratungen zum Zwecke der Ausgleichung der von verschiedenenen Verfassern herrührenden französischen Übersetzungen erfolgen. Bei der großen Bedeutung der beiden Fassungen, zu denen übrigens auch noch eine italienische treten soll, für die künftige Handhabung des neuen Rechts, konnte hierauf von vornherein nicht genug Sorgfalt verwendet werden.

Während der ganzen Arbeitszeit ist in umfassendstem Maß die Mitarbeit und Kritik auch weiterer nicht offiziell aufgeforderter Kreise ermöglicht worden, wie die zahlreichen, in der Übersicht erwähnten, privaten Gutachten und Publikationen beweisen. Auch soweit die Entwürfe für die Mitglieder der Expertenkommissionen als Manuskript gedruckt waren, sind sie in liberalster Weise zugänglich gemacht worden. Nunmehr ist vor der in Aussicht genommenen Durchberatung in einer großen Kommission, die zur endgültigen Feststellung des Entwurftextes führen soll, eine allgemeine Aufforderung ergangen, etwaige Wünsche, Anregungen und Anträge noch vorzubringen. In der großen Kommission sollen „sämtliche wichtige Interessen des Landes" ihre Vertretung finden. — Man erkennt hier dieselben Tendenzen, die in Deutschland seit der Publikation des 1. Entwurfs festgehalten wurden. Daß während der Ausarbeitung des letzteren nicht mit derselben beschränkten

Publizität vorgegangen werden konnte wie in der Schweiz, dürfte sich aus den Bevölkerungszahlen ergeben. Die Gesamtmasse der bei fortlaufender teilweiser Veröffentlichung dem Gesetzgeber zur Verfügung gestellten Weisheit und Afterweisheit wäre wohl in Deutschland eine kaum mehr zu bewältigende geworden.

Die Gesamthaltung des Entwurfs.

Wenden wir uns nunmehr zu dem Entwurfe selbst und zwar zunächst zu dessen Gesamthaltung und seiner Stellung zu allgemeineren Fragen, so fällt gegenüber dem deutschen B.G.B. zunächst äußerlich auf das Fehlen des allgemeinen Teils, an Stelle dessen lediglich, abgesehen von 5 einleitenden Artikeln, ein Personenrecht tritt. Dieser Umstand dürfte nicht sowohl auf eine Nachahmung des Code Napoléon, dessen mangelhafte Systematik auch sonst nicht vorbildlich war, als vielmehr darauf zurückzuführen sein, daß die wichtigsten Bestandteile der allgemeinen Rechtsgeschäftslehre sowie die Verjährungslehre schon im schweizerischen Obligationenrecht kodifiziert vorlagen. Die Übertragung der für den obligatorischen Vertrag geltenden Grundsätze auf andere Verträge kann füglich der Wissenschaft überlassen bleiben. Die Verjährungsbestimmungen in Art. 146 ff. des Obligationenrechts sind bisher schon auf „Ansprüche“, nicht auf „Forderungen“ abgestellt gewesen. Am ehesten dürfte bei dieser Art der Behandlung die Lehre vom einseitigen Rechtsgeschäft Not leiden. Bekanntlich ist man jedoch vor dem deutschen B.G.B. lange Zeit ohne feste Bestimmungen über diese Kategorie von Geschäften und ohne die Gegenüberstellung von empfangsbedürftigen und nichtempfangsbedürftigen Willenserklärungen ausgekommen. Die Klärung, welche durch die auf das deutsche Gesetzbuch verwendete Arbeit erreicht worden ist, wird sich die schweizerische Rechtsprechung auch ohne gesetzliche Handhabe zu Gute kommen lassen können.

Von dem bisher üblichen Schema weicht ja sodann auch ab die Anordnung: Personenrecht, Familienrecht, Erbrecht, Sachenrecht, Obligationenrecht. Trotzdem ist die Zusammenstellung von Personenrecht und Familienrecht einerseits, von Familienrecht und Erbrecht andererseits durchaus natürlich und, soviel Referent sieht, ergeben sich aus der Zurückstellung des Sachen- und Obligationenrechts nicht die geringsten Nachteile. Dabei ist die weitere Zerlegung der Teile in

Titel und dieser in Abschnitte überaus klar durchgeführt, und die Übersichtlichkeit wird noch dadurch gesteigert, daß auch innerhalb der Abschnitte mit Ziffern und Buchstaben gegliedert wird, so daß jeder einzelne Artikel noch seine besondere Überschrift bekommt.

Dasselbe Lob wie der Einteilung und Gliederung ist der Ausdrucksweise und Fassung im einzelnen zu spenden. Sowohl die populäre Fassung der im Schweizer Entwurf besonders zahlreichen, an das Verständnis der gesamten Rechtsunterthanen sich wendenden Leitsätze, sowie die allgemeine Klarheit und Schärfe des Ausdruckes, welch' letztere speciell auch durch die Nötigung zur doppelsprachlichen Fassung gefördert worden sein dürfte, verdienen Hervorhebung. Es wird kaum zu bestreiten sein, daß, wenn wir einen Vergleich zum deutschen bürgerlichen Gesetzbuch ziehen, die weitaus größere Form- und Sprachgewandtheit auf seiten des Schweizer Gesetzgebers liegt. Das ist nicht ausschließlich auf die persönlichen Eigenschaften der auf beiden Seiten beteiligten Redaktoren zurückzuführen, wenn auch von den ständigen Mitgliedern der deutschen Kommission keiner ein besonderes Sprachtalent besessen haben dürfte. Man muß auch bedenken, daß gerade in Bezug auf Fassungsfragen die Kompromisse gar sehr vom Übel sind, und daß demgemäß die Einheitlichkeit der Redaktion hier ganz besondere Vorteile bietet. Ferner ist noch in Erwägung zu ziehen, daß die Fassung um so leichter wird, je mehr man, worauf noch zurückzukommen, auf das billige Ermessen des Richters abstellt und mit elastischen Begriffen operiert, je mehr man das vermeidet, was Gierke in seiner Kritik des 1. deutschen Entwurfs (S. 58 ff.) abstrakte Kasuistik nennt. Diese letztere namentlich ist in dem Schweizer Entwurf aufs glücklichste vermieden. — Die ausnahmslose Superiorität der Schweizer Fassung kann übrigens nicht zugegeben werden. Jedenfalls dürfte es eine Übertreibung sein, wenn Barazetti (in seiner Besprechung S. 15) behauptet, daß „jeder schlichte Mensch, der etwas gelernt hat", die Sprache des Entwurfs verstehen könne. Ist damit gemeint, daß er in der Lage sei, sich eine annähernde Vorstellung von dem Inhalt sämtlicher einzelnen Artikel zu machen, so ist dieses unseres Erachtens für eine moderne Kodifikation überhaupt unerfüllbare Verlangen auch im Schweizer Entwurf nicht erfüllt, wenn auch voll anzuerkennen ist, daß die speciell für das Verständnis des allgemeinen Publikums berechneten Sätze diese Art von Verständlichkeit besitzen. — Daß sich für den Juristen auch beim Schweizer Entwurf noch recht erhebliche Auslegungsschwierigkeiten ergeben können, werden die folgenden Ausführungen zeigen[1]. Diese Auslegungsschwierigkeiten sind vielfach darauf zurückzuführen, daß allzu unbestimmte und dehnbare Begriffe wie z. B. „Angriff gegen die Person", „thatsächliche Gewalt" u. s. w. verwendet worden sind, oder, aus Furcht zu schleppend oder zu kasuistisch zu werden, auf genauere Fixierungen verzichtet ist. So erscheint mir z. B. zweifelhaft die Angemessenheit der im Schweizer Entwurf öfters wiederkehrenden Wendungen, wie „in den Schranken der Rechtsordnung" oder mit „Vorbehalt der gesetzlichen Ausnahmen", „wenn das Gesetz nicht anderes bestimmt". Diese finden sich auch in Fällen, in denen durchaus nicht klar ersichtlich ist, wo man die betreffenden Schranken oder Vorbehalte zu suchen hat (zu vergl. z. B. Art. 6, 11, 76, 196, 577 Abs. 2, 644, 653). Es dürfte sich immerhin die Frage erheben, ob nicht da und dort diese das Verständnis wenig fördernde Wendung beseitigt, oder durch eine exemplifikatorische Aufzählung der wichtigsten Schranken oder Ausnahmen, eventuell auch mit Hülfe des im deutschen B. G. B. so hart getadelten und dort gewiß im Übermaß verwerteten Paragraphen- bezw. Artikelcitierens, ersetzt werden könnte.

Niemand, der den Schweizer Entwurf mit dem deutschen bürgerlichen Gesetzbuch vergleicht, wird sodann übersehen, daß in dem ersteren das boni viri arbitrium des Richters eine noch weit bedeutsamere Rolle spielt als bei uns, soweit auch die Auslegung und Behandlung nach Treu und Glauben (§§ 157 und 242), die §§ 254, 829 und andere tragen mögen.

Hier hatte schon das Schweizer Obligationenrecht im Schadensersatzrecht einen erheblichen Schritt über das in Deutschland bisher gang und gäbe, noch im bürgerlichen Gesetzbuch fixierte, Recht hinaus gethan, indem es im Art. 51 die freie auch den Grad des Verschuldens berücksichtigende Schadenstaxation einführte. Dazu kommen nun aber eine große Anzahl in derselben Richtung liegender Bestimmungen des neuen Entwurfs. Man beachte z. B. außer dem letzten Absatz des Art. 1 der Einleitung, — welcher in letzter Linie dem Richter die Entscheidung nach Art eines Gesetzgebers gestattet, — die häufige Wiederkehr der Genugthuungsklagen, vor allem den weitreichenden Art. 26, der eine allgemeine Genugthuungsklage bei Angriffen auf die Person zuläßt (den Art. 55 des Obligationenrechts

[1] Monstra wie etwa die §§ 2316 oder 881 B. G. B. sind freilich nirgends zu finden.

wohl entbehrlich machend), dazu Art. 27. 113. 174. 344 Abs. 2. Des weiteren finden sich verschiedene Fälle, in denen dem freien richterlichen Ermessen die Durchführung eines überwiegenden Interesses gegen Schadloshaltung der sich damit kreuzenden untergeordneten Interessen an die Hand gegeben ist, wie z. B. in dem Falle der Art. 689. 705. (Durchleitung von Brunnen, Drainierröhren, elektrischen Leitungen, gegen Ersatz, unter billiger Berücksichtigung der Interessen des Grundeigentümers; Enteignung von Quellen, Brunnen und Bächen, wenn dem Richter dargethan wird, daß ein anderer dieselben zu wirtschaftlich weit höheren Interessen verwenden würde als der Eigentümer.) Auch die freie Stellung des Eherichters nach Art. 192 Absatz 2, 194 wäre in diesem Zusammenhang zu nennen.

Die Frage nun, wie weit man dieses freie richterliche Ermessen spannen soll, läßt sich unmöglich allgemein, auch nicht allgemein für eine bestimmte Zeit und Kulturperiode, entscheiden. Sie gehört zu den Fragen, die wie Zitelmann (die Rechtsgeschäfte im Entwurf eines B. G. B.) mit Recht sagt, sich nicht nach Principien, sondern nur nach Zweckmäßigkeitserwägungen im einzelnen Fall lösen lassen. Bei diesen Erwägungen spielen die Neigungen des Volkscharakters, die Qualifikation des Richterstandes, das Zutrauen zu demselben, der Nachdruck, der auf die certitudo des Rechts im Interesse der Verkehrssicherheit gelegt wird, die entscheidende Rolle. Diese Taxationen können in Deutschland und in der Schweiz verschieden ausfallen. Schon aus diesem Grunde ist es nicht angängig, vom deutschen Standpunkt aus an dem schweizerischen Kritik üben zu wollen oder umgekehrt. Außerdem wird bei allen derartigen Beurteilungen auch viel von Temperament, Neigung und Gewöhnung des einzelnen Beurteilers abhängen. Um so vorsichtiger sollte man, will man nicht die wissenschaftliche Diskussion durch Parteireden ersetzen, bei Behandlung dieser Dinge sein, ein Grundsatz, gegen den namentlich die Äquitätsjuristen, mögen sie nun direkt für das richterliche Ermessen oder für die laxe Interpretation nach französischem Muster schwärmen, so häufig verstoßen[1]. Immer und immer wieder kann man die sattsam bekannten Tiraden über den Formalismus und Scholasticismus oder über die Engherzigkeit und den Buchstabendienst der Gegner hören,

[1] So u. a. auch Barazetti in seinen Auslassungen zu Art. 26 (damals Art. 20) des schweizerischen Entwurfs.

ohne daß dabei die Gefahren des eigenen Standpunktes für die Rechts- und Verkehrssicherheit irgendwie gewürdigt werden.

Nur unter diesem Vorbehalt möchte daher Referent seine eigene Überzeugung dahin aussprechen, daß ihm die Entwickelungstendenz im Schadensersatzrecht in der Richtung des Art. 51 des Schweizer Obligationenrechts zu liegen scheint. Hier läßt sich ja das freie richterliche Ermessen bei der Beweiswürdigung keinesfalls entbehren, und auch bei der Heranziehung unzurechnungsfähiger Personen zur Schadenshaftung sowie bei der Schuldaufrechnung mußten bisher schon demselben die weitestgehenden Konzessionen gemacht werden. Über kurz oder lang wird man auch bei uns den letzten Schritt thun und der Abwägung des Verschuldens Einfluß auf die Schadenstaxation einräumen müssen. Gerade weil man im Schadensersatzrecht so wie so schon auf das richterliche Ermessen in weitem Umfang angewiesen ist, sollte man sich um so weniger scheuen, vollends reinen Tisch zu machen. — Dieses Argument könnte ja nun wohl auch zu Gunsten einer möglichst weitgehenden Zulassung von Genugthuungsklagen mit freier richterlicher Schätzung ins Feld geführt werden. Hier liegt die Sache aber doch insofern anders, als der dommage moral der französischen Praxis, der auch in Art. 55 des Schweizer Obligationenrechts gesetzlich fixiert sein dürfte, in seinem weiten Umfang dem deutschen Rechtsbewußtsein nicht entspräche. Die Zuerkennung einer Geldbuße von ein paar Tausend Mark an die Eltern wegen des fahrlässig verursachten Todes ihres Kindes wäre für uns ein Schlag ins Gesicht, auch Geldzahlungen an den Verletzten in Beleidigungsfällen (ausgenommen natürlich den Fall des § 188 Str. G. B.) widerstreiten der Auffassung weiter Kreise. Die Abwägung aller hier in Betracht kommenden Imponderabilien und die danach vorzunehmende Abgrenzung der Satisfaktionsansprüche kann man nicht lediglich dem praktischen Takt der einzelnen Richter überlassen, wenn man nicht zum reinen Würfelspiel in derartigen Prozessen gelangen will. Hier müssen vom Gesetzgeber bestimmte Bahnen vorgezeichnet werden, in denen sich das richterliche Ermessen zu bewegen hat. Insofern dürfte der § 253 des B. G. B. das Richtige treffen. Streiten wird man nur darüber können, ob man bei uns in der Zulassung einzelner Ausnahmen nicht noch weiter hätte gehen dürfen.

Nicht unbedenklich in dieser Richtung erscheint mir der Art. 26 des Schweizer Entwurfes, bezüglich dessen ich mich der Labandschen

Kritik anschließen möchte[1]. Seine Tragweite und sein Verhältnis zu Art. 55 des Obligationenrechts läßt sich schlechterdings nicht übersehen. Soll denn, damit Schadensersatz und unter Umständen Genugthuung seitens des in seiner Person unbefugt Angegriffenen verlangt werden können, überhaupt keine Schuld beim Angreifenden vorausgesetzt werden müssen? Nach dem Wortlaut ist diese Voraussetzung nicht aufgestellt. Beseitigung der Störung, die der Artikel außerdem noch aufführt, wird der Verletzte gewiß auch bei bloß objektivem Unrecht verlangen können. Trotzdem wird man die Schadensersatz- und Genugthuungsklagen auf den Fall des Vorsatzes und der Fahrlässigkeit, vielleicht sogar nur auf den ersteren Fall (Angriff?), zu beschränken haben. Besser wäre es jedenfalls das zu sagen[2]. Ferner was heißt Angriff auf die Person? Soll hier in der That das ganze Gebiet der römischen actio injuriarum getroffen sein, wie Barazetti meinte? Diese Abgrenzung ließe sich nur insoweit verwerten, als vorsätzliche Verletzungen in Frage stehen. Außerdem dürfte es der modernen Anschauung doch kaum mehr entsprechen, z. B. auch vorsätzliche Eingriffe in die Eigentumssphäre, soweit eine Mißachtung des Eigentümers in ihnen erblickt werden kann, unter den Gesichtspunkt eines Angriffs auf die Person zu bringen.

Oder sollte gar die Abgrenzung aus der Gierkeschen Theorie über die Persönlichkeitsrechte insbesondere dem, was er allgemeines Persönlichkeitsrecht nennt, zu gewinnen sein? Damit würde man erst recht ins Ungewisse geraten.

Die vorgebrachten Bedenken dürften genügen, um eine andere Fassung des fraglichen Artikels bei der endgültigen Redaktion wünschenswert erscheinen zu lassen.

Zustimmen möchte Referent dagegen der Freigebung der richterlichen Würdigung bei Durchführung des überwiegenden Interesses gegen

---

[1] Derselbe lautet: Wer in seiner Person unbefugterweise angegriffen wird, ist berechtigt, auf Beseitigung der Störung, sowie auf Schadenersatz und unter Umständen auf Leistung einer Geldsumme als Genugthuung zu klagen.

[2] Der französische Text, der sich hier mit dem deutschen nicht vollständig deckt, scheint für eine solche restriktive Auslegung zu sprechen. Dort heißt es: Celui qui subit dans sa personne une atteinte illicite peut en demander la cessation, sans préjudice d'indemnité à titre de dommages-intérêts et, le cas échéant, de satisfaction personnelle.

Dies erregt den Anschein, als ob die Frage des Schadensersatzes und der Genugthuung anderweitig (also wohl bei den unerlaubten Handlungen im Obligationenrecht) geregelt wäre.

Ersatz in den Art. 689 und 705. Ist man einmal der Überzeugung, daß diese Art der Interessenregulierung (geschildert in meiner Schrift über die Gründe der Schadenszurechnung S. 37 und 38) um so häufigere Anwendung finden muß, je mehr sich durch das nähere Zusammenrücken der Menschen, den gesteigerten Verkehr und die gesteigerte Ausnützung der Naturkräfte Interessenkollisionen ergeben, so wird man sich auch dazu verstehen müssen, derartige Entscheidungen vom richterlichen Ermessen und nicht bloß von Entscheidungen von Expropriations- und sonstigen Verwaltungsbehörden abhängig zu machen. Jedenfalls ist es weit weniger bedenklich, die Entscheidung in die Hand des Richters zu legen, als sie wie in den Notstandsfällen erforderlich, der Partei selbst anheimzustellen.

Die einzelnen Teile.

Die einleitenden Artikel.

Fassen wir nun die einzelnen Teile des Entwurfes ins Auge, so interessieren von den ersten 5 einleitenden Artikeln, die die Grundlagen der Rechtsprechung, das Verhältnis zum kantonalen Recht und die grundsätzliche Anwendbarkeit des künftigen Civilgesetzbuches für die Schweizer im Ausland und die Ausländer in der Schweiz enthalten [1], insbesondere die beiden ersten.

Als Grundlagen der Rechtsprechung werden anerkannt hinter dem Gesetz und dessen Auslegung im weitesten Sinn, wozu auch das Analogieverfahren zu rechnen, das Gewohnheitsrecht, die bewährte Lehre und Überlieferung und endlich die Gerechtigkeitsüberzeugung des Richters.

Bei der bewährten Lehre und Überlieferung wird man wohl an das werdende Gewohnheitsrecht, die communis opinio doctorum oder herrschende Meinung zu denken haben. Zweifelhaft könnte erscheinen, ob der

[1] Die Grundsätze des Gesetzbuchs selbst sollen in dem ersten Abschnitt des Schlußtitels aufgestellt werden. Zahlreiche Konfliktsnormen sind auch schon bei den einzelnen Materien, auf die sie sich beziehen, eingestellt. Man vergleiche z. B. Art. 13. 18. 157. 407. 408 u. a.

Richter an diese äußerlich und formell wie an das Gesetz oder Gewohnheitsrecht gebunden sein soll, oder ob dieses Juristenrecht, wie in Deutschland überwiegend angenommen wird, und wie es auch im Interesse der Selbständigkeit des Richterstandes angemessener sein dürfte, nur soweit zur Anwendung kommt, als es nicht gegen die Überzeugung des urteilenden Richters verstößt. Die letztere Auslegung scheint infolge der Einfügung des Wortes „bewährt" näher zu liegen. Denn gerade darüber, ob die Lehre sich bewährt hat, ob die auf Grund derselben ergangenen Urteile als billige zu gelten vermögen, kann nur die Überzeugung des Richters entscheiden.

Durch Verweisung auf die an Stelle des Gesetzgebers Recht schöpfende Thätigkeit des Richters ist in glücklicher Weise Stellung genommen zu Gunsten einer, wie Referent glaubt, in siegreichem Vordringen begriffenen Auffassung von der Lückenhaftigkeit des Rechts und der Notwendigkeit einer Ergänzung durch eine vom Richter nach bestem Wissen vorgenommene Abwägung der widerstreitenden Interessen.

Die Bestimmungen über das Gewohnheitsrecht machen Auslegungsschwierigkeiten[1]. Klar ist, daß alles gemeine Gewohnheitsrecht anerkannt sein soll, welches entweder in die vom Gesetzbuch offen gelassenen Lücken eintritt, oder Bestimmungen desselben erläutert und ergänzt; klar ferner, daß das kantonale Gewohnheitsrecht zugelassen wird innerhalb der den kantonalen Rechten vorbehaltenen Materien, ausgeschlossen wird zusammen mit dem sonstigen partikularen Gewohnheitsrecht, wo es Bestimmungen des Gesetzes aufheben oder abändern würde. Nichts Ausdrückliches bestimmt ist danach über das derogatorische oder abändernde gemeine und über das lückenergänzende partikulare Gewohnheitsrecht. — Die Meinung wird wohl sein, daß das derogierende gemeine Gewohnheitsrecht nicht ausgeschlossen sein soll; denn Abänderungen mindestens könnten sich in den in Art. 2 zugelassenen Erläuterungen verstecken, und außerdem sprechen entscheidende Gründe der Adaptionsfähigkeit des Rechts an die wechselnden Lebensbedürfnisse dafür, diesen gewohnheitsrechtlichen Bildungen keine Hindernisse in den Weg zu legen[2]. Die kantonalen und partikularen Ge-

---

[1] Zu vergleichen zum folgenden auch Martin in der Genfer Semaine judiciaire: Observations sur les deux premiers articles de l'avant projet du Code Civil Suisse.

[2] Auf die Frage, inwieweit überhaupt der Gesetzgeber der Entstehung von Gewohnheitsrecht entgegenwirken kann, soll an dieser Stelle nicht näher eingegangen werden. Die originäre Entstehung vom Gewohnheitsrecht, die unter Rechtsbruch erfolgt, ist nicht zu verhindern. Die Sätze, die ein Gesetzgeber über

wohnheitsrechtsbildungen wird man dagegen schlechthin auf die vorbehaltenen Materien beschränken müssen. Das argumentum a contrario aus Abs. 2 des Art. 3 schlägt durch, und ist auch auf das Ortsgewohnheitsrecht zu übertragen. Denn ist eine Materie einmal dem Bundesrecht vindiciert, so wird doch die ganze Rechtsentwickelung auf dem betreffenden Gebiet sich einheitlich vollziehen müssen[1].

Sind diese Auslegungen richtig, so würde das gesamte Resultat mit dem übereinstimmen, was für das deutsche Recht in Ermangelung besonderer Bestimmungen des Gesetzbuches als das Richtige erscheint. Diese Auffassung könnte jedoch noch deutlicher zum Ausdruck gebracht werden, wenn man nicht vorzieht, wie das im deutschen G. B. geschehen, die ganze Materie zu eliminieren.

Das Personenrecht.

Im Personenrecht tritt uns zunächst die Regelung der Handlungsfähigkeit entgegen, die sowohl von der bisherigen Normierung in dem Schweizer Bundesgesetz, betreffend die persönliche Handlungsfähigkeit vom 22. Brachmonat 1881, als vom deutschen Recht erheblich abweicht.

Dieselbe beruht auf der Gegenüberstellung einer natürlichen und einer rechtlich angeordneten Handlungsunfähigkeit.

Natürlich handlungsunfähig ist nach Art. 10, wer wegen Kindesalter oder infolge irgendwelcher Störung seiner Geistesthätigkeit die Beweggründe und die Folgen seines Handelns nicht richtig zu erkennen oder nicht einer richtigen Erkenntnis gemäß zu handeln vermag.

Diese Formulierung verdient insofern den Vorzug vor den sonst gebräuchlichen, welche auf die freie Willensbestimmung abstellen, als sie einmal die Abweichung von einem als normal vorausgesetzten Verhalten deutlich hervorhebt und des weiteren anzeigt, daß die

---

das Gewohnheitsrecht aufstellt, sind aber insofern von größter Bedeutung, als sie die viel häufigere derivative Entstehung regeln. (Vortrefflich über die ganze Frage Kipp-Windscheid § 15 N. 5.)

[1] Es handelt sich dabei um solche Materien, über die irgendwelche Bestimmungen des Civilgesetzbuchs vorliegen. Es bedarf wohl keiner ausdrücklichen Hervorhebung, daß die Sache ganz anders liegt, wo zwar die Bundeskompetenz begründet, von derselben aber noch kein Gebrauch gemacht ist. Das sind ja zunächst noch dem kantonalen Recht überlassene Gebiete.

Störung sowohl auf dem intellektuellen Gebiet als auf dem des Fühlens und Wollens liegen kann[1]. Weitere Anhaltspunkte als hier aufgestellt sind, wird man dem in diesen Fragen entscheidenden socialen Werturteil nicht zu bieten vermögen.

Von dem natürlich Handlungsunfähigen heißt es in Art. 11, daß er vorbehaltlich der gesetzlichen Ausnahmen durch sein Verhalten keine rechtliche Wirkung für sich herbeizuführen vermöge. Danach ist also ein natürlich Handlungsunfähiger außer stande, Rechte zu erwerben und solche aufzugeben, sich durch Rechtsgeschäfte, Delikte oder durch sonstige Handlungen zu verpflichten, Willenserklärungen, wie z. B. Mahnungen, Kündigungen in Empfang zu nehmen, einen Wohnsitz zu begründen, an sich wohl auch sich eine thatsächliche Herrschaft, die die Besitzstellung in sich schließt, zu verschaffen. Hier fragt es sich nur, wie weit die gesetzlichen Ausnahmen reichen und da gerade wird man von der unbestimmten Wendung des Art. 11 im Stich gelassen[2]. Zweifellos wird sein, daß unter den gesetzlichen Ausnahmen der Art. 58 des Obligationenrechts (Haftbarmachung schadenstiftender Unzurechnungsfähiger nach billigem Ermessen) und die Haftung aus ungerechtfertigter Bereicherung figurieren.

Kraft besonderer Rechtssatzung handlungsunfähig sind die Unmündigen, d. h. die unter 20 Jahre alten Personen, die nicht venia aetatis haben oder verheiratet sind, und die Entmündigten. Die Entmündigungsfälle sind im Vormundschaftsrecht Art. 396—399 aufgezählt. Es können entmündigt werden:

1. Geisteskranke und Geistesschwache, die ihre Angelegenheiten nicht zu besorgen vermögen oder die Sicherheit anderer gefährden,
2. Personen, die durch Verschwendungssucht, Trunksucht oder

---

[1] In dem früheren Teilentwurf hieß es: „wer von den Beweggründen, den Folgen und dem sittlichen Charakter seines Verhaltens kein Bewußtsein oder nur ein unentwickeltes, krankhaft gestörtes oder verkümmertes Bewußtsein hat“. Hier war vor allem die ausschließliche Abstellung auf das Bewußtsein zu beanstanden.

Der auch in einer späteren Fassung noch festgehaltene „sittliche Charakter der Handlung“ ist jetzt, wohl als überflüssig, fallen gelassen.

[2] Dem Bedürfnis, auch natürlich Handlungsunfähige Besitz erwerben zu lassen, könnte man vielleicht auch dadurch entsprechen, daß man sagt, die thatsächliche Gewalt sei nicht von dem Verhalten der betreffenden Person, welcher die Gewalt zustehen soll, sondern von der allgemeinen Würdigung abhängig.

lasterhaften Lebenswandel sich oder ihre Familie der Gefahr eines Notstandes oder der Verarmung aussetzen oder die Sicherheit anderer gefährden,

3. wer zu einer Freiheitsstrafe von einem Jahr oder mehr verurteilt ist,
4. wer selbst darum nachsucht, indem er darthut, daß er infolge von körperlichen Gebrechen, Altersschwäche oder Unerfahrenheit seine Angelegenheiten mit dem besten Willen nicht gehörig zu besorgen vermöge.

In allen diesen Fällen muß zunächst der Bevormundungsgrund festgestellt sein, worauf dann die Entmündigung durch die Vormundschaftsbehörde erfolgt. Es soll also nicht mehr, wie bisher in manchen Kantonen, eine Bevormundung auf Grund Einverständnisses der Beteiligten geben [1].

Abgesehen von der scharfen und bei uns wohl kaum durchzuführenden Maßregel der Entmündigung eines zu längerer Freiheitsstrafe Verurteilten, weicht hier das Entwurfsrecht von dem unsrigen vor allem darin ab, daß auch bei Geisteskrankheit und Geistesschwäche wegen Gefährdung der Sicherheit anderer entmündigt werden kann. Dies ist nicht ohne Bedenken, denn zweifellos giebt es Fälle, in denen zwar eine Internierung im öffentlichen Interesse aber keine privatrechtliche Entmündigung angezeigt erscheint. Mögen uns die Psychiater noch so oft darüber belehren, daß wegen des Zusammenhangs des geistigen Lebens sich niemals absehen lasse, ob, wenn einmal Defekte vorliegen, die eine Gefährdung der Umgebung des Kranken nach sich ziehen, nicht auch auf einmal die Besorgung der Vermögensangelegenheiten Not leiden könne, so wird dadurch nicht aus der Welt geschafft, daß thatsächlich zahlreiche Paranoiker jahrelang ihren Privatrechtsangelegenheiten in tadelloser oder wenigstens durchaus genügender Weise vorstehen. In solchen Fällen ist die privatrechtliche Entmündigung gewiß nicht angemessen. Gegen die Gefahr eines plötzlichen Umschlags ist der Kranke durch die Grundsätze über die Rechtshandlungen nicht entmündigter Geisteskranker geschützt. Erträglicher wird die Bestimmung allerdings dadurch, daß die Art. 439, 440 die Einräumung einer beschränkten privatrechtlichen Selbständigkeit durch die Vormundschaftsbehörde gestatten.

---

[1] Die Regelung des Verfahrens sowohl hinsichtlich der Feststellung des Bevormundungsgrunds als hinsichtlich der Entmündigung soll den Kantonen überlassen sein.

Allein besser wäre es doch, die ganze Vermischung öffentlichrechtlicher und privatrechtlicher Gesichtspunkte fallen zu lassen und die Wahrung der öffentlichen Sicherheit dem freilich überall reformbedürftigen öffentlichen Irrenrecht zu überlassen [1].

Wenn sodann in Art. 397 davon die Rede ist, daß bei Verschwendung, Trunksucht und lasterhaftem Lebenswandel die Entmündigung eintreten könne, sowohl wenn die betreffende Person sich oder ihre Familie der Gefahr eines Notstandes oder der Verarmung aussetzt, als wenn sie die Sicherheit anderer gefährdet, so dürften die letzten Worte wohl ausschließlich auf den Fall der Trunksucht zu beziehen sein. Denn daß man durch Verschwendungssucht die Sicherheit anderer gefährden könnte — (es sei denn daß man sie der Gefahr eines Notstandes aussetzt) — ist ja wohl ausgeschlossen. Und diejenigen Gefährdungen anderer, die speciell durch lasterhaften Lebenswandel herbeizuführen sind, können auch wohl nicht getroffen sein. Auch in der Schweiz wird man nicht etwa den gefährlichen Don Juan entmündigen wollen. So käme man hier zu keinem von dem deutschen Recht abweichenden Resultate. Die Fälle, in denen jemand durch lasterhaften Lebenswandel sich oder seine Familie der Gefahr eines Notstands oder der Verarmung aussetzt, würden bei uns ohne weiteres unter die Verschwendungssucht zu subsumieren sein.

Ein entschiedener Vorzug gegenüber dem Recht des deutschen B.G.B. ist darin zu erblicken, daß die freiwillig sich unter Kuratel stellenden Personen zu entmündigen sind, daß sie also nicht wie in Deutschland fortwährend durch ihre eigenen Handlungen die Maßnahmen ihres Vermögensverwalters kreuzen können.

Was nun die Rechtslage dieser gesetzlich handlungsunfähigen Personen anlangt, so wird durch die bloße Unmündigkeit oder Entmündigung ihre Erwerbsfähigkeit und Deliktsfähigkeit nach Art. 12 nicht berührt. Dagegen können sie ohne Zustimmung des Vormunds (Art. 437) durch rechtsgeschäftliche Erklärungen und wohl

[1] So richtiger Ansicht nach auch der Rechtszustand in Deutschland. Der Endemannschen Ansicht, daß bei Gefährdung der Sicherheit anderer immer auch Unfähigkeit zur Besorgung der eigenen Angelegenheiten vorliege (Einführung 3. und 4. Aufl. § 31 Z. 1; Lehrbuch 8. Aufl. § 31 Z. 2 Abs. 1) kann schon deshalb nicht beigepflichtet werden, weil die ausdrückliche Aufführung der Sicherheitsgefährdung bei der Entmündigung wegen Trunksucht ein deutliches arg. a contrario abgiebt.

auch durch Empfangnahme von solchen ihre rechtliche Lage nicht verschlechtern.

Möglich bleibt gemäß Art. 439. 440[1] die Einräumung einer gewissen Selbständigkeit durch die Vormundschaftsbehörde, möglich daneben auch nach Art. 437 die Erteilung von Generalkonsens des Vormunds zu einer ganzen Reihe im einzelnen noch nicht übersehbarer Geschäfte[2].

---

[1] Die Artikel lauten:

439. Der Bevormundete, dem die Vormundschaftsbehörde den selbständigen Betrieb eines Berufs oder Gewerbes ausdrücklich oder stillschweigend gestattet, kann alle Geschäfte, die zu dem regelmäßigen Betrieb des Berufes oder Gewerbes gehören, selbständig vornehmen und haftet den dritten Personen hieraus mit seinem ganzen Vermögen.

440. Die Vormundschaftsbehörde ist befugt, den Personen, die auf eigenes Begehren oder wegen Gedächtnisschwäche, Verschwendungssucht, Trunksucht oder lasterhaften Lebenswandels bevormundet sind, in der Besorgung der gewöhnlichen Verwaltungshandlungen und der Fürsorge für die täglichen Bedürfnisse die Selbständigkeit einzuräumen, deren sie fähig sind.

[2] Das Verhältnis der Art. 439 u. 440 untereinander und zum Art. 437 dürfte übrigens nicht in hinreichender Weise klargestellt sein. Zunächst einmal: wenn einem Bevormundeten nach Art. 439 der selbständige Betrieb eines Berufs oder Gewerbes gestattet ist, soll er dann nicht auch die gewöhnlichen Verwaltungshandlungen und die Handlungen, die zur Fürsorge für seine täglichen Bedürfnisse erforderlich sind, vornehmen können? Wenn ja, wie kommt es dann, daß in Art. 440 der Geisteskranke ausgeschlossen ist? Soll man ihm die Fürsorge für die täglichen Bedürfnisse nur einräumen können, wenn man ihm zugleich den Betrieb eines Berufs oder Gewerbes erlaubt? Oder wird etwa damit gerechnet, daß die Selbständigstellung des Art. 439 beim wirklich Geisteskranken, nicht bloß Geistesschwachen, niemals erfolgen werde? — Daß bei ihm immer andauernde natürliche Handlungsunfähigkeit vorliege, kann doch keinenfalls angenommen werden. Ist ferner, soweit die Art. 439. 440 reichen, der alleinige Generalkonsens des gesetzlichen Vertreters ausgeschlossen, so daß also z. B. der im Art. 440 nicht genannte Unmündige durch den Vormund zur Besorgung der gewöhnlichen Haushaltungsgeschäfte legitimiert werden könnte, der Verschwender dagegen nicht? Oder sollen die Art. 439 u. 440 nur besagen, daß die Vormundschaftsbehörde diese selbständigen Stellungen in einer den Vormund bindenden Weise einräumen kann, so daß, auch wenn sie nichts verfügt hat, der Vormund seinen Generalkonsens geben kann?

Sodann, was bedeuten die Worte in Art. 440: es kann den Personen die Selbständigkeit eingeräumt werden, „deren sie fähig sind"? Soll das nur eine instruktionelle Vorschrift an die Behörde sein, daß sie in der Genehmigung von Selbständigkeit nicht weiter geht als der Sachlage entspricht, oder soll, soweit es an der Fähigkeit zum selbständigen Handeln fehlt, das Geschäft ungültig sein? Woran soll der Gegner, der auf die Verfügung der Vormundschaftsbehörde vertraut hat, das erkennen?

Wie steht es endlich bei Geschäften, die auf Grund einer Ermächtigung

Für die juristisch Handlungsunfähigen gilt sodann noch der Art. 438 Abs. 2. Hat der Bevormundete den andern Teil zu der irrtümlichen Annahme seiner Handlungsunfähigkeit verleitet, so ist er ihm für den verursachten Schaden verantwortlich. Diese Verantwortlichkeit wird sich wohl nur bei vorhandenem Verschulden, also unter der Voraussetzung der natürlichen Handlungsfähigkeit, ergeben.

Diese Normierung hat vor der deutschen den großen Vorzug, daß endlich einmal mit dem Grundsatz der vollständigen Handlungsunfähigkeit Geisteskranker gebrochen ist. Dieser Grundsatz war in der That niemals durch das praktische Bedürfnis diktiert, sondern ist zum Teil einer falschen Interpretation römischer Quellenstellen, zum andern Teil einem vermeintlichen Naturrechtssatz, daß der Geisteskranke keinen rechtlich relevanten Willen haben könne, zur Last zu legen. Er war noch erträglich, soweit man in den lucida intervalla ein Sicherheitsventil gegen die Absurditäten besaß, die sich aus der strikten Anwendung ergeben hätten. Als man nach erfolgter Entmündigung die Berufung auf solche ausschloß, konnte man die gröbsten Mißstände nur dadurch abschneiden, daß man zwei Arten von Entmündigung, eine stärkere und eine schwächere (das B.G.B. spricht von Entmündigung wegen Geisteskrankheiten und wegen Geistesschwäche) unterschied, von denen die schwächere die Handlungsfähigkeit nicht vollkommen aufhob, sondern nur den Entmündigten dem Minderjährigen gleichstellte. Im Schweizer Entwurf sind nun die ganzen Schwierigkeiten, die sich auf Grund dieser verschiedenen Entmündigung ergaben, in Wegfall gekommen, dadurch daß man sich entschloß, ein- für allemal nur die geringere Wirkung eintreten zu lassen [1].

Vermieden sind sodann die Schwierigkeiten, die sich in Deutschland durch die Notwendigkeit ergeben, zwischen vorübergehender und

---

des Art. 439. 440 vorgenommen werden, wenn die natürliche Handlungsunfähigkeit konstatiert wird? An und für sich müßte man aus einer Vergleichung des Art. 439 mit 437 schließen, daß die Ermächtigung der Vormundschaftsbehörde auch die natürliche Handlungsunfähigkeit deckt.

Diese Fragen könnten und sollten unseres Erachtens deutlichere Beantwortung finden.

[1] Schade nur, daß die ganze schwierige Unterscheidung zwischen Geisteskrankheit und Geistesschwäche durch den Art. 440, in dem nur der Geistesschwache, nicht auch der Geisteskranke genannt ist, wieder notwendig gemacht zu sein scheint.

andauernder Störung zu unterscheiden (§ 104 Z. 2 im Gegensatz zu § 105). Die natürliche Handlungsunfähigkeit macht den einzelnen Akt, bei dem sie vorlag, ungültig, unabhängig von ihrer Dauer. Während nach dem deutschen B.G.B. in den Fällen, in denen zwar andauernde Geisteskrankheit aber keine Entmündigungsreife vorliegt — man denke an die oben erwähnten Fälle der Paranoia — auf der andern Seite aber das Bedürfnis entsteht, einzelne Rechtsgeschäftsakte, z. B. ein offenbar krankhaft beeinflußtes Testament, zu annullieren, die unglückliche Fassung des § 105 die größten Schwierigkeiten bereitet, ist auf Grund des Art. 11 des Schweizer Entwurfs das wünschenswerte Resultat leicht zu erreichen. Es braucht dann nur festgestellt zu werden, daß in dem gegebenen Fall die natürliche Handlungsfähigkeit nicht vorhanden war. — Zu hüten wird sich die künftige Schweizer Praxis nur davor haben — und diese Gefahr liegt bei dem starken Einfluß der Forelschen Psychiatrie nahe — zu rasch eine natürliche Handlungsunfähigkeit „im allgemeinen" anzunehmen. Das sollte nur da geschehen, wo auch vom Standpunkt des praktischen Lebens aus gesehen, Unbrauchbarkeit zu allen Geschäften vorliegt, nicht schon, wo nach psychiatrischem Urteil eine dauernde geistige Erkrankung vorliegt, welche erhebliche Anomalien im gesamten Verhalten hervorzurufen geeignet ist. Würde man anders verfahren, so wären die ganzen Vorteile wieder aus der Hand gegeben, die man durch die zweckmäßige Gestaltung des Entmündigungswesens erreicht hat [1].

Beachtenswert ist endlich noch, daß das Schweizer Recht in dem Art. 438 Abs. 2 anschließend an den bisherigen Art. 33 Abs. 3 des Obligationenrechts noch eine Schutzmaßregel zu Gunsten des gutgläubigen Geschäftsgegners einer handlungsunfähigen Person eingeführt hat, die auch dem deutschen Recht wohl anstünde. Wenn der Handlungsunfähige den Gegner zur Annahme seiner Handlungsfähigkeit verleitet hat, so haftet er auf Schadensersatz. Wie das Wort „verleiten" ergiebt, und wie außerdem aus der absoluten, nicht vom Ermessen des Richters abhängig gemachten, Haftung erhellen dürfte, ist dabei nur an den Fall des Verschuldens gedacht, so daß also Art. 438 Abs. 2 cessiert, sobald natürliche Handlungsunfähigkeit vorliegt. Vorzuziehen wäre es, wenn diese Schadensersatzhaftung

[1] Zu vergleichen ist gegen die Identifizierung von Geisteskrankheit und andauernder allgemeiner Handlungsunfähigkeit auch die Fassung der Art. 117 und 142 Abs. 2.

dem Art. 58 des Obligationenrechts (§ 829 des deutschen B.G.B.) entsprechend gestaltet würde, so daß also nach billigem Ermessen der Handlungsunfähige auch bei fehlendem Verschulden haftbar gemacht werden könnte. So wie die Rechtssätze jetzt lauten, dürfte eine derartige Haftbarmachung nur möglich sein, soweit in dem Verleiten zugleich der Thatbestand einer unerlaubten Handlung gemäß Art. 50 gegeben ist.

Aus dem weiteren Recht der Einzelpersonen mögen, nachdem von dem Art. 26 schon gehandelt ist, als Abweichungen gegenüber dem deutschen Recht noch der Ausschluß mehrerer Wohnsitze (Art. 21 Abs. 2; eine entschiedene Vereinfachung!) die engere Beschränkung der Namensklage (nach Art. 27 nur bei Namensanmaßung, nicht schon bei unbefugtem Gebrauch), die sehr zweckmäßigen Bestimmungen über den Todesbeweis (Art. 31. 32), insbesondere die ganz allgemeine Fassung der Kommorientenpräsumption im Art. 30 Abs. 2, sowie einige Besonderheiten des Verschollenheitsrechts kurz hervorgehoben werden.

Hier findet in Bezug auf die Zulassung der Verschollenheitserklärung, welche an Stelle der deutschen Todeserklärung tritt, derselben aber nicht vollständig entspricht, eine bedeutende Vereinfachung statt; es werden nur zwei Fälle unterschieden: Verschwinden in hoher Todesgefahr, gleichgültig, wie dieselbe begründet war, und längere nachrichtlose Abwesenheit. Im ersten Fall kann nach einem Jahr seit der Todesgefahr, im zweiten Fall nach fünf Jahren seit der letzten Nachricht das Gesuch auf Verschollenheitserklärung gestellt werden, worauf der Richter innerhalb eines durch das Gesetz in maximo und in minimo begrenzten Rahmens eine Aufgebotsfrist setzt, nach deren resultatlosem Verstreichen er die Verschollenheitserklärung vornimmt. Diese hat Wirkung ex tunc (Art. 36 Abs. 2), wobei eigentümlicherweise im Fall der nachrichtlosen Abwesenheit die Verschollenheitswirkung auf das Eintreffen der letzten Nachricht, also auf einen Zeitpunkt zurückbezogen wird, an dem der Verschollene höchst wahrscheinlich noch gelebt hat[1]. Die Lebenspräsumption ist im Gegensatz zu dem bisherigen Recht mancher Kantone und im Gegensatz zum deutschen Recht gestrichen.

Eine erhebliche Vereinfachung gegenüber den verwickelten Be-

[1] Daß nicht ausdrücklich von einer Todespräsumption gesprochen wird, die im betreffenden Zeitpunkt eintrete, ändert an der Seltsamkeit der Bestimmung nichts. Denn die Wirkung ist in der That diejenige einer Todespräsumption.

stimmungen des deutschen Rechts in §§ 1348—1352 enthält der Art. 121. Der Ehegatte des Verschollenen kann nach der Verschollenheitserklärung die Ehe auflösen lassen. Dann ist und bleibt sie aufgelöst, auch wenn der Verschollene zurückkehrt, und zwar auch wenn dies geschieht, ehe der Zurückgebliebene zum zweitenmal geheiratet hat. Einen Übelstand vermag Referent darin, daß unter Umständen die Ehegatten, die einander wieder haben wollen, zu einer neuen Trauung genötigt werden, nicht zu erblicken. Im Interesse der Rechtsvereinfachung mag man dies ruhig in Kauf nehmen.

In dem zweiten Titel des Personenrechts, welcher von den Körperschaften und Anstalten handelt, werden nur die nichtwirtschaftlichen Vereine und die Stiftungen eingehender behandelt, während die wirtschaftlichen Vereine den bundesrechtlichen Bestimmungen über Gesellschaften und Genossenschaften, die öffentlichrechtlichen und kirchlichen Körperschaften dem öffentlichen Recht, sei es des Bundes oder der Kantone, die Allmendgenossenschaften speciell dem kantonalen Recht unterstellt werden. Für die sämtlichen juristischen Personen, einschließlich der zuletzt genannten, sind nur einige wenige allgemeine Bestimmungen über Voraussetzung der Persönlichkeit, Rechtsfähigkeit, Handlungsfähigkeit, Wohnsitz, Auflösung aufgestellt, welche in gelungener Fassung die neuerdings so ziemlich überall entwickelten allgemeinen Grundsätze wiedergeben.

Hinsichtlich der Zulassung der nichtwirtschaftlichen Vereine zur juristischen Persönlichkeit konnte es für die Schweiz keine Frage sein, daß das Princip der freien Körperschaftsbildung aufgenommen wurde. Das entspricht für die meisten Kantone schon dem bisher geltenden Recht. Von den Ängstlichkeiten gegenüber den politischen, socialpolitischen und religiösen Vereinen, wie sie in das deutsche B.G.B. Aufnahme gefunden haben, konnte bei der ganzen Gestaltung des politischen Lebens in der Schweiz keine Rede sein.

Alle diese Vereine erlangen die Persönlichkeit, sobald eine hinreichende Äußerung des Körperschaftswillens vorliegt. Eine solche wird gesehen in der Annahme schriftlich aufgesetzter Vereinsstatuten, die über Zweck, Mittel und Organisation hinreichend Auskunft geben. Registereintrag ist zur Entstehung der Persönlichkeit nicht erforderlich. Vielmehr ist nur der Verein berechtigt, eine Eintragung ins Handelsregister vornehmen zu lassen.

Diese Normierung wird als eine vollkommen ausreichende und zweckentsprechende erachtet werden können, wie sie sich denn auch schon bisher in den kantonalen Rechten bewährt hat. Vermögensrechtliche Garantien dem Publikum gegenüber sind ja bei diesen idealen Vereinen nicht von Nöten und werden auch bei dem System des Registerzwangs nicht geboten. Über das Vorhandensein des Körperschaftswillens wird freilich bei dem letzteren System größere Sicherheit geschaffen, allein immerhin dürfte das Publikum auch bei der in Art. 78 des Schweizer Entwurfs gegebenen Normierung hinreichend gedeckt sein. Der Fall, daß ein Gegenkontrahent eines solchen Vereins zunächst angenommen hat, daß ihm die Vereinsmitglieder haften, und daß dann plötzlich Vereinsstatuten produziert werden, die eine Haftungsbeschränkung ergeben, wird kaum jemals vorkommen. In dem entgegengesetzten Fall, daß jemand mit einem Vereinsvermögen gerechnet hat, und nun etwa wegen ungenügender Statuten sich herausstellt, daß ein solches im strengen Sinn des Wortes nicht besteht, werden immer Vollmachten von seiten der Miteigentümer dieses Vermögens vorgelegen haben, auf Grund deren man mindestens zu einer Haftung mit den betreffenden Miteigentumsquoten gelangt. Gar leicht können sich aber weitergehende Haftungen, vor allem für die handelnden Vorstände, ergeben. — So sind es in erster Linie die Vereinsmitglieder selbst, die ein Interesse daran haben, für das Vorhandensein hinreichender Statuten zu sorgen, und die Beurteilung, ob solche vorliegen, dürfte für sie nicht allzu schwierig sein.

Bei solcher liberalen Gewährung der Persönlichkeit kann sich der Gesetzgeber ruhig auf den Standpunkt stellen, diejenigen Vereine, welche diese nicht erlangen, als einfache Gesellschaften gemäß Art. 524 bis 551 des Obligationenrechts zu behandeln (Art. 81). Der mißgeborene Zwitter der nichtrechtsfähigen Vereine mit allen seinen Schwierigkeiten und Streitfragen, die sich aus der mangelnden passiven Parteifähigkeit, aus der Übertragung des äußerst dehnbaren Gesellschaftsrechts auf körperschaftlich organisierte Verbände ergeben, kommt gänzlich in Wegfall.

Einzig und allein ausgeschlossen von der juristischen Persönlichkeit sind die verbotenen Vereine, d. h. diejenigen, welche einen widerrechtlichen oder unsittlichen Zweck verfolgen[1].

In Bezug auf die Behandlung dieser widerrechtliche oder unsittliche Zwecke verfolgenden Vereine ist übrigens der Standpunkt des

[1] Auf sie können auch die Grundsätze des Gesellschaftsrechts keine Anwendung finden, da ja hier auch immer verbotene oder unsittliche Gesellschaftsverträge zu Grunde liegen werden. Anders nur, wenn ausschließlich die korporative Organisation verboten wäre.

Entwurfs kein durchaus klarer. Nach Art. 80 haben sie überhaupt keine juristische Persönlichkeit. Nach Art. 95 können sie durch Gerichtsurteil auf Klage der zuständigen Behörde oder irgend jemandes, der ein Interesse hat, aufgelöst werden, was dann nach Art. 76 Abs. 2 Verfallen des Vermögens an das Gemeinwesen zur Folge hätte. Wie reimt sich das zusammen? Was gar nicht besteht, kann doch nicht aufgelöst werden; wenn es kein Vereinsvermögen, sondern nur Miteigentum der Vereinsmitglieder giebt, so kann kein Vereinsvermögen an das Gemeinwesen anfallen.

Gemeint könnte etwa sein, daß, wenn schon satzungsgemäß ein widerrechtlicher oder unsittlicher Zweck verfolgt wird, die Persönlichkeit gar nicht erworben wird, daß dagegen die Auflösungsmöglichkeit eingreift, wenn bloß thatsächlich solche Operationen erfolgen. Allein dann hätte man den Übelstand, daß die Vermögenskonfiskation in den schlimmsten Fällen der widerrechtlichen Satzung versagen würde. — Denkbar wäre auch, daß die Auflösungsbefugnis unabhängig vom Vorhandensein der Persönlichkeit zusteht, und in diesem Falle eben unter analoger Anwendung des Art. 76 das im Miteigentum der Vereinsmitglieder stehende Vermögen dem Gemeinwesen anfallen soll. Diese Auslegung ist sogar die plausiblere. Unter allen Umständen aber ist es für den Gesetzgeber dringend geboten, hier eine Klärung eintreten zu lassen.

Aus dem übrigen Vereinsrecht darf vielleicht noch rühmend hervorgehoben werden der starke Schutz der Mitglieder gegen Vergewaltigung. Gegen Ausschließung, Vereinsbeschlüsse, welche den Vereinszweck überschreiten oder abändern oder Mitgliedschaftsrechte beeinträchtigen, ist überall die Anfechtung auf dem Rechtsweg gestattet, und zwar ist diese Bestimmung offenbar als jus cogens aufzufassen, so daß sie durch das Statut nicht ausgeschlossen werden kann[1].

[1] Ähnliche Sätze fehlen im B.G.B. So kann vor allem der Vereinszweck durch Majoritätsbeschluß geändert werden, wenn die Satzung das vorschreibt (§ 33 in Verbindung mit § 40), und eine entsprechende Satzungsänderung kann mit drei Viertel Majorität durchgesetzt werden (§ 33). In derselben Weise können nachträglich Ausschließungsmöglichkeiten geschaffen und benutzt werden. Auch könnte nach deutschem Recht zweifelhaft sein, ob es nicht möglich ist, die Frage der Ausschließung von der Gerichtskompetenz zu eximieren und schiedsrichterlicher Entscheidung zu unterstellen. Endlich sind die Mitgliederrechte nach § 35 nur insofern besonders geschützt, als sie Sonderrechte sind. (Zu vergleichen noch Leist, Vereinsherrschaft und Vereinsfreiheit im künftigen Reichsrecht. Jena 1899. Über die Frage der Schiedsgerichte derselbe, Schiedssprüche gegen zwingendes Recht. Berlin 1900.)

Auch bei den Stiftungen ist die vollständig freie Zulassung, mit Ausnahme der an Konzession gebundenen Stiftungen zu öffentlichen Zwecken, in den meisten Kantonen hergebrachtes Recht. Es mag auch sein, daß bei dem praktisch-verständigen Sinn des Schweizer Volks sich erheblichere Übelstände auf Grund dieser Normierung nicht herausgestellt haben, sowie daß eine Beschränkung schwer ertragen würde. Trotzdem halten wir dieselbe principiell für sehr bedenklich. Der Gesetzgeber hat sich so einzurichten, daß er einem eventuellen Mißbrauch, auch wenn derselbe selten vorkommen sollte, zu steuern vermag. Das ist nach dem Entwurf nicht der Fall: Eine Aufhebung der Stiftung ist nach Art. 106 u. 107 nur möglich bei Unerreichbarkeit, Widerrechtlichkeit oder Unsittlichkeit des Zwecks, eine Zweckänderung nach Art. 105 nur bei Entfremdung gegenüber dem Stifterwillen. Es bleibt also nur die von Art. 72 der kantonalen Gesetzgebung eingeräumte Möglichkeit, den Liegenschaftserwerb und den sonstigen Erwerb, soweit er 1000 Franken übersteigt, zu beschränken, wobei es übrigens nicht unzweifelhaft ist, ob man diese Beschränkung auch (direkt oder per analogiam) auf die Vermögenswidmung selbst beziehen darf, durch welche die Stiftung ins Leben gerufen wird[1]. Im übrigen ist der Staat gegenüber den thörichtsten und läppischsten Stiftungen — und was kommen da nicht ab und zu für Dinge vor — wehrlos. Es muß nach Art. 103 auch noch über den Unsinn Aufsicht geführt, bei ungenügender Organisation nach Art. 101 durch ergänzende Anordnungen Fürsorge getroffen werden. — Demgegenüber ist es doch Bedürfnis, mit Gierke[2] nochmals hervorzuheben, daß, wenn dem Privatwillen die Möglichkeit eröffnet werden soll, sich zu einem unsterblichen Rechtssubjekt zu verkörpern, eine entscheidende Mitwirkung des allgemeinen Willens, welcher ja doch die Fortdauer der Stiftungsorganisation garantieren muß, dringend zu verlangen ist. In Deutschland sind schon vor dem B. G. B. weitaus die meisten Partikularrechte von dem als gemeinrechtlich angenommenen Satz der Stiftungsfreiheit abgegangen. Die Gefahr, daß die Versagung der staatlichen Konzession zur Unterdrückung gemißbilligter politischer oder socialer Tendenzen mißbraucht werden könnte, darf wohl kaum ins Feld geführt werden gegen die Verall-

---

[1] In Ermangelung anderer Handhaben gegen die unzweckmäßigen Stiftungen wird man den Art. 72 so zu interpretieren suchen.

[2] Der Entwurf eines bürgerlichen Gesetzbuchs für das deutsche Reich S. 154. 155.

gemeinerung des Konzessionszwangs. Denn sie ist doch offenbar bei den Stiftungen zu öffentlichen Zwecken am meisten begründet. — Würde man sich zu der allgemeinen Aufstellung des Erfordernisses der Staatsgenehmigung — vielleicht mit Ausnahme der reinen Familienstiftungen — verstehen, so würde auch eine angemessenere Regelung des Widerrufsrechts bei Stiftungen unter Lebenden erleichtert werden. Nach dem jetzigen Standpunkt des Entwurfs können bei Stiftungen zu öffentlichen Zwecken Widerrufe bis zur Genehmigung erfolgen, bei anderen Stiftungen überhaupt nicht.

Was die Behandlung der widerrechtlichen und unsittlichen Stiftungen betrifft, so liegt hier eine ähnliche Inkoncinnität, wie wir sie bei den Vereinen hervorgehoben haben, nicht vor. Der Art. 97 setzt zur Entstehung der juristischen Persönlichkeit einen erlaubten Zweck voraus. Der Art. 107 gestattet Aufhebung einer entstandenen Stiftung bei Widerrechtlichwerden des Zwecks. Das steht vollständig im Einklang. Es ist auch durchaus angemessen, die Aufhebung bei Änderung der Gesetzgebung — um eine solche wird es sich, da der Stiftungszweck nur durch den Gemeinwillen geändert werden kann, allein handeln — ausdrücklich durch Gerichtsurteil konstatieren zu lassen.

Als wünschenswert möchte Referent es noch bezeichnen, daß in dem Abschnitt über die Stiftungen ausdrücklich hervorgehoben würde, wie bei Stiftungen unter Lebenden der Vermögenserwerb der Stiftung erfolgt. Es dürfte sich zwar aus Art. 667 u. 707 ergeben, daß kein Eigentumserwerb auf Grund der Stiftung allein stattfinden kann, daß demgemäß nur Ansprüche gegen den Stifter auf Übereignung entstehen, während andererseits etwaige Cessionen sich unmittelbar mit dem Stiftungsakt vollziehen. Allein eine ausdrückliche Hervorhebung dieser Sätze nach dem Muster des § 82 B.G.B. würde zur Erleichterung des Verständnisses beitragen.

Das Familienrecht.

Das Familienrecht zerfällt wie im deutschen B.G.B. in die drei Abteilungen: Eherecht, Verwandtschaftsrecht, Vormundschaftsrecht. Namentlich in den beiden ersten Teilen tritt die besondere Begabung des Gesetzgebers, die im Familienrecht so notwendigen die ethische Grundauffassung wiedergebenden Leitsätze zu prägnantem und zugleich volkstümlichem Ausdruck zu bringen, in rühmenswertester Weise hervor. Man vergleiche z. B. die Sätze über die Wirkungen der Ehe (Art. 182—184), über das Eltern- und Kindesverhältnis (Art. 297. 300—302), die Hausgewalt (Art. 357. 358). In der Behandlung des ehelichen Güterrechts findet sich, wie schon von anderer Seite bemerkt, eine stärkere Übereinstimmung mit dem deutschen B.G.B. als in anderen Partien, jedoch fehlt es auch hier keineswegs an Selbständigkeit der Auffassung und namentlich nicht an erheblichen Vereinfachungen der Regulierung und Ausdrucksweise.

Das Eherecht.

Gehen wir nunmehr über zu den einzelnen Rechtsinstituten, so ist aus dem Verlöbnisrecht besonders die allgemein gehaltene Genugthuungsklage des Art. 113 bei böswilligem und leichtfertigem Verlöbnisbruch aufs entschiedenste anzuerkennen. B.G.B. § 1300 ist hier zweifellos zu eng.

Die Ehefähigkeit ist beim Mann auf das 20. Jahr schlechthin, ohne Zulassung einer venia aetatis wie im deutschen Recht, bei der Frau auf das 18. statt auf das 16. Jahr, ebenfalls in bindender Weise festgesetzt. Dieser größeren Strenge gegenüber der Zulassung verfrühter Heiraten ist unseres Erachtens durchaus Beifall zu zollen, während der Grundsatz des Art. 8 Abs. 2, daß die 18jährige Frau durch die Heirat mündig werden soll, Bedenken erregt. Die Reife eines Mädchens zur Heirat bedingt nicht die erforderliche Selbständigkeit in der Wahrnehmung ihrer Vermögensinteressen dem Mann gegenüber. Den Gefahren unbefugter Einmischung des gesetzlichen Vertreters kann durch Modifikation der elterlichen und vormundschaftlichen Gewalt gegenüber der Ehefrau entgegengetreten werden, und in den Fällen vorhandener geistiger Reife kann die Volljährigkeitserklärung helfen [1].

Bei dem Ehehindernis der Verwandtschaft ist die sog. affinitas illegitima (der Vater darf nicht ein Mädchen heiraten, das mit dem Sohne geschlechtlichen Umgang gepflogen hat, die Tochter darf nicht den Liebhaber der Mutter heiraten) fallen gelassen, und zwar mit Recht.

In Bezug auf die Ungültigkeit einer geschlossenen Ehe ist wie im deutschen Recht zwischen Nichtexistenz, Nichtigkeit und Anfechtbar-

---

[1] Die Argumentation der Motive zum deutschen Entwurf S. 58 ff. scheint dem Ref., soweit sie die Frau betrifft, durchschlagend. Anders, wenn man die Heirat unmündiger Männer zulassen würde. (a. M. Barazetti S. 22, 23 und früher für den deutschen Entwurf Gierke S. 139. Wenn der Grundsatz „Heirat macht mündig" kein deutsches Rechtssprichwort wäre, würde auch Gierke vielleicht zu einem andern Resultat gekommen sein.)

keit zu unterscheiden. Die Nichtexistenz, bei der es keiner Klage auf Nichtigerklärung bedarf, ist jedoch im Schweizer Recht viel enger eingeschränkt. Erforderlich ist zur existenten Ehe nur Ehekonsens und Trauung durch den Civilstandesbeamten. Dabei genügt auch der Ehekonsens handlungsunfähiger Personen: arg. Art. 142 u. 145[1]. Alle weiteren Vorschriften über Trauung und Eintrag ins Eheregister begründen nach Art. 153 überhaupt keine Ungültigkeit. Daß bei Fehlen der beiden angegebenen Erfordernisse überhaupt keine Ehe zustande kommt, ist als selbstverständlich gar nicht ausdrücklich ausgesprochen. Die Bedeutung welche §§ 1324 und 1329 B.G.B. dem Eintrag ins Heiratsregister beilegen, ist dem Entwurf unbekannt. Ob es nicht angezeigt wäre, bei Eintragung ins Eheregister Nichtigerklärung zu verlangen, mag dahingestellt bleiben.

Bei den Anfechtungsgründen ist im Schweizer Entwurf der Irrtum über den Inhalt der Erklärung des § 1332 B.G.B. (ein Ehegatte wußte nicht, daß es sich um eine Eheschließung handelte, wollte keine Eheschließungserklärung abgeben) nicht genannt, wohl wegen der praktischen Seltenheit solcher Fälle. Die Anfechtbarkeit würde sich aber, sollte der Fall sich ereignen, per analogiam ergeben[2].

Überaus wohlthuend berührt der humane Standpunkt des Art. 155: „Wird eine Ehe für ungültig erklärt, so gelten die Kinder gleichwohl in allen Beziehungen als ehelich ohne Rücksicht auf den guten oder bösen Glauben ihrer Eltern."

In Deutschland tritt bekanntlich diese Wirkung nur ein, wenn mindestens einer der Ehegatten in gutem Glauben war, und selbst unter dieser Voraussetzung nicht, wenn ein wesentlicher Formfehler vorlag und kein Eintrag ins Heiratsregister erfolgte. Besonders hart an diesen Bestimmungen ist die Bedeutung, welche dem Formmangel beigelegt wird. Allein auch die Gründe, welche in den Kommissionsprotokollen für das Erfordernis des guten Glaubens nach mindestens einer Seite angeführt werden, können in keiner Weise überzeugen. Weder die möglichen Reflexwirkungen einer schlechten

---

[1] Die Unterscheidung zwischen der Nichtigkeit des Art. 142 und der Anfechtbarkeit des Art. 145 gründet sich darauf, ob die natürliche Handlungsunfähigkeit eine nicht vorübergehende oder eine vorübergehende (nur beim Akt der Trauung vorhandene) war. Ist es wohl nötig, diese mißliche Unterscheidung hier einzuführen, könnte man nicht in allen Fällen mit einer eventuell rasch heilbaren Nichtigkeit auskommen?

[2] Wollte das Gesetz in diesem Fall Nichtigkeit anordnen, so hätte es dies aussprechen müssen.

Behandlung der Kinder auf die Eltern noch die Rücksichten auf die Würde der Ehe rechtfertigen es, die Kinder für das leiden zu lassen, was die Eltern begangen haben. Wollte man mit diesen Argumenten Ernst machen, so käme man zu einer Ablehnung auch der Wirkungen einer einseitigen Putativehe, und dürfte nur bei beiderseitigem gutem Glauben der Eltern den Kindern die Stellung ehelicher einräumen. Der entscheidende Grund für die Normierung des deutschen Gesetzes dürfte in dem Anschluß an das bisherige Recht gelegen haben, während in der Schweiz schon seit längerer Zeit andere Bahnen eingeschlagen waren [1].

Was die Behandlung der Kinder aus einer solchen für ungültig erklärten Ehe anlangt, so verweist der Art. 155 Abs. 2 in einfacher Weise auf die Grundsätze der Ehescheidung.

Auf dem parteiumstrittenen Gebiet des Ehescheidungsrechts nimmt der Entwurf ebenso wie schon das Bundesgesetz, betreffend die Feststellung und Beurteilung des Civilstands und die Ehe, vom Jahre 1874 (vgl. Art. 45 u. 47) Stellung gegen die Lehre, daß eine Scheidung nur bei schwerem Verschulden des einen Teils begehrt werden dürfe, und begiebt sich auf den Standpunkt der Auffassung, daß, wenn die Zwecke der Ehe thatsächlich vereitelt sind, und keine Wiederherstellung eines richtigen ehelichen Zusammenlebens zu erwarten ist, besser ist zu scheiden. Es ist klar, wie schon Laband hervorgehoben hat, daß dieser Standpunkt wiederum den heftigsten Widerspruch der klerikalen und protestantisch-orthodoxen Parteien wachrufen wird, wie sich dies ja auch in Deutschland bei dem Kampf um den Ehescheidungsgrund der Geisteskrankheit gezeigt hat, daß aber auf der anderen Seite alle liberal denkenden Männer sich werden sagen müssen: es ist alle Kraft daran zu setzen, diese Bestimmungen durchzubringen.

Der Schweizer Entwurf geht mit Recht noch einen Schritt weiter als das deutsche B.G.B., indem er nicht bei der Ehescheidung wegen unheilbarer Geisteskrankheit stehen bleibt, sondern bei jeder tiefen Zerrüttung des ehelichen Verhältnisses, auch wenn sie nicht von einem Teil verschuldet ist, sofern nur den Ehegatten die Fortsetzung der Gemeinschaft nicht zugemutet werden kann, der Scheidungsklage stattgiebt. Dieselbe muß, wenn kein vorwiegendes Verschulden auf einer Seite vorliegt, von beiden Ehegatten angestellt werden.

---

[1] S. Bundesgesetz betreffend die Feststellung und Beurteilung des Civilstands und die Ehe Art. 55.

Diese Scheidung ersetzt die Scheidung aus gegenseitiger Übereinkunft, sie macht die Vorspiegelung eines Verschuldens des einen Teils, insbesondere das Komödienspiel der Quasidesertionen überflüssig, indem sie dennoch die leichtfertigen und frivolen Ehescheidungen dadurch abschneidet, daß die tiefe Zerrüttung des ehelichen Verhältnisses dem Richter nachgewiesen werden muß. Dafür, daß diese Zerrüttung auf Grund des beiderseitigen Scheidungsbegehrens vermutet werde, wie Barazetti (S. 113) annimmt, ist keinerlei Anhaltspunkt vorhanden. — Freilich ist der Ehescheidungsgrund ein relativer, von dem richterlichen Ermessen abhängiger (cause indéterminée). Aber will man sich nicht auf den extremen Standpunkt stellen und bei beiderseitiger Übereinkunft ohne weiteres scheiden, so giebt es keine andere Möglichkeit als die Abstellung auf das richterliche Ermessen. — Die Zulassung einer Scheidung aus Übereinkunft unter Aufrichtung äußerer Hindernisse, welche nur bei feststehendem ernsthaftem Scheidungswillen überwunden werden können, wie z. B. langer Fristen, eines Zwangs zu vorherigen Auseinandersetzungen über das Vermögen, über die Erziehung der Kinder, haben ihrerseits wieder erhebliche Mißstände im Gefolge.

Daneben kennt der Entwurf noch fünf auf das Verschulden des einen Teils basierte Scheidungsgründe: Ehebruch; Lebensnachstellung, Mißhandlung und schwere Ehrenkränkung; Verbrechen und unehrenhafter Lebenswandel; Verlassung; tiefe Zerrüttung des ehelichen Verhältnisses durch vorwiegendes Verschulden des einen Teils.

In durchaus origineller Weise ist sodann die Scheidungsklage in Verbindung gebracht mit der Trennung von Tisch und Bett. Diese Bestimmungen enthalten auch dem bisherigen schweizerischen Bundesrecht gegenüber eine wichtige Neuerung, die von M. F. H. Mentha in seinen im National Suisse erschienenen interessanten Artikeln über den Vorentwurf [1] im Interesse des konfessionellen Friedens mit Freuden begrüßt wird. Zunächst können beim Vorliegen von Scheidungsgründen die Ehegatten auch den Antrag auf Trennung stellen. Wenn keiner der Ehegatten Scheidung verlangt, kann nur die Trennung ausgesprochen werden. Dies darf auch dann geschehen, wenn von einer Seite Scheidungsbegehren gestellt ist, und der Richter die Überzeugung gewinnt, daß Aussicht auf Wiedervereinigung der Ehegatten

[1] Als Broschüre unter dem Titel: Avant-projet du Code civil Suisse, étude publiée dans le National Suisse par M. F. H. Mentha, professeur à l'Académie de Neuchâtel, zu La Chaux-De Fonds 1901 erschienen.

vorhanden sei. — Insofern wird die Scheidung bei allen Scheidungsgründen vom richterlichen Ermessen abhängig gemacht. Die Trennung von Tisch und Bett kann ausgesprochen werden auf bestimmte Zeit, von 6 Monaten bis zu 3 Jahren, oder auf unbestimmte Zeit. Im letzteren Fall ersetzt sie die Aufhebung der ehelichen Gemeinschaft des B.G.B., mit dem Unterschied, daß die Scheidung vom Bande erst nach Ablauf von 3 Jahren von einem der Ehegatten begehrt werden kann. Es dürfte übrigens wohl dem Sinn des Gesetzes entsprechen, daß bei Scheidungsbegehren auch nur eines Ehegatten die Trennung nur auf bestimmte Zeit ausgesprochen wird. In allen Fällen, sowohl bei Trennung auf bestimmte als auf unbestimmte Zeit, kann die Trennung auf Begehren eines Ehegatten in Scheidung umgesetzt werden. Und zwar dürfte nach Art. 171 hierzu kein neuer Prozeß erforderlich sein. Vielmehr erfolgt „neue Würdigung der früheren Klage".

Mit dieser sehr beweglichen und elastischen Trennung von Tisch und Bett hat der Ehescheidungsrichter ein vortreffliches Mittel in der Hand, den verschiedenartigsten Situationen gerecht zu werden. Die Möglichkeit, dabei in angemessener Weise den Unterhalt zu regulieren, ergiebt sich schon aus Art. 193. Ebenso hat der Richter, soweit nicht ein Gatte die Gütertrennung verlangt, die Möglichkeit, über die Fortdauer des bisherigen Güterstandes nach seinem Ermessen zu befinden (178).

Was schließlich die Scheidungswirkungen betrifft, so bestimmt das Schweizer Gesetz, daß die Frau immer den Namen ihrer angestammten Familie wieder annehmen solle (also auch die Witwe, die zum zweitenmale geheiratet hat, wieder ihren Mädchennamen!), unabhängig davon, ob sie wegen ihres oder des Mannes Verschulden geschieden wird (172). Ferner gewährt der Entwurf gegen den allein schuldigen Ehegatten nicht bloß, wie das deutsche Recht, Unterhaltsansprüche, sondern Entschädigungs- und bei persönlicher Unbill Genugthuungsklagen (174). Ein Unterhaltsanspruch wird billigerweise dem unschuldigen Ehegatten auch dann gegen den anderen gewährt, wenn diesen ebenfalls kein Verschulden trifft (175). Bezüglich der Gestaltung der Elternrechte gilt freies Ermessen des Richters mit Abänderungsrecht auf Begehren des Vormundschaftsgerichts oder der Beteiligten bei Wechsel der Verhältnisse (Art. 179, 180).

Der folgende Titel, welcher die Wirkungen der Ehe behandelt, ist in zwei Abschnitte zerlegt, mit den Überschriften „Die eheliche

Gemeinschaft", (entsprechend den „Wirkungen der Ehe im allgemeinen" des B. G. B.) und „Der Güterstand".

In den Abschnitten über die eheliche Gemeinschaft werden vor allen Dingen die Leitsätze über das Wesen der Ehe, über die Stellung von Mann und Frau und über ihre gegenseitigen Verpflichtungen, abgesehen von der auch unseres Erachtens entbehrlichen germanistischen Gemeinschaftskonstruktion [1] in mustergültiger Weise, entwickelt, sowie die Stellung der Ehegatten nach außen, Dritten gegenüber, fixiert. — Materiell kommen die Sätze des Schweizer Entwurfs zu demselben Resultat, das auch nach dem deutschen B. G. B. zu Grunde zu legen ist. Wenn der Mann das Haupt der Gemeinschaft ist (Art. 183 Abs. 1), so entscheidet er auch grundsätzlich in gemeinschaftlichen Angelegenheiten (G. B. § 354 Abs. 1). In der Verpflichtung zum einträchtigen Zusammenwirken (Art. 182 Abs. 2) ist enthalten, daß bei Mißbrauch seiner Stellung die Frau nicht zum Gehorsam verpflichtet ist (§ 1353 Abs. 2 § 1354 Abs. 2). Auch die Verpflichtung der Frau zu eventuellen Diensten im Haushalt oder Geschäft des Mannes ist in Art. 184 Abs. 2 in allgemeinerer Fassung zum Ausdruck gelangt.

Bezüglich der Schlüsselgewalt der Frau weicht der Entwurf insofern von dem deutschen Recht ab, als dieselbe nur durch den Richter entzogen werden kann (184). Ausdrücklich geregelt ist im Entwurf für alle Güterstände gleichmäßig die Ausübung eines Berufs oder Gewerbes durch die Ehefrau, während es an einer dem § 1358 G. B. entsprechenden Bestimmung über die Kündigung der von der Frau eingegangenen Arbeitsverträge fehlt. Hier greifen also, wenn die Eingehung des Arbeitsvertrags eine Pflichtverletzung gegenüber dem Manne enthält, nur die gewöhnlichen Grundsätze zum Schutz der ehelichen Gemeinschaft ein.

Gerade dieser Schutz der Gemeinschaft gegen pflichtwidriges Verhalten des Ehegatten ist nun in besonders beachtenswerter Weise ausgestaltet. Anstatt der hölzernen infolge der Schwerfälligkeit des Apparats und der Höhe der Kosten in auffallendem Mißverhältnis zu dem erreichbaren bloßen Feststellungserfolg stehenden Klage auf Herstellung des ehelichen Lebens kennt der Entwurf zunächst eine richterliche Mahnung an die Pflicht, die offenbar ohne regelrechten Prozeßgang, nach Ermessen des Richters mit oder ohne Anhörung des beschuldigten Teils erfolgen kann. Bei fruchtloser Mahnung

---

[1] Zu vergl. darüber Mentha a. a. O. S. 28 ff.

kann der Richter nach Art. 192 die zum Schutz der Gemeinschaft erforderlichen Maßregeln treffen, die bei Wegfall des Grundes auf Ansuchen eines Ehegatten wieder aufgehoben werden können.

Als solche Maßregeln sind ausdrücklich hervorgehoben: Aufhebung der häuslichen Gemeinschaft mit eventueller Regelung der nach auswärts zu liefernden Unterhaltsbeiträge, und wenn der Mann die Sorge für Weib und Kind vernachlässigt, Anweisung an die Schuldner, ihre Zahlungen ganz oder teilweise der Frau zu leisten. Zur Maßregelung der Frau können in Betracht kommen: Entziehung der Schlüsselgewalt (Art. 187) und wohl auch Untersagung eigenen Gewerbebetriebs, (wie sich aus Art. 190 Abs. 3 ergeben dürfte). Außerdem fallen aber unter 192 Abs. 2 auch in den Güterstand eingreifende Maßregeln, wie Entziehung der Verfügung über das Frauengut gegenüber dem Mann, Ermächtigung an die Frau, gewisse Einkünfte, die sie sonst abzuliefern hätte, zurückzubehalten, bei Pflichtvergessenheit der Frau Entziehung des Unterhaltsanspruchs, Aufhebung von Arbeitsverträgen, die sie abgeschlossen[1]. Wir haben hier ein sehr interessantes Experiment mit dem freien richterlichen Ermessen vor uns, dessen Resultaten wir, wenn die Bestimmung Gesetz wird, mit Spannung entgegensehen dürfen. Zweifellos ist, daß durch ungeschicktes Eingreifen des Richters unendlich geschadet werden kann. Daß das Eingreifen meistens vom Übel sei, der gewissenhafte Richter am besten daran thun werde, sich jeder Einmischung zu enthalten, wie Mentha[2] meint, vermag Referent nicht zuzugeben. Mag es immerhin dem brutalen Trunkenbold gegenüber verfehlt sein, die Schuldner zur Zahlung an die Frau anzuweisen, beim haltlosen Leichtsinn des Ehemanns kann das Mittel von bester Wirkung sein. — Am meisten begründet scheinen mir die Bedenken Menthas gegen die vorübergehende Aufhebung der häuslichen Gemeinschaft (Art. 193), deren Verhältnis zu der Trennung des Art. 165 zu wenig deutlich wird.

Des weiteren sind unter den Abschnitt eheliche Gemeinschaft noch 2 Sätze gestellt, die wir zum Prozeßrecht zählen, der eine betreffend die Prozeßfähigkeit der Ehefrau bei allen Güterständen, der andere die Fähigkeit des Mannes, über das eingebrachte Gut der Frau als Prozeßpartei zu streiten. (Prozeßstandschaft im Sinne Kohlers?) Diese letztere Regelung, kraft deren zum Zweck der Exekution in ein-

[1] Zu vergleichen die Erläuterungen Hubers zu dem ersten Teilentwurfe betreffend die Wirkungen der Ehe S. 57 Abs. 3.

[2] a. a. O. S. 26. 27.

gebrachtes Gut der Frau immer ein Urteil gegen den Mann genügt, ist erheblich zweckmäßiger als die deutsche, bei der immer sowohl ein Urteil gegen die Frau als ein solches gegen den Mann auf Duldung der Zwangsvollstreckung nötig ist. Endlich wird noch der regelmäßige Ausschluß der gegenseitigen Zwangsvollstreckung während bestehender Ehe[1] als Konsequenz der ehelichen Gemeinschaft bezeichnet, während das deutsche Recht diese Wirkungen nur als Ausfluß der Güterstände, der Verwaltungsgemeinschaft und der verschiedenen Gütergemeinschaften ansieht, bei Gütertrennung also nicht eintreten läßt. Auch wird die Möglichkeit von Rechtsgeschäften zwischen den Ehegatten allgemein hervorgehoben.

Dagegen fehlt es an einer genaueren Fixierung der Unterhaltspflichten, wie sie sich im deutschen Gesetzbuch finden, an der Aufstellung eines besonderen Haftungsprincips, und an der aus der römischen praesumptio Muciana entstandenen allgemeinen Vermutung zu Gunsten der Gläubiger, daß die im Besitz der Ehegatten gefundenen beweglichen Sachen dem Manne gehören. Diese allgemeine Vermutung ist im Entwurf durch speciell bei der Güterverbindung nnd Gütergemeinschaft aufgestellte Vermutungen ersetzt[2], während bei der Gütertrennung von jeder Präsumption Abstand genommen wurde. In den Erläuterungen ist dieses Fehlen der Präsumption bei der Gütertrennung nicht begründet, obwohl eine solche dem gemeinen preußischen und sächsischen Recht zu Grunde lag und ins deutsche Gesetzbuch aufgenommen ist. Man wird aber wohl nicht fehlgehen, wenn man das Motiv dieser Stellungnahme in dem Fehlen eines inneren Grundes für eine solche Vermutung zu Gunsten der Gläubiger des Mannes sucht. Bei den Gütergemeinschaften bildet das Gesamtgut, bei der Güterverbindung das in der Disposition des

[1] Ausnahmen zum Schutz dritter Gläubiger, zum Schutz des Ehegatten bei Schuldbetreibung Dritter und zum Zweck der Durchführung einer Gütertrennung.

[2] Art. 223 Abs. 2: Behauptet ein Ehegatte, daß ein Vermögenswert zum Frauengut gehöre, so ist er hierfür beweispflichtig.

Art. 245 Abs. 3: Behauptet ein Ehegatte, daß ein Vermögenswert nicht zum Gesamtgut gehöre, so ist er hierfür beweispflichtig.

Abgestellt ist dabei nur auf den Ehegatten selbst. Klar ist aber, daß wenn seine Gläubiger, um zur Exekution zu gelangen, die entsprechende Behauptung aufstellen, sie ebenfalls die Beweislast trifft.

Die Gläubiger des Mannes können nach dem Gesagten bei beiden Güterständen auf Grund eines gegen ihn erzielten Urteils ruhig die in der ehelichen Wohnung gefundenen Gegenstände exequieren und Gegenbeweis abwarten.

Mannes befindliche Gut die Regel. Hier ist es gerechtfertigt, die Abweichungen von dieser Regel von demjenigen beweisen zu lassen, der sie behauptet. Bei der Gütertrennung spricht garnichts dafür, daß die einzelnen Gegenstände dem Manne gehören und nicht der Frau.

Dies ist durchaus logisch gedacht, aber es darf doch bezweifelt werden, ob man praktisch damit auskommt. Wie sollen denn die unglücklichen Gläubiger des Mannes den ihnen obliegenden Beweis erbringen? Eine Inventarisierungspflicht besteht nicht. Führt hier die Beweislosigkeit nicht häufig zur Schutzlosigkeit? Und wie steht es denn mit der Durchführung des logischen Princips bei der Güterverbindung? Dafür, daß etwas Mannesgut und nicht eingebrachtes Gut der Frau sei, spricht doch eigentlich auch nichts. Und doch wird hier eine Präsumption aufgestellt.

In dem zweiten Abschnitt über den Güterstand werden nur die allgemeinen Grundsätze über die vermögensrechtlichen Wirkungen der Ehe aufgeführt. Die Ausgestaltung der einzelnen Güterstände ist dem folgenden (6.) Titel überlassen. Es handelt sich in dem allgemeinen Abschnitt zunächst um die Frage der Vertragsfreiheit und um die Frage des gesetzlichen, oder wie der Entwurf sagt, ordentlichen Güterstands.

Der Art. 201 erkennt die Vertragsfreiheit principiell vor und nach der Eheschließung einschließlich der Vertragsänderung an; dieser Grundsatz bildet in verschiedenen Kantonen eine Neuerung, namentlich was die Änderung des Güterstands während der Ehe betrifft, wie ja auch in Deutschland in den französischrechtlichen Gebieten jeder Ehevertrag während bestehender Ehe ausgeschlossen (Code 1394, 1395), in den landrechtlichen Gebieten wenigstens die Einführung der Gütergemeinschaft beschränkt war (Allg. L.R. II. 1 §§ 354, 355). Bei der Zähigkeit, mit welcher die im französischen Recht geschulten Juristen auch verfehlte Bestimmungen des Code festzuhalten pflegen, wird sich wohl ein gewisser Widerstand gegen diese Bestimmungen voraussehen lassen. Hoffentlich wird derselbe zu überwinden sein. Die in den deutschen Motiven und Hubers Erläuterungen (S. 62) angeführten Gründe sind durchschlagend. Daß gegen die Zulassung nachträglicher Änderung des Güterstands nicht die Interessen Dritter ins Feld geführt werden dürfen, liegt auf der Hand. Läßt man überhaupt einmal zu, daß unter Wahrung der Publizität (Art. 219) vom gesetzlichen Güterstand abweichende Güterverhältnisse durchgeführt werden, und schützt man die Gläubiger, denen schon ein bestimmtes Vermögen haftbar geworden ist, dagegen, daß ihnen die Haftungsobjekte entzogen werden (Art. 209), so lassen sich von diesem Gesichtspunkte aus keine Einwendungen gegen die vollständige Durchführung der Vertragsfreiheit mehr erheben. Die Betonung der Gefahren aber, die für die Ehegatten selbst, für die Ehefrau infolge des Übergewichts des Mannes, der sie zu einem ihr nachteiligen Ehevertrag verleiten könnte, für den Ehemann infolge der Überredungsgabe der Frau oder infolge Versagung der ehelichen Zärtlichkeit möglicherweise entstehen, ist nicht mehr zeitgemäß. Wie soll man hier plötzlich zu einer solchen Bevormundung gelangen, während man doch sonst im ganzen Eherecht davon ausgeht, daß die Ehegatten die zur Wahrung ihrer Interessen erforderliche Einsicht und Charakterstärke besitzen. Das Bedürfnis, auch nach der Ehe Verträge zuzulassen, ist ein dringendes. Denn einmal können Änderungen in den Verhältnissen eintreten, und außerdem kann sich auch erst im Verlauf der Ehe die Einsicht bei den Ehegatten ergeben, welches Gütersystem für sie das richtige ist.

Im übrigen braucht für die Vertragsfreiheit wohl keine Lanze mehr gebrochen zu werden. Denn daß man kein güterrechtliches System gesetzlich aufstellen kann, das für alle konkreten Verhältnisse paßt und daß man auch nicht durch Nebeneinanderstellung verschiedener gesetzlicher Gütersysteme je für bestimmte Stände oder Personenklassen zum Ziele gelangen kann, ist ja allgemein anerkannt.

Im Gegensatz zum deutschen Recht ist in dem Art. 201 verlangt, daß die Parteien irgend einen der im Gesetz geordneten Güterstände zu Grunde legen, wobei Errungenschaftsgemeinschaft und Fahrnisgemeinschaft als Modifikationen der Gütergemeinschaft aufgefaßt werden.

Als gesetzlichen oder ordentlichen Güterstand hat der Schweizer Gesetzgeber wie der deutsche das System der Verwaltungsgemeinschaft oder „Güterverbindung" gewählt, neben dem subsidiär für eine Reihe von Fällen, teils unmittelbar auf Grund Gesetzes teils auf Grund richterlicher Anordnung, die Gütertrennung tritt. Wie in Deutschland hat man im Interesse der Rechtseinheit davon abgesehen, für die einzelnen Gebiete verschiedene gesetzliche Güterstände zu statuieren.

Diese Stellungnahme war ja wegen des starken Überwiegens der Güterverbindung im bisherigen kantonalen Recht außerordentlich naheliegend, aber dennoch bleibt es für uns im höchsten Grad beachtenswert, daß trotz der lebhaften Angriffe, welche der Standpunkt des deutschen Gesetzbuchs erfahren hat, der Redaktor des schweizerischen

Entwurfs auch aus principiellen Gründen wiederum zu demselben Resultat gelangt, unbeirrt auf der einen Seite durch das von der germanistischen Romantik erhobene Postulat der allgemeinen Gütergemeinschaft und unbeeinflußt auf der anderen Seite von der heftigen und bisweilen maßlosen Agitation der Frauenrechtler zu Gunsten der Gütertrennung.

Es ist hier nicht der Ort die ganze Frage nach dem besten Gütersystem noch einmal aufzurollen. Jedoch bedürfen die von Huber in seinen Erläuterungen zum ersten Teilentwurf (S. 64) geltend gemachten, unseres Erachtens sehr beherzigenswerte Gründe seiner Entscheidung der Hervorhebung.

Die allgemeine Gütergemeinschaft führt den Gedanken der Konzentration des ehelichen Vermögens in der Hand des Mannes am energischsten durch, aber sie leidet an dem Fehler, daß sie während bestehender Ehe die Frau allzu großen Gefahren aussetzt, da aus praktischen Gründen die gemeinsame Verfügungsbefugnis beider Ehegatten nicht durchgeführt werden kann, vielmehr der Mann als der eigentliche Vertreter des Gemeinschaftsguts erscheinen muß. Mit Rücksicht auf diese Präponderanz des Mannes ist es auch gewiß nicht richtig, wenn Menger (Das bürgerliche Recht und die besitzlosen Volksklassen S. 46) die allgemeine Gütergemeinschaft als das für die unteren Stände passendste Gütersystem bezeichnet. Er denkt dabei wohl nur an die hälftige Teilung nach Auflösung der Ehe. Nirgends sonst ist es dem Manne so leicht gemacht, wie bei der allgemeinen Gütergemeinschaft, den Arbeitsverdienst der Frau durchzubringen. Ein weiterer recht erheblicher Übelstand liegt in den Willkürlichkeiten und Zufälligkeiten, die sich bei unbeerbter Ehe im Falle der Auflösung ergeben. Wenn einzelne Bauernschaften, wie z. B. in Westfalen und im württembergischen Oberschwaben an diesen Übelständen keinen Anstoß zu nehmen scheinen, sie vielmehr wegen der sonstigen Vorteile, eben der starken Konzentration des Vermögens in der Hand des Mannes und der Möglichkeit fortgesetzter Gütergemeinschaft, in Kauf nehmen, so beweist das nichts zu Gunsten einer Verallgemeinerung dieses Gütersystems [1].

Des weiteren wendet sich Huber gegen das System der Gütertrennung, indem er die den modernen Verhältnissen nur ausnahms-

[1] Man denke auch an die verhältnismäßige Seltenheit unbeerbter Ehen in diesen Kreisen und an die bäuerliche Sitte des Zusammenheiratens gleichmäßig begüterter Personen.

weise noch entsprechende Fahrnisgemeinschaft und die allzu komplizierte Errungenschaftsgemeinschaft, deren Vorzüge sich, wie wir noch sehen werden, durch Modifikation der Güterverbindung ebenfalls erreichen lassen, mit Stillschweigen übergeht. Die Gütertrennung bedarf der notwendigen Ergänzung durch Ehevertrag, oder, so können wir hinzufügen, durch eine richterliche Regulierung der Beitragspflicht, da sie an sich lediglich die reine Negation jeder güterrechtlichen Verbindung enthält. Eine derartige Verweisung auf vertragsmäßige Ergänzung oder richterliche Regulierung in concreto ist aber beim gesetzlichen Gütersystem gewiß vom Übel. Außerdem darf man die Gefahr nicht unterschätzen, daß durch die Gütertrennung, insbesondere wo Streitigkeiten über die von der Frau zu leistenden Beiträge eingreifen, das Zusammengehörigkeitsgefühl der Ehegatten gelockert werden kann[1].

Soweit Huber. Hinzugefügt darf noch werden, daß das Bedürfnis nach möglichster Sicherung des Frauengutes, das ja allerdings bei dem System der Gütertrennung am vollständigsten befriedigt wird, der Wunsch der Frau principiell die Verwaltung ihres gesamten Vermögens zu sichern, nur bei den reichsten Schichten der Bevölkerung stark hervortritt. Bei der ganzen Arbeiterbevölkerung genügt es zweifellos, wenn man der Frau die Verfügung über ihren Arbeitsverdienst gewährleistet. — Die Reichen können aber am ehesten auf den Weg des Vertrages verwiesen werden.

Das weiteren werden in dem allgemeinen Abschnitt über den Güterstand noch behandelt die gemeinsamen Grundsätze über die Sondergüter, die bei allen Gütersystemen vorkommen können, über die Form der Eheverträge und über die Ehegutsregister, in welche die sämtlichen Abweichungen vom gesetzlichen Güterstand um gegen Dritte zu wirken, eingetragen werden müssen. Als Abweichungen vom deutschen Recht sind besonders hervorzuheben, daß die Kinder aus einer früheren Ehe zur Verabredung einer Gütergemeinschaft zustimmen müssen (215), sowie daß die vertragsmäßigen Bestimmungen, die für Dritte von Bedeutung sein sollen, ohne Eintrag ins Ehegutsregister überhaupt nicht wirksam werden, also auch dem

[1] Man wende dagegen nicht ein, unter normalen Verhältnissen werde die Frau ihr Vermögen doch dem Mann zur Verwaltung übergeben in der Weise, daß er die Erträgnisse zu den onera matrimonii verwenden könne. — Denn sobald man zugiebt, daß der Normalfall eine derartige Verwaltung des Mannes voraussetzt, wird man gegen eine principielle Regelung, welche von diesem Normalfall ausgeht, nichts Stichhaltiges mehr einwenden können.

mit ihnen bekannten Dritten ohne solchen Eintrag nicht entgegengehalten werden können (219).

Bei der näheren Ausgestaltung der Güterverbindung erheben sich vor allem die Fragen, wie wird die Verwaltungs- und Nutznießungsbefugnis des Mannes, speciell im Hinblick auf die Sicherung des Frauenvermögens, ausgestaltet, wie steht es mit der Schuldenhaftung. Sodann, wie wird der Arbeitserwerb der Frau behandelt, und wie steht es bez. eines im Lauf der Ehe erzielten Überschusses (im Entwurf „Vorschlag" genannt)?

Der Schweizer Entwurf stellt den Mann in seiner Verfügungsgewalt freier als das G. B., sofern er Geld und sonstige vertretbare Sachen in das Eigentum des Mannes übergehen läßt, auch die wenig praktische dingliche Surrogation des § 1381 B.G.B. durch die wesentlich zweckdienlichere des Art. 225 ersetzt. Obligationenrechtlich wird er nur auf die Grundsätze der ordentlichen Verwaltung und auf die Verantwortlichkeit eines Nutznießers verwiesen. Auch bei sonstigen Verfügungen, bei denen die Zustimmung der Frau erforderlich ist, darf der Dritte dieselbe vermuten, und leistet der Mann der Frau Sicherheit, so bekommt er die freie Verfügung über das ganze bewegliche Vermögen. Diese freie Stellung des Mannes wird ausgeglichen durch den der Frau ohne weiteres zustehenden Anspruch auf Sicherheitsleistung und durch gewisse Privilegierungen der Frau im Konkurs des Mannes (238. 239). — Die Frau braucht grundsätzlich zu Verfügungen über das eingebrachte Gut, sowie zu Verpflichtungen, die aus dem eingebrachten Gut getilgt werden sollen, der ehemännlichen Zustimmung. Ersatz der erforderlichen Zustimmung durch die Vormundschaftsbehörde ist nur für den einen Fall des Erbschaftsantritts vorgesehen. Im übrigen dürften aber bei willkürlicher Zustimmungsverweigerung die Maßregeln des Art. 192 Abs. 2 helfen. So z. B. bei Auslagen zum Zweck der Erhaltung der eigenen Gesundheit.

In Bezug auf die Schuldenhaftung schließt sich der Schweizer Entwurf im wesentlichen an das deutsche Recht an, nur ist Darstellung und Ausdrucksweise sehr viel klarer und einfacher. Ebenso ist die Ausgleichung zwischen den einzelnen Vermögensmassen, wenn eine Schuld aus einem Vermögen bezahlt worden ist, welches sie nichts angeht, in Art. 237 in mustergültig einfacher Weise geordnet.

Mit dem deutschen Recht stimmt der Entwurf auch insofern überein, als sämtlicher Arbeitserwerb der Frau, nicht bloß der Erwerb auf Grund selbständigen Berufs oder Gewerbes, zum Sondergut erklärt ist[1]. Das erfährt seine Beschränkung durch die Verpflichtungen des Art. 184, die Pflicht den Haushalt zu führen und den Mann in seiner Fürsorge für die Gemeinschaft zu unterstützen, ferner auch dadurch, daß im Bedürfnisfall aus dem Sondergut Beiträge zu den ehelichen Lasten gezahlt werden müssen.

Dem Schweizer Entwurf durchaus eigentümlich ist nun aber die Beteiligung der Frau am sogenannten Vorschlag. Der Hauptvorwurf der gegen das ganze System der Güterverbindung geschleudert zu werden pflegt, ist der, daß dabei der Frau, die doch häufig durch ihre Thätigkeit in entscheidendster Weise, durch verständigen Haushalt, durch Erhaltung der Arbeitskraft des Mannes, zu dem wirtschaftlichen Vorwärtskommen beigetragen habe, gar kein Anteil an dem Gewinn zukommen solle. Ein solcher Anteil am Gewinn erscheint auch noch gerechtfertigt, wenn man die Frau am Verlust nicht participieren läßt. Beim Verlust mag immerhin ausschlaggebend bleiben, daß der Mann der Gemeinschaft vorsteht, es also in erster Linie seine Sache ist, Verlust zu vermeiden. Anders nur, soweit der Verlust durch die Frau verursacht ist. Will man nun den Gedanken, der Frau einen Anteil am Gewinn zu gewähren zur Durchführung bringen, so kann das keineswegs nur auf dem Weg der Errungenschaftsgemeinschaft geschehen. Man mag die Errungenschaftsstücke ruhig in das Eigentum des Mannes fallen lassen. Trotzdem kann man der Frau bei Lösung der Ehe ein Forderungsrecht auf einen Anteil an dem Vorschlag oder Reingewinn einräumen. Nach vorausgegangenem Schwanken ist nun im Departementalentwurf die Regulierung dahin erfolgt, daß der Frau selbst und ihren Nachkommen (nicht ihren sonstigen Erben), ein eventuell nach richterlichem Ermessen zu bestimmender Anteil am Vorschlag zusteht, „soweit der Vorschlag aus den Einkünften des Frauengutes oder der Thätigkeit der Frau gemacht worden ist".

Dem Referenten will diese neueste Regulierung immer noch zaghaft erscheinen. Er hätte sich viel eher mit der früheren Fassung, welche der Frau ein für allemal einen Anspruch auf die Hälfte des Vorschlags einräumte, befreunden können. — Denn wie soll das bestimmt werden, inwieweit der Vorschlag durch die Thätigkeit der Frau mitbedingt ist, z. B. gerade in jenen Fällen, in denen die Thätigkeit der Frau

[1] Der Schweizer Entwurf schreibt das in Art. 213 für alle Güterstände vor.

auf sparsame Führung des Haushaltes und Beseitigung aller die Arbeitskraft des Mannes hemmenden Störungen beschränkt blieb. Hier scheinen mir dem richterlichen Ermessen unerfüllbare Aufgaben gestellt zu sein. Viel eher ließe sich dasselbe in der Richtung zur Anwendung bringen, daß, wenn der gesetzlich bestimmte Anteil am Vorschlag aus besonderen Gründen unangebracht erscheint, auf Antrag eine Kürzung oder Entziehung desselben eintreten kann.

In den folgenden beiden Abschnitten werden noch für die vertragsmäßigen Güterstände der Gütergemeinschaft und für den teils vertragsmäßigen teils gesetzlich subsidiären Güterstand der Gütertrennung die Grundtypen aufgestellt. Auf die Einzelheiten braucht nicht eingegangen zu werden, wenn auch die fortgesetzte Gütergemeinschaft des überlebenden Ehegatten mit den Kindern, dadurch daß sie nur auf Grund Vertrags eintritt und auch den Erwerb der Kinder in sich begreift, erheblich von derjenigen des B. G. B. abweicht, die eingehender regulierte Gütertrennung namentlich in dem Anspruch des Mannes auf die von der Frau nicht selbst geführte Verwaltung gegen Sicherheit (271) und in der Haftung der Frau für die zum Zwecke des ehelichen Aufwands gemachten Schulden bei Insolvenz des Mannes Eigentümlichkeiten aufweist. Ein sehr einschneidender Gegensatz zum deutschen Recht der Gütergemeinschaft wird sodann noch dadurch herbeigeführt, daß bei jeder Ehescheidung nach Art. 177 eine Trennung der ursprünglichen Beibringen stattzufinden hat.

Bezüglich der gesamten Normierung der verschiedenen Güterstände muß nun aber hervorgehoben werden die von dem bürgerlichen Gesetzbuch so stark abweichende formelle Behandlung. Diese Verschiedenheit der Fassung ergiebt sich schon daraus, daß das gesamte eheliche Güterrecht in 76 Artikeln abgehandelt ist gegenüber 200 Paragraphen im B. G. B. Die gewaltige Kürzung wird nicht bloß erreicht durch zweckmäßige Zusammenfassung, z. B. der Grundsätze über das Sondergut oder der Fälle, in denen Gütertrennung begehrt werden kann, sondern zu einem guten Teil durch Vermeidung der überaus schwerfälligen und doch nicht erschöpfenden Kasuistik, die sich gerade hier im B. G. B. besonders breit macht und sowohl Übersichtlichkeit wie Verständlichkeit bedeutend erschwert. So sind beispielsweise die komplizierten Detailbestimmungen der §§ 1384—1387 im Schweizer Entwurf durch das einfache Sätzchen wiedergegeben: „der Mann trägt die laufenden Kosten und Lasten der Verwaltung.“ Es fehlen sodann im Entwurf die ausführlichen Sätze darüber, wann einzelne Verbindlichkeiten im Verhältnis der Ehegatten untereinander dem einen oder andern Teil zur Last fallen. Es heißt hier nur ganz einfach in Art. 237, daß soweit das Sondergut haftet, bei Bezahlung aus dem Mannesgut oder eingebrachten Gut Ausgleichung verlangt werden kann. Endlich kommen z. B. im Entwurf in Wegfall die eingehenden Bestimmungen des B.G.B. für den Fall, daß ein Ehegatte ein Geschäft allein abgeschlossen hat, für das er die Zustimmung des andern gebraucht hätte. Hier wird die Verwendung der allgemeinen Grundsätze über die Behandlung solcher Schwebezustände der Theorie überlassen.

Man mag bei einzelnen Punkten, wie z. B. gerade bez. des letzteren, bezweifeln, ob nicht durch ein paar Worte des Gesetzes weitere Klärung geschaffen werden konnte. Daß im ganzen die aufgestellten Normen vollkommen ausreichen und auch für schwierigere kasuistische Fragen die Entscheidung an die Hand geben, davon ist Referent nach einzelnen angestellten Stichproben durchaus überzeugt.

Das Recht der Verwandtschaft.

Die zweite Abteilung des Familienrechtes, enthaltend das Recht der Verwandtschaft, zerfällt in 3 Titel, welche das eheliche Kindesverhältnis, das außereheliche Kindesverhältnis und die Familiengemeinschaft behandeln.

In Beziehung auf die Normierung der ehelichen Abstammung, Legitimation und Adoption, wandelt der Entwurf uns Deutschen bekannte Bahnen, wenn auch dem kantonalen Recht gegenüber, das überwiegend die Adoption, zum Teil auch die legitimatio per rescriptum, gar nicht kannte, sehr bedeutsame Änderungen vorliegen. Wünschenswert wäre vielleicht eine noch liberalere Behandlung der Kindesannahme durch Zulassung von Ausnahmen in der Voraussetzung der Kinderlosigkeit, gewesen. Sollte es beispielsweise einem Ehepaare, das nur geisteskranke und geistesschwache Kinder hat, nicht gestattet werden können zu adoptieren?

Dagegen weicht das Entwurfsrecht bezüglich der Normierung der allgemeinen Folgen des Kindesverhältnisses, die unabhängig von Alter und Erziehungsbedürftigkeit eintreten, erheblich vom B.G.B. ab.

Dabei könnte zunächst schon die Fassung des Art. 297 Bedenken erregen: Eltern und Kinder sind einander allen Beistand und alle Rücksicht schuldig, die das Wohl der Gemeinschaft erheischt.

Hier erscheint mir die germanistische Gemeinschaftskonstruktion, die allerdings im französischen Text umgangen ist[1], erheblich störender als bei der ehelichen Gemeinschaft. Der Gedankengang, daß über den Beteiligten eine Gemeinschaft konstruiert wird, deren Wohl für das Verhalten der Einzelnen maßgebend sein soll, ist allzu künstlich. Es wäre gewiß näherliegend und deutlicher, die Eltern zu verpflichten, nach ihren Kräften und soweit es nach den Umständen möglich ist, für das leibliche und geistige Wohl der Kinder zu sorgen, die Kinder dagegen zu der den Eltern schuldigen Ehrerbietung sowie zur persönlichen Wartung und Pflege im Bedarfsfall anzuhalten. Allerdings heißt es im Art. 301, in dem Abschnitt über die elterliche Gewalt, daß die Kinder den Eltern Gehorsam und Ehrerbietung schuldig sein sollen. Die Ehrerbietung sollte aber doch nicht an die Dauer der elterlichen Gewalt geknüpft sein. Barazetti (S. 192) vermißt an dieser Stelle eine dem § 1617 des B.G.B. entsprechende Vorschrift, welche die Kinder, solange sie dem elterlichen Haushalt angehören, zu Diensten im Haushalt oder Geschäft, soweit sie den Kräften und der Lebensstellung des Kindes entsprechen, verpflichtet. Hierbei ist der Art. 358 übersehen, wie denn überhaupt die Regeln über das Eltern- und Kindesverhältnis ihre Ergänzung aus den Sätzen über die Hausgewalt (s. u.) empfangen. Es könnte sich höchstens fragen, ob unter die häuslichen Dienste, die der Art. 358 meint, auch Dienste im Geschäfte fallen. Die Frage wird wohl zu bejahen sein. Außerdem stellt der Art. 323 den viel weiter gehenden, dem B.G.B. unbekannten Satz auf, daß der Arbeitserwerb der Kinder, solange sie mit den Eltern in häuslicher Gemeinschaft stehen, den Eltern zufalle.

Gänzlich Abstand genommen ist nach dem Muster des französischen Rechts von jeder Ausstattungspflicht der Eltern, insbesondere auch von einer Pflicht zur Aussteuer der Töchter. Wir sind schon lange gewöhnt, hier einen Rechtsanspruch anzuerkennen. Mindestens aber würde man Aufschluß darüber erwarten, unter welchem Recht solche Ausstattungen und Aussteuern, wenn sie gegeben sind, stehen, auch abgesehen von ihrer Behandlung bei Ausgleichung und Anrechnung auf den Pflichtteil. Vielleicht erledigen sich die berührten Zweifel durch die zu erwartende Normierung der bis jetzt noch gar nicht geregelten liberalen Zuwendungen, speciell Schenkungen.

---

[1] Der französische Text lautet: Les père et mère et les enfants se doivent mutuellement l'assistance et les égards, que le lieu du sang leur impose.

Die elterliche Gewalt ist wie im französischen Recht und im B.G.B. an die Zeit der Unmündigkeit geknüpft. Sie ist auch auf entmündigte Kinder ausgedehnt, sofern ihnen nicht aus besonderen Gründen ein Vormund bestellt wird. Sie steht beiden Eltern zu, und zwar ist das Verhältnis von Vater und Mutter während bestehender Ehe in Art. 300 dahin geordnet, daß der Vater sie als Haupt der Gemeinschaft, die Mutter in der Sorge für den Haushalt und in Vertretung der Gemeinschaft (also z. B. bei Abwesenheit oder Verhinderung des Vaters, ferner in allen Dingen, die abgesehen vom Haushalt, ins Departement der Frau gehören) ausübt. Damit ist dem Vater die Entscheidung in allen wichtigeren Angelegenheiten gewahrt, immerhin aber der Mutter mehr als die persönliche Fürsorge des § 1634 des B.G.B., die sich niemals im Gegensatz zum Vater bewegen darf, eingeräumt. Innerhalb ihrer Haushaltsbefugnisse, z. B. in Bezug auf Fragen, die die Ernährung und Kleidung der Kinder anlangen, dürfte sie selbständig stehen[1]. Die Bestimmung erscheint geeignet sowohl für die Auffassung der Eltern, als bei Streitigkeiten zwischen den Eltern für den Eherichter, der nach Art. 192 einschreiten soll, den wünschenswerten Anhalt zu geben.

Mit der gleichen Abgrenzung, wie sie der Art. 300 giebt, ist den Eltern sodann auch die gesetzliche Vertretung der Kinder Dritten gegenüber eingeräumt. Soweit also z. B. die Haushaltungsbefugnisse der Mutter reichen, wird sie befugt sein, dem Kind Anschaffungen aus seiner Sparbüchse zu gestatten. Ebenso wird sie bei vorübergehender Verhinderung des Vaters eventuell auch größere rasch notwendig werdende Ausgaben aus dem eigenen Vermögen des Kindes oder dessen Erträgnissen verwilligen können. Vielleicht dürfte sich hier die Abgrenzung der Fälle, in denen die Mutter in Vertretung der Gemeinschaft handeln kann, etwas schwieriger erweisen. Klar ist, daß die Vertretungsbefugnis des Vaters allgemein durchgreifen muß, daß er Dritten gegenüber nicht durch die Kompetenzen der Mutter beschränkt sein darf. Das ist aber auch mit der Auslegung des Art. 307 wohl vereinbar.

Die Nebeneinanderstellung von Vater und Mutter bei der elterlichen Gewalt zeigt sich, wie schon aus den bisherigen Beispielen erhellt, auch bei der Verwaltung und Nutzung des Kindesvermögens.

[1] Womit nicht gesagt sein soll, daß nicht auch hier der Vater in wichtigen Fragen, z. B. wenn die Gesundheit der Kinder oder die Reputation der Familie gefährdet wird, eingreifen könnte.

Auch diese Befugnisse stehen grundsätzlich beiden Eltern zu. Auch hier ist der Vater als Haupt der Gemeinschaft in erster Linie zur Entscheidung berechtigt[1]. Was die Nutzungen betrifft, so sind, worauf beide Elternteile dringen können, dieselben in erster Linie zum Unterhalt und zur Erziehung der Kinder zu verwenden, andernfalls fallen sie an das Gut, das die Lasten der Gemeinschaft, mithin auch den Unterhalt und die Erziehung der Kinder, zu tragen hat.

Bei dieser ganzen Vermögensverwaltung sind die Eltern keineswegs wie nach dem deutschen B. G. B. von selbst einer obervormundschaftlichen Aufsicht unterstellt. Eine Unterwerfung unter dieselbe kann jedoch bei Gefährdung des Kindesvermögens besonders verfügt werden. Entziehungen der elterlichen Vermögensrechte können nur zusammen mit der Entziehung der elterlichen Gewalt erfolgen, die in demselben Umfang möglich ist wie nach deutschen Rechte[2]. Ehe zu diesem äußersten Mittel geschritten wird, kann, ebenfalls wie im deutschen Recht, die Vormundschaftsbehörde nach Art. 311 mit ihr genügend erscheinenden Mitteln eingreifen.

Besser als im deutschen Recht ist der Fall geregelt, daß dem Vater wegen Pflichtwidrigkeit die elterliche Gewalt entzogen werden muß. Hier wagt das deutsche Recht nicht, sie einfach der Mutter einzuräumen, indem es Beeinflussung derselben durch den pflichtwidrigen Vater fürchtet. Der Art. 313 Abs. 2 macht diese Frage zweckmäßigerweise vom Ermessen der Behörde abhängig. Ob es in gleicher Weise Lob verdient, daß der Entwurf die Möglichkeit einer Beistandschaft zu Gunsten der überlebenden Mutter ganz abschneidet, möchte ich bezweifeln. Daß zahlreiche Frauen zur Erziehung temperamentvoller Söhne oder zur alleinigen Verwaltung eines größeren bei allen möglichen Unternehmungen beteiligten Vermögens nicht geeignet sind, läßt sich doch nicht bestreiten. In solchen Fällen bleibt nur das Radikalmittel der Entziehung der elterlichen Gewalt nach dem Entwurfsrecht übrig, da der Art. 311 nur bei pflichtwidrigem Verhalten

[1] Offenbar ist der Grundsatz des Art. 300 auch auf Art. 318 ff. zu übertragen.

[2] Ob, wie nach deutschem Recht, auch ein Verlust der elterlichen Gewalt eintreten soll, wenn die Mutter, der sie zusteht, wieder heiratet, ist nicht mit voller Deutlichkeit zum Ausdruck gebracht. Aus der Fassung des Art. 315 könnte man vielmehr schließen, daß dieselbe trotz der Vormundschaftsernennung bestehen bleibe. Aber allerdings wäre dann das Verhältnis zwischen der die Gewalt ausübenden Mutter und dem Vormund in keiner Weise fixiert, und deshalb ist wohl der Verlust anzunehmen.

Anwendung findet. Eine Beistandsernennung auf Ansuchen der Mutter oder nach Ermessen der Vormundschaftsbehörden würde oft den thatsächlichen Verhältnissen besser Rechnung tragen. Das Ernennungsrecht des Vaters mag man eher preisgeben, obwohl sich auch zu seinen Gunsten manches sagen ließe.

Ehe wir die elterliche Gewalt verlassen, ist noch auf die wichtige Bestimmung des Art. 309 hinzuweisen, des Inhalts, daß die derselben unterworfenen Kinder, wenn sie unter Zustimmung von Vater oder Mutter (bei letzterer ist wohl zu ergänzen und hinzuzudenken, innerhalb des ihr zugewiesenen Wirkungskreises) für die Gemeinschaft handeln, nicht sich selbst, sondern die Eltern je nach deren Güterstand verpflichten. Dieser Artikel hat meines Erachtens eine sehr große Tragweite und schneidet zahlreiche Übelstände oder wenigstens Zweifel ab, die mit der Anwendung der gewöhnlichen Stellvertretung verbunden sind.

Nicht handelt es sich nach Art. 309 um eine fiktive oder präsumptive Vollmacht der Hauskinder. Die Zustimmung der Eltern muß in Wirklichkeit vorliegen. Wohl aber enthält der Artikel eine wichtige Durchbrechung der Grundsätze über die Kundgebung des Stellvertretungswillens. Er ersetzt in seiner Weise zwei adjekticische Klagen, die a. de in rem verso und quod jussu, die im deutschen Recht ersatzlos weggefallen sind. Nirgends ist nämlich in Art. 309 ausgesprochen, daß das „Handeln für die Gemeinschaft" nach außen, dem Gegner gegenüber, hervortreten müßte. Einzige Voraussetzung ist, daß mit Zustimmung eines Elternteils für die Gemeinschaft gehandelt, d. h. ein das elterliche die ehelichen Lasten tragende Vermögen betreffendes Geschäft besorgt worden ist. So nicht bloß, wenn das Kind eine Anschaffung für den elterlichen Haushalt macht und sich dabei kreditieren läßt (hier wird ja der Stellvertretungswille nach außen meist hervortreten), sondern auch wenn der zur Universität gesandte Studiosus eine Wohnung mietet oder Vorlesungen belegt [1].

In sehr anerkennenswerter Weise kommen die Bestimmungen des 8. Titels über das außereheliche Kindschaftsverhältnis den Anforderungen socialer Gerechtigkeit entgegen, die an ein modernes Gesetzbuch zu stellen sind.

Geregelt sind in diesem Zusammenhang sowohl die Ansprüche der Mutter als des Kindes gegen den Erzeuger. Die Klage auf

---

[1] Nach deutschem Recht kann man in solchen Fällen zu den wünschenswerten Resultaten nur gelangen, wenn man auf seiten des Gegners, der nicht weiß, ob der Betreffende mündig oder unmündig, Haussohn oder selbständig ist, einen animus incertus annimmt und genügen läßt.

Feststellung der Vaterschaft steht sowohl der Mutter wie dem Kinde zu (334), was zur Folge hat, daß auf dem Wege der Klagenkumulation prozessualisch immer die Zulässigkeit des Parteieids der Mutter erreicht werden kann. Ist die Vaterschaftsklage begründet, so wird der Beklagte zu Vermögensleistungen an die Mutter und das Kind verurteilt (344), unter Umständen kann ihm das Kind mit Standesfolge zugesprochen werden (347). Das Zusprechen mit Standesfolge schließt in sich, daß das Kind Familiennamen und Heimatangehörigkeit des Vaters bekommt und zum Vater und seinen Verwandten in die Rechte und Pflichten der außerehelichen Verwandtschaft eintritt (s. darüber unten), die jedenfalls zeitlich unbeschränkte Unterstützungsansprüche und Erbrecht in sich schließen.

Diese starke Wirkung tritt ein, wenn der außereheliche Erzeuger der Mutter die Ehe versprochen, oder sich mit der Beiwohnung eines Verbrechens oder eines Mißbrauchs der ihm über sie zustehenden Gewalt schuldig gemacht hat. Man wird die Worte Mißbrauch einer zustehenden Gewalt im weitesten Sinne nehmen, sie also nicht nur z. B. auf das Verhältnis des Dienstherrn zum Dienstmädchen (hier liegt ja die unten noch zu besprechende Hausgewalt vor), sondern auch auf das Verhältnis des Fabrikherrn oder Ladeninhabers zur Arbeiterin oder Ladendienerin beziehen dürfen[1]. Und gerade darin würde ein mit ganz besonderer Freude zu begrüßender Schritt auf dem Wege socialer Gesetzgebung liegen. Die bei den Beratungen der lex Heinze so sehr in den Vordergrund gestellte Furcht vor der Chantage wäre gewiß bei einer derartigen Bestimmung entfernt nicht so begründet wie bei der kriminellen Ahndung des Gewaltmißbrauchs. Denn abgesehen davon, daß zunächst einmal ein Kind geboren sein muß, ist das Drohen mit Anhängen eines Prozesses doch sehr viel schwieriger, wenn die Mutter den vollen civilprozessualen Beweis sowohl der Vaterschaft als des Gewaltmißbrauchs zu erbringen hat. Die Wirkung der Gesetzesbestimmung mag unter Umständen ja eine sehr harte sein. Die Abschreckung aber wäre eine ganz gewaltige und es wäre wohl zu erwarten, daß durch eine solche Norm gewissen sittenlosen Ausbeutern gründlich das Handwerk gelegt, den Mädchen und Frauen der unteren Klassen ein wirksamerer Schutz gewährt würde als durch die in der lex Heinze seiner Zeit vorgeschlagenen Strafbestimmungen. Demgegenüber dürften

[1] Vielleicht wäre es, um allem Zweifel vorzubeugen, immer noch besser hinzuzufügen: oder Mißbrauch eines Abhängigkeitsverhältnisses.

die seltenen Fälle, in denen einmal ein Arbeitgeber, der seinerseits der Verführung unterlegen, wegen besonderer Ungunst der Beweislage verurteilt wird, oder in denen die Bestimmung einmal zu Verbrechen gegen das keimende Leben Anlaß geben kann, nicht ins Gewicht fallen.

Viel weitergehend als nach dem B.G.B., dessen Bestimmungen in der ganzen Materie besonders rückständig sind, sind auch die vermögensrechtlichen Ansprüche, welche der Entwurf dem Kind und der Mutter einräumt. Der Unterhaltsanspruch, der unabhängig gestellt ist von der Bedürftigkeit, geht bis zur Mündigkeit und nicht bloß bis zum 16. Jahre[1]. An die Mutter ist vollständige Schadloshaltung für die Niederkunft, und wenn sie eine persönliche Unbill erfahren hat, also z. B. als jugendliche Person verführt oder unter Mißbrauch eines Abhängigkeitsverhältnisses zur Beiwohnung bestimmt worden ist, auch eine Genugthuungssumme zu entrichten. Besondere Vorschriften zur vorherigen Sicherstellung des Unterhaltes und der Wochenbettskosten glaubt der Entwurf entbehren zu können, ebenso eine Erschwerung der Abfindungsverträge entsprechend § 1714 B.G.B. (?)

Sehr zu Gunsten der unehelichen Kinder und ihrer Mütter wirkt endlich noch die Beseitigung der exceptio plurium concumbentium, die durch eine Einrede des unzüchtigen Lebenswandels ersetzt ist. Auch mit dieser Einrede des unzüchtigen Lebenswandels, die mit der Einrede der Bescholtenheit nicht verwechselt werden darf, dürfte das Richtige getroffen sein. Freilich fällt die Abwägung der exceptio plurium gegenüber sehr schwer, und das von Mentha (a. a. O. S. 54) geltend gemachte Bedenken: ces malheureux enfants ne seront-ils pas infiniment moins flétris s'ils tombent dans les bras anonymes de l'assistance publique, que si l'on prend la peine de leur procurer un assortiment de pères hypothétiques soll keineswegs unterschätzt werden. Jedenfalls aber bleibt zu erwägen, ob nicht gegenüber einer Zusprechung des Kindes mit Standesfolgen die exceptio plurium am Platze wäre.

Außer durch richterliches Urteil kann die Vaterschaft auch durch Anerkennung des Vaters oder nach seinem Tod eines Vorfahren festgestellt werden. Sie erfolgt durch Erklärung vor dem Civilstandesbeamten oder durch letztwillige Verfügung und ist der Einsprache der Mutter, des Kindes wie seiner Nachkommen, sowie der Anfechtung beliebiger Interessenten ausgesetzt (331—333). Die Anerkennung

[1] Sollte übrigens nicht auch wie im G.B. 1708 Abs. ein Vorbehalt für weitere Unterhaltsverpflichtung in gewissen Fällen zu machen sein?

hat dieselben Wirkungen wie die Zuerkennung mit Standesfolgen, also vor allem den Familiennamen des Vaters, außerdem Begründung der Rechte und Pflichten der außerehelichen Verwandtschaft. Auffallend ist dabei nur, wie auch Mentha a. a. O. hervorhebt, daß auch der Ehemann einen adulterinus anerkennen und so seinen ehelichen Kindern erbberechtigt an die Seite setzen kann. Das Anfechtungsrecht der ehelichen Kinder kann nichts ausrichten, wenn der Ehemann wirklich der Mutter des unehelichen Kindes beigewohnt hat.

Diese Rechte und Pflichten der außerehelichen Verwandtschaft dürften übrigens im Entwurf nicht hinreichend klargestellt sein. Eine ausdrückliche Bestimmung derselben erfolgt nirgends. Nur bezüglich des Erbrechtes findet sich eine ausdrückliche Normierung in Art. 498 [1]. Gemeint ist wohl, daß das Kind dieselben Rechte und Pflichten wie ein eheliches haben solle, mit Ausnahme der besonderen Regelung der elterlichen Gewalt, wie sie in Art. 350 Abs. 2 und 351 Abs. 2 erfolgt. Dies könnte aber gewiß deutlicher zum Ausdruck gebracht werden. — In hohem Grad zweifelhaft erscheint auch, ob die Gleichstellung mit den ehelichen Kindern, namentlich im Erbrecht, nicht zu weit getrieben ist, ob nicht, wie auch Mentha befürchtet, in gewissen großstädtischen Kreisen die Auffassung gefördert wird, man könne auch die feste Bindung durch die Ehe ganz umgehen, man erreiche ja alles was man wünsche, wenn man die im Konkubinat erzeugten Kinder anerkenne.

In dem 9. Titel mit der Überschrift Familiengemeinschaft, sind zusammengestellt: die Unterstützungspflicht der Blutsverwandten und Verschwägerten in auf- und absteigender Linie, der im Schweizer Entwurf neu zur Geltung gebrachte Begriff der Hausgewalt über sämtliche in einer häuslichen Gemeinschaft befindlichen Personen, und unter der Bezeichnung Familienvermögen einzelne Sätze über Familienstiftungen und Familienfideikommisse, das Recht der Gemeinderschaften d. h. der Vermögensgemeinschaften zwischen Verwandten, und das Heimstättenrecht.

Die Bestimmungen über die Unterstützungspflicht sind überaus dürftig. Dieselbe ist durchaus dem modernen Rechtsgefühl entsprechend ausgedehnt über Ascendenten und Descendenten hinaus auch auf Verschwägerte in auf- und absteigender Linie, ausnahmsweise auch

[1] Zu vergleichen insbesondere der Abs. 3 des Artikels, welcher in der väterlichen Verwandtschaft dem unehelichen Kind bei Konkurrenz mit ehelichen nur den Anspruch auf die Hälfte dessen gewährt, was das eheliche bekommt.

auf Geschwister. Die Geltendmachung des Unterstützungsanspruchs ist der unterstützungspflichtigen Armenbehörde überwiesen, was sich als glücklicher praktischer Griff schon in verschiedenen Kantonalrechten erwiesen hat. Alle näheren Angaben über die Reihenfolge der Haftung, proratarische oder solidarische Haftung, beneficium competentiae des Unterhaltspflichtigen, Verwirkung des Anspruchs seitens des Unterhaltsberechtigten, fehlen. Nur bezüglich des Umfanges des Anspruchs ist noch gesagt, daß das zum Lebensunterhalt Erforderliche und den Verhältnissen des Unterhaltspflichtigen Angemessene gewährt werden solle. Und aus den Worten „so bald sie ohne diesen Beistand der öffentlichen Armenunterstützung anheim fallen" läßt sich vielleicht schließen, daß das Gesetz ausschließlich an notdürftigen und nicht an standesgemäßen Unterhalt denkt. Denn wenn jemand, der gerade so viel hat, um notdürftig leben zu können, keinerlei Ansprüche geltend machen darf, so kann einer, der gar nichts hat, nicht plötzlich standesgemäßen Unterhalt verlangen.

Diese Bestimmungen dürften aber doch nicht ausreichen. Vor allem ist es unmöglich, die Reihenfolge der Haftung und die Frage der Verwirkung dem richterlichen Ermessen zu überlassen, auch sollten Eltern und sonstige Verwandte hinsichtlich der Aufopferungen, die ihnen zugemutet werden können, nicht auf eine Linie gestellt sein. — Es scheint nun aber auch gar nicht die Absicht des Entwurfs zu sein, eine Regelung der ganzen Materie zu geben. Höchst wahrscheinlich sind die näheren Bestimmungen dem kantonalen Recht überlassen, da ja die kantonalen Armenbehörden den Anspruch zu verfolgen haben, mithin der ganze Gegenstand als in das öffentliche Recht einschlagend betrachtet wird.

Die Sätze über die Hausgewalt haben in Barazetti (S. 244 ff.) einen warmen Lobredner gefunden. Derselbe sieht in denselben eine Durchführung der von ihm mit Begeisterung abgeschriebenen Gedankengänge, die Gierke in seinem Deutschen Privatrecht § 80a niedergelegt hat. Ich möchte glauben, daß damit dem Verfasser des Entwurfs ein schlechtes Lob gespendet würde. Allerdings ist ja wohl eine Neubelebung der häuslichen Gemeinschaft bezweckt, wie sie auch Gierke anstrebt, aber während sich die Gierkeschen Ausführungen zu einem erheblichen Teil in Bildern und mystischen Redewendungen bewegen[1], hat der Entwurf die Sache in durchaus praktischer und

[1] In Gedankengänge, wie den, daß ich mit meinem Dienstpersonal, etwaigen Pensionärinnen, einer im Hause bei mir wohnenden Schwiegermutter

realistisch greifbarer Weise angefaßt. Dankenswert ist zunächst die Aufstellung von Fürsorgepflichten des Familienhaupts und von Gehorsamspflichten aller Hausgenossen in klarer und gemeinverständlicher Sprache, und insbesondere die Unterwerfung der im elterlichen Haushalt verbleibenden mündigen Kinder unter eine Hausgewalt des Vaters oder der Mutter. Von erheblicher praktischer Bedeutung scheint sodann zu sein die Ausgestaltung der Fürsorgepflicht des Hausvorstands in der Richtung auf die von den Hausgenossen eingebrachten Sachen, wie sie Art. 358 Abs. 4 vornimmt. Daraus ergiebt sich, daß beispielsweise bei Brandgefahr in gleicher Weise für die Sachen der Dienstboten wie für die eigenen gesorgt werden muß[1]. Ferner wird die Hausgewalt auch für das Besitzrecht von nicht zu unterschätzender Bedeutung sein. Denn jedenfalls wird, soweit die Hausgewalt reicht, noch ein Recht zur Eigenmacht in Bezug auf die zum Haushalt gehörigen Sachen zutreffen. Mag man daher den Dienstboten, Pensionären u. s. w. auch die zur Besitzerstellung erforderliche thatsächliche Gewalt an Geräten, Büchern u. s. w. zuschreiben (ob das zutrifft, wird unten im Sachenrecht zu erörtern sein), unter allen Umständen ist der Hausvorstand nötigenfalls zu selbsthülfeweisen Vorgehen berechtigt.

Nichts einzuwenden ist ferner dagegen, daß dem Familienhaupt in Art. 359 eine Haftung für unmündige und entmündigte Hausgenossen unter Vorbehalt des Exkulpationsbeweises auferlegt wird. Aber es fragt sich, ob diese Bestimmung weit genug geht, und insondere ob nicht durch Aufnahme der Bestimmung an dieser Stelle einer principielleren Regelung der einschlägigen Fragen entgegengewirkt wird.

Was der Entwurf einführt, ist Haftung auf Grund einer Aufsichts- und Erziehungspflicht, wobei nur in durchaus angemessener, praktisch zweckmäßiger Weise die Beweislast umgedreht erscheint. Solche Aufsichts- und Erziehungspflichten kommen aber keineswegs bloß innerhalb der Hausgemeinschaften vor. Auch die Vorstände von Irren- und Nervenheilanstalten beispielsweise sollten in demselben

---

eine Personeneinheit bilden soll, oder daß durch Zutritt einer Kindeswärterin oder einer Amme zu meinem Haushalt meine Persönlichkeit eine Erweiterung erfahre, vermag ich mich vorläufig nicht hineinzufinden.

[1] Ob sich übrigens in solchen Fällen mit einer Schadensverteilung auf Grund von Gefahrengemeinschaft (nach den Grundsätzen der lex Rhodia de jactu) nicht weiter gelangen ließe, mag hier dahingestellt bleiben.

Maße haftbar gemacht werden. An einer diesbezüglichen Bestimmung fehlt es aber bis jetzt in dem Schweizer Civilgesetzbuch. Denn der (übrigens wahrscheinlich auf Grund des Art. 359 zu beseitigende) Art. 61 des Obligationenrechts spricht nur von häuslicher Aufsicht. Bedürfnis wäre eine allgemeine Norm im Obligationenrecht entsprechend dem § 832 des B.G.B. und sodann im Zusammenhang des Abschnitts über die Hausgewalt eine Bestimmung, welche dem Familienhaupt mindestens in Bezug auf die unmündigen und entmündigten Hausgenossen eine solche Aufsichtspflicht über das ganze Verhalten, auch das Verhalten Dritten gegenüber zuweist.

Daran würde sich die weitere Frage schließen, ob nicht unter Umständen erwachsenen und gesunden Hausgenossen gegenüber eine solche Aufsichtspflicht mit entsprechender Haftung auferlegt werden sollte. Für gewöhnlich wird das allerdings nicht zutreffend sein. Weder dem Logirgast gegenüber (wenn man diesen überhaupt zur Hausgemeinschaft zählen darf) noch gegenüber der dauernd bei mir lebenden Schwester oder Schwiegermutter, kommt mir nach allgemeiner Auffassung ein solches Beaufsichtigungsrecht zu. Immerhin aber giebt es Fälle, man denke z. B. an die bäuerliche Hausgemeinschaft und das Verhältnis des Bauern zum Auszügler, in denen nach socialer Würdigung starke Einwirkungsmöglichkeiten gegeben sind, und in denen es sich wohl darum handeln könnte, ob das Gesetz den Hausvorstand nicht verpflichten soll, von dieser Möglichkeit Gebrauch zu machen.

Endlich kann eine Haftung für die schuldhafte Thätigkeit von Hausgenossen noch in Frage kommen in den Fällen, in denen die Hausgenossen in Haushaltsgeschäften thätig werden und durch die Art und Weise ihrer Ausführung Dritte beschädigen. Und zwar dürfte hier, wie ich anderwärts ausgeführt habe[1], die Entwickelung dahin drängen, keinen Exkulpationsbeweis zuzulassen und die Haftung als reine Gefährdungshaftung zu normieren. Auch hier hat man es nun aber mit einem viel weiter reichenden Gedanken zu thun. Ob der Beschädigende in Hausgemeinschaft mit dem Hausvorstand steht oder nicht, ist vollständig gleichgültig. Wenn beim Reinemachen der Zimmer einem Passanten das Waschbecken auf den Kopf geschüttet wird, so ist es ganz gleichgültig, ob das von seiten des Dienstmädchens, von seiten einer bei mir wohnenden und ihre Zimmer selbst besorgenden unverheirateten Schwester, oder von seiten einer für die Vormittagsstunden zugezogenen Aushülfe geschieht. Außer-

[1] Siehe Gründe der Schadenszurechnung S. 51. 89.

dem dürfte dieser Grundsatz natürlich nicht bloß auf den Haushaltungsbetrieb Anwendung finden, sondern müßte auf alle Arten geschäftlicher Betriebe ausgedehnt werden, was ebenfalls eine allgemeine Bestimmung im Obligationenrecht notwendig machen würde.

Nicht ganz kann ich mich mit dem Art. 36 einverstanden erklären. Wie gegen eine Verletzung der Hausordnung zu reagieren, kann nur je nach dem einzelnen Verhältnis beurteilt werden, auf dem die Hausgemeinschaft beruht. Da ergiebt sich denn natürlich in den Fällen der elterlichen und vormundschaftlichen Gewalt ein Züchtigungsrecht, und ein solches kann noch bei Lehrlingen und Zöglingen eingeräumt werden; daß aber ein solches über jede unmündige Person, die auf Grund von Verwandtschaft in der häuslichen Gemeinschaft gehalten wird, zustehen soll, ist nicht gerechtfertigt. Wer seine 16 jährige Tochter behufs Ausbildung im Französischen zu seinem Bruder in die französische Schweiz schickt, wird es sich doch schönstens verbitten, daß dieselbe dort mit Ohrfeigen traktiert wird. Elterliche Züchtigung und Züchtigung durch eine dritte wenn auch verwandte Person stehen sich nicht gleich und dürfen vom Gesetzgeber nicht gleich gestellt werden. — Der ganze Art. 361 dürfte auf der Tendenz beruhen, möglichst viele Gemeinschaftswirkungen ausfindig zu machen, damit der Abschnitt sich ausgiebiger gestaltet.

Auch in dem dritten Abschnitt über das Familienvermögen zeigt sich noch das Bestreben, möglichst viele familienrechtliche Gemeinschaftsverhältnisse zum Vorschein zu bringen. Daraus erklärt sich die Aufstellung einzelner weniger Sätze über Familienstiftungen und Familienfideikommisse, die ihren eigentlichen Schwerpunkt doch einerseits in der Lehre von den juristischen Personen, andererseits im Erbrecht haben dürften. Infolge der Bestimmung, daß die Kantone die Zulässigkeit von Familienfideikommissen einschränken oder beseitigen können, sind die wichtigsten Fragen dem kantonalen Recht überwiesen. Bundesrechtlich verfügt ist für beide Fälle der Anfall des Vermögens an das Gemeinwesen bei Aussterben der Familie (363) und bei den Familienstiftungen das Recht der Gläubiger, Aufhebung der Stiftung zu verlangen bei Vermögenszerfall eines Beteiligten.

Die in diesem Zusammenhang besprochenen Gemeinderschaften beruhen auf vertragsmäßigen Vereinbarungen verwandter Personen, unter denen die fortgesetzte Erbengemeinschaft wohl den wichtigsten Fall bildet. Von einem Fall gesetzlich erzwungener Gemeinderschaft wird später im Erbrecht noch die Rede sein. Die Gemeinderschaft ist als ein auf bestimmte Zeit oder auf sechsmonatliche Kündigung gestelltes

Gesamthandverhältnis in zweifacher Form, als vollständige Wirtschaftsgemeinderschaft, bei der übrigens auch Vertretung durch ein Gemeinderschaftshaupt möglich ist, und als bloße Ertragsgemeinderschaft, bei der die Bewirtschaftung des Gemeinschaftsguts einem einzelnen Gemeinder übertragen sein muß, geordnet. Die betreffenden Vorschriften enthalten nichts, was nach deutschem Gesellschaftsrecht nicht ebenfalls, und zwar auch unter nicht verwandten Personen, verabredet werden könnte. Das schweizerische Gesellschaftsrecht, das bei der einfachen Gesellschaft gar nicht von einem Gesamthandsverhältnis ausgeht, ist nicht so elastisch wie das unsrige, und deshalb schon war die Ermöglichung der beschriebenen Vertragsinhalte Bedürfnis. Außerdem lag es dem Gesetzgeber aber offenbar am Herzen, auf diese Gestaltung eines familienrechtlichen Zusammenhangs besonders hinzuweisen, was er durch eine bloße Erweiterung des Gesellschaftsrechts nicht hätte erreichen können. In wie weit der Zweck, diese, wie Huber in seiner Geschichte des schweizerischen Privatrechts (IV. Band S. 256) selbst klagt, in neuerer Zeit mehr und mehr verkümmerte Institution neu zu beleben, erreicht werden kann, wird die Zukunft lehren müssen.

Dasselbe ist von dem Versuch zu sagen, das auch in Deutschland vielbesprochene Heimstättenrecht in der Schweiz einzuführen. Nach dem Bericht Hubers (a. a. O. S. 259 Nr. 48) scheint man bisher nur im Kanton Luzern diesem Gedanken näher getreten zu sein.

Es ist hier nicht der Ort, die verschiedenen Prognosen, welche den Heimstätten gestellt sind, nochmals zu erörtern[1]. Sollte einer der Schweizer Kantone, — diesen ist die Einführung überlassen — das Experiment machen, so würde das für unsere deutschen Verhältnisse von größtem Interesse sein. Der Entwurf selbst stellt gegen die Gefahr einer Benachteiligung schon vorhandener Gläubiger und gegen die Festlegung zu großer Werte eine Reihe wohlüberlegter Kautelen auf. Die Wirkungen sind die bekannten: Ausschluß der Verpfändung, der Veräußerung und Verpachtung, sowie der Subhastation, an deren Stelle eine Zwangsverwaltung tritt. Dazu tritt die Verpflichtung, bedürftige Ascendenten, Descendenten und Geschwister in der Heimstätte aufzunehmen, und ferner der wichtige aber wohl mehrfach Anstoß erregende Satz, daß die gesamte Bewirtschaftung und Verwaltung einer amtlichen Aufsicht unterstellt wird, die beispielsweise bei jeder Änderung des Wirtschaftsbetriebs, bei

[1] Referent selbst gesteht seine skeptische Auffassung gern ein.

allen Einwirkungen auf die Substanz der Sache mitzusprechen hätte (382).

Das Vormundschaftsrecht.

Über die letzte Abteilung des Familienrechts, das Vormundschaftsrecht, können wir uns kurz fassen, um so mehr, als verschiedene wichtige Bestandteile desselben in Verbindung mit dem Personenrecht abgehandelt worden sind.

Im großen und ganzen zeigt sich auch hier wieder eine weitgehende Übereinstimmung mit dem deutschen Recht.

Wir finden zwei Arten der Vormundschaft, die ordentliche Vormundschaft, deren Fälle oben aufgezählt worden sind, und die Beistandschaft, welche der deutschen Pflegschaft entspricht, aber enger begrenzt ist als diese, sofern der Beistand nur zur Besorgung eines einzelnen Geschäfts eingesetzt oder bei fehlender Verwaltung eines Vermögens mit dieser betraut werden kann.

Es fehlen die generellen Pflegschaften, die auf Grund eigenen Begehrens einer hülfsbedürftigen Person oder bei andauernder Verhinderung eines Inhabers der elterlichen Gewalt nach dem B. G. B. eintreten können.

Von behördlichen Organen unterscheidet der Entwurf die Vormundschaftsbehörde und die Aufsichtsbehörde, deren äußere Ausgestaltung den Kantonen überlassen ist. Die besondere Aufstellung einer Gemeindebehörde wie unseres Gemeindewaisenrats, erschien entbehrlich, wohl deshalb, weil überwiegend, wie in Württemberg, die Vormundschaftsbehörde eine Gemeindebehörde sein wird. Wichtiger noch ist, daß der Schweizer Entwurf das ganze Amt des Gegenvormunds für entbehrlich erachtet hat. Ausnahmsweise wird bei Vorliegen besonderer Interessen und auf Antrag eine Familienvormundschaft zugelassen, bei der die Befugnisse und Pflichten der Vormundschaftsbehörde auf einen Familienrat übergehen (389). Über die Verpflichtung zur Übernahme solcher Familienratsstellen ist leider nichts gesagt.

Bei der Fixierung der Bevormundungsfälle werden auch Vorschriften über die Art und Weise des Entmündigungsverfahrens, das im einzelnen den Kantonen überlassen ist, gegeben. Wichtig ist dabei die zwingende Vorschrift der Veröffentlichung in Art. 405, vor welcher die Bevormundung einem gutgläubigen Dritten nicht entgegengestellt werden darf.

Bei der Vormundschaftsbestellung steht der Entwurf durchaus

auf dem Standpunkt der tutela dativa; Verwandte und in relativer Weise auch vom Bevormundeten selbst seinem Vater oder seiner Mutter bezeichnete Personen sollen berücksichtigt werden. Dieselben sollen wohl auch das Einspruchsrecht des Art. 418 erhalten, denn man wird doch bei einer Nichtberücksichtigung der Art. 410, 411 von einer gesetzwidrigen Wahl sprechen können. Frauen sind ohne Beschränkung zum vormundschaftlichen Amt zugelassen.

Auffallend ist, daß bei den Ausschließungsgründen nicht zwischen absoluter und relativer Unfähigkeit unterschieden wird, — es sollen doch wohl nicht alle in Art. 414 genannten Ausschließungsgründe bloß relativ wirken —, und daß keine Bestimmung zu Gunsten der Beamten und Geistlichen getroffen ist. Hier wäre nach deutscher Auffassung ein Exkusationsgrund oder ein relativer Unfähigkeitsgrund aufzustellen. Vielleicht liegen in der Schweiz die Verhältnisse anders.

Beachtenswert ist die (übrigens wohl besser in den Zusammenhang des 4. Abschnitts im 10. Titel zu stellende) Vorschrift des Art. 444, nach welcher die Bestellung des Vormunds regelmäßig nur auf 4 Jahre erfolgen soll.

In Beziehung auf die gesamte Stellung des Vormunds ist, abgesehen von der sehr zweckentsprechenden Bestimmung des Art. 436, daß der natürlich handlungsfähige Bevormundete bei wichtigeren Angelegenheiten um seine Ansicht zu befragen sei, namentlich auf sein Verhältnis zu den vormundschaftlichen Behörden aufmerksam zu machen. Hier findet eine nicht unbedeutende Abweichung von den Grundsätzen des B.G.B. statt.

Das Schweizer Recht stellt den Vormund der Behörde gegenüber viel weniger selbständig als das Deutsche Recht, das in dieser Beziehung den Standpunkt der preußischen Vormundschaftsordnung aufgenommen hat. Das zeigt sich einmal in der generellen Verpflichtung des Art. 441, bei allen wichtigeren Angelegenheiten den Rat der Vormundschaftsbehörde einzuholen (auch das dürfte nur durchführbar sein, wenn diese eine Gemeindebehörde ist). Es zeigt sich ferner in der Bestimmung des Art. 448, daß jeder Interessent, auch der Bevormundete selbst, wenn er die natürliche Handlungsfähigkeit besitzt, Beschwerde gegen Maßregeln des Vormunds bei der Vormundschaftsbehörde führen kann, mit dem Recht, gegen den Beschluß der Vormundschaftsbehörde weitere Beschwerde bei der Aufsichtsbehörde einzulegen. Dem gegenüber läßt das Deutsche Recht nur ein Einschreiten gegen Pflichtwidrigkeiten durch geeignete Gebote und Verbote zu (§ 1837), ein Einschreiten, das natürlich auch auf Denunziation des Bevormundeten oder eines dritten Interessenten erfolgen kann. Eine Einmischung in die Gestion des Vormunds im einzelnen ist dem Vormundschaftsgericht principiell nicht gestattet. Das geht am deutlichsten aus den §§ 1828 und 1829 hervor. Sogar die Zustimmung des Vormundschaftsgerichts zu einem genehmigungsbedürftigen Rechtsgeschäft, wird nur wirksam, wenn der Vormund sie dem Gegner mitteilt. Er hat es also in der Hand, trotz Genehmigung das Zustandekommen des Geschäfts zu verhindern.

Mit diesem ganzen Standpunkt hängt es auch zusammen, daß das Schweizer Recht sehr viel weniger Einzelinstruktionen für den Vormund braucht. Jedoch sind die Kantone befugt, unter Genehmigung des Bundesrats nähere Bestimmungen aufzustellen über die sichere Anlage und Verwahrung des Mündelvermögens (wie ja auch das Deutsche Recht wenigstens teilweise auf die partikularrechtliche Ergänzung verweisen muß) (454). In Ermangelung solcher kantonalrechtlicher Bestimmungen hat die Aufsichtsbehörde für die mündelsichere Anlage maßgebende Verordnungen und Anleitungen aufzustellen (452). In der Schweiz ist dieses Recht der Kantone besonderes Bedürfnis wegen der ihnen auferlegten Haftung.

Es läßt sich nun gewiß kein allgemeines Urteil darüber abgeben, ob der deutsche oder schweizerische Standpunkt den Vorzug verdient. Das hängt von der ganzen Gewöhnung des Volks, insbesondere von dem rascheren oder schwerfälligeren Funktionieren der Vormundschaftsbehörde, der Möglichkeit eines Einblicks der letzteren in die konkreten Verhältnisse, ab. Wohl aber wird man behaupten dürfen, daß für unsere deutschen Verhältnisse, namentlich soweit das Amtsgericht Vormundschaftsbehörde ist, der wohlerwogene deutsche Standpunkt durchaus zu billigen ist. Die Komplikationen und der Aufenthalt, die durch eine Einmischung des Gerichts in die einzelnen Angelegenheiten entstehen müßten, würden keineswegs im Interesse der Bevormundeten liegen. Ob diese Gefahr, sowie überhaupt die Gefahr einer fortgesetzten Quängelei und Schreiberei für die Schweiz nicht oder weniger besteht, vermag Referent nicht zu beurteilen.

Das Amt des Vormunds ist nicht wie in Deutschland principiell unbesoldet. Vielmehr erhält der Vormund eine von der Vormundschaftsbehörde je nach der aufzuwendenden Mühe zu bemessende Vergütung von mindestens 2 pro mille des reinen Vermögens.

Aus der Ordnung des zur Aufhebung von Entmündigungen dienenden Verfahrens mag noch hervorgehoben werden, daß die Entmündigung wegen Geisteskrankheit und Geistesschwäche nicht ohne Sachverständigengutachten wieder aufgehoben werden darf — diese sehr angemessene Bestimmung fehlt im deutschen Recht — (465); daß sie wegen Verschwendungssucht, Trunksucht und lasterhaftem Lebenswandel erst aufgehoben werden darf, wenn der Entmündigte mindestens zwei Jahre zu keiner Klage Anlaß gegeben hat (466) — diese Bestimmung scheint mir namentlich in den Fällen, in denen Heilung einer krankhaften Disposition vorliegt, etwas rigoros zu sein —; endlich daß die Aufhebung einer auf eigenes Begehren angeordneten Vormundschaft nur erfolgen darf, wenn der Grund des Begehrens weggefallen ist (467).

Das Erbrecht[1].

Im Erbrecht war insofern eine sehr schwierige Aufgabe zu erfüllen, als der Gesetzgeber nicht weniger als dreißig Erbrechte vor sich hatte, die auf sehr verschiedenen Stufen der Entwickelung stehen geblieben waren, und als die Einzelinteressen, die sich auf eine bestimmte Erbschaftsordnung einmal eingerichtet haben, jeder Reform mit besonderer Zähigkeit widerstreiten. Deshalb schien für den Gesetzgeber doppelte Vorsicht geboten zu sein[2]. Trotzdem glaubte derselbe im Interesse der Gesamtentwickelung mit sehr energischen Reformvorschlägen vorgehen zu dürfen. Es sollte ein „einheitliches, den modernen Bedürfnissen entsprechendes Erbrecht geschaffen werden, teils in originärer Weise, teils unter Anlehnung und Anknüpfung an überlieferte, ja zum Teil fast vergessene Rechtsinstitute."

Als besondere Ziele der Reform giebt Huber (a. a. O. S. 103) dreierlei an: 1. die Einführung eines Gemeinwesenerbrechts neben und in Konkurrenz mit den gesetzlichen und eingesetzten Erben; 2. Ausgestaltung der in manchen Kantonen schwer darniederliegenden Testierfreiheit; 3. Fürsorge und Schutz für die nachgelassenen wirtschaftlichen Einrichtungen, deren Erhaltung zum Wohlstand des Landes erforderlich erscheint, insbesondere für das bäuerliche Erbrecht.

---

[1] Vgl. hierzu auch Eugen Huber, Betrachtungen über die Vereinheitlichung des schweizerischen Erbrechts.

[2] Vgl. die Erläuterungen Hubers zum Teilentwurf über das Erbrecht S. 102.

Folgen wir aber nunmehr der Ordnung des Entwurfs, der in einer ersten Abteilung die Erben, und zwar zunächst die gesetzlichen Erben, sodann die Verfügungen von Todes wegen, in einer zweiten Abteilung den Erbgang, dessen Eröffnung, Wirkung, sowie die Erbteilung behandelt.

Die Erben.

Beim gesetzlichen Erbgang der Verwandten ist wie im deutschen Recht die Parentelenordnung zu Grunde gelegt, jedoch unter Beschränkung auf die drei ersten Parentelen, wobei aus der vierten Parentel nur noch Urgroßeltern, Großoheime und Großtanten zu einem Nießbrauch zugelassen werden (484—487).

Dazu kommt als weiterer gesetzlicher Erbe der überlebende Ehegatte, der neben Nachkommen die Hälfte zur Nutznießung, neben der zweiten Parentel ein Viertel zu Eigentum und drei Viertel zur Nutznießung, neben der dritten Parentel die Hälfte zu Eigentum und die Hälfte zur Nutznießung bekommt, im übrigen Alleinerbe wird. Bezüglich der näheren Gestaltung des Nießbrauchsrechts verweist der Entwurf jetzt nur auf die allgemeinen Nießbrauchsregeln, während früher Rechte der Eigentumserben, den Nießbraucher unter Umständen mit sichergestellten Renten abzufinden, vorgesehen waren.

Soweit Verwandte oder Ehegatten nicht vorhanden sind, fällt die Erbschaft an den Kanton oder die vom Kanton bezeichnete Gemeinde. Den Kantonen soll es vorbehalten bleiben, auf dem Wege der Erbschaftssteuer *oder des Erbrechts* dem Gemeinwesen weitere Ansprüche auf die Erbschaft zuzuweisen.

Die letztere Bestimmung ist das Überbleibsel eines ursprünglich viel weiter gehenden Planes, dem Gemeinwesen neben der zweiten und dritten Parentel ein konkurrierendes Erbrecht auf ein Zehntel und ein Viertel der Erbschaft, unbeschadet des kantonalen Erbschaftssteuerrechts, zu geben (Teilentwurf über das Erbrecht Art. 411 bis 418).

Als Gemeinwesen sollte gelten der Bund, der Kanton, die Gemeinden, öffentliche Körperschaften, Anstalten und Stiftungen bürgerlichen Charakters. An und für sich sollte erben der Kanton oder die vom Kanton bezeichnete Gemeinde. Innerhalb bestimmter Grenzen hätte jedoch der Erblasser Bestimmungen treffen können. Alle diese Erbansprüche des Gemeinwesens waren, in hier nicht näher zu bezeichnender Weise, mit Pflichtteilsrecht ausgestattet. Wenn mehr als das Doppelte des Pflichtteils zugewendet war, sollte der Erblasser über die Verwendung verbindliche Anordnungen aufstellen dürfen.

Daß irgend welche Beschränkung der Verwandtenerbfolge stattfinden sollte, darüber herrscht auch in Deutschland unter allen Einsichtigen, die sich eingehender mit der Frage beschäftigt haben, nur eine Stimme. Der erste Entwurf hatte in Anlehnung an das gemeine, preußische und sächsische Recht von jeder Beschränkung abgesehen. Dagegen wandte sich aber die allgemeine Kritik (von 17 Kritikern hat nur einer den Standpunkt gebilligt) und die zweite Kommission sah sich dadurch veranlaßt, die Verwandtenerbfolge auf die fünfte Parentel zu beschränken und die Regierung hat diese Beschränkung in der Reichstagskommission gut verteidigt. Leider ist die erforderliche Einsicht bei der Majorität dieser Kommission nicht zu finden gewesen, und mit äußerst fadenscheinigen, inzwischen in ihrer Richtigkeit von verschiedener Seite gewürdigten Gründen[1] ist das unbeschränkte Verwandtenerbrecht wiederhergestellt worden. Ob es nun freilich angeht, schon bei der dritten Parentel stehen zu bleiben, wie der Schweizer Entwurf will, und in der vierten nur einzelnen Personen noch ein Nießbrauchsrecht zu gewähren, hängt wesentlich davon ab, ob nach allgemeiner Volksüberzeugung unter den betreffenden Verwandten noch ein Familienzusammenhang besteht oder nicht. Jedenfalls geht diese Beschränkung über alles in Deutschland bisher Dagewesene, auch über den Standpunkt des züricherischen Gesetzbuchs hinaus[2]. Meines Erachtens sollte man jeden noch vorhandenen verwandtschaftlichen Zusammenhang zu stärken suchen und deshalb im Intestaterbrecht berücksichtigen. Dann wäre z. B. der vierten Parentel ein solches zu gewähren, wenn auch nur in einer größeren Anzahl von Fällen — es braucht keineswegs die Majorität zu sein — der Zusammenhang nachweisbar ist.

In nächster Beziehung zu der Beschränkung des Verwandtenerbrechts steht der Gedanke des Gemeinwesenerbrechts. Wenn dasselbe

[1] Siehe über diese und die Gründe der Motive z. B. Endemann § 1 Nr. 19, § 18 Nr. 21; ferner Bernhöft, Zur Reform des Erbrechts S. 68 ff. Besonders hervorragend ist der Grund, daß in jedem Vermögen auch ein Stück Arbeit der Voreltern enthalten sei, und deshalb die ganze Familie ein Recht darauf habe. Mit diesem Argument läßt sich geradesogut ein Erbrecht aller Mitbürger oder des Staats rechtfertigen. Man braucht nur weit genug, bis auf Adam, zurückzugehen.

[2] Anders nur der Kanton Solothurn.

auch jetzt nur noch für den Fall des Fehlens sämtlicher erbberechtigter Verwandter und des Ehegatten aufrecht erhalten ist, so verdient doch Beachtung, einmal daß der Anspruch als Erbrechtsanspruch aufgefaßt ist, wie sich namentlich aus der Überschrift des Titels und der Artikel ergeben dürfte, ferner daß die Kantone immer noch auf die Möglichkeit weitere Erbrechtsansprüche des Gemeinwesens zu begründen hingewiesen werden. Von allergrößtem Interesse sodann ist der unsprüngliche Plan eines von Bundeswegen festgesetzten Gemeinwesenerbrechts. Wenn derselbe auch zunächst noch zurückgestellt worden ist, sei es nun auf Grund von Bedenken, die sich aus dem Eingreifen des Bundes in den kantonalen Finanzhaushalt ergaben, sei es auf Grund von Bedenken principieller Natur, weil die ganze Auffassung unserer Zeit für eine solche Neuerung noch nicht zugänglich sein dürfte, nicht in der Schweiz und noch weniger in Deutschland, so bleibt er doch unter Umständen ein Wegweiser für die Zukunft. Daß über kurz oder lang eine stärkere Inanspruchnahme der Erbschaften für den Staatshaushalt erforderlich werden wird, ist wohl kaum zu bezweifeln. Und da hat denn die ganze von Huber festgehaltene, vorher nur im Erbrecht von Basellandschaft zu Grunde gelegte Auffassung, daß beim Erbgang entfernterer Verwandter von einem Erbrecht des Gemeinwesens ausgegangen werden müsse, neben das dann wohl noch nach den Bedürfnissen des Staatshaushalts eingerichtete auch auf die Nachkommen erstreckte Erbschaftssteuern treten können, ihre unbestreitbaren Vorzüge. Die dauernden Bestimmungen des Erbrechts verwachsen (wie Huber, Erläuterungen S. 106 ausführt) viel leichter mit dem allgemeinen Rechtsbewußtsein und wirken infolgedessen erziehlich ein auf die ganze Auffassung des Einzelnen von seiner Stellung zum Gemeinwesen. Ganz besonders würde wohl eine Kräftigung des Gemeinsinns gleichzeitig mit einer Erleichterung der Adaption an die neuen Bestimmungen erreicht worden sein durch die Einräumung jener beschränkten Testierfreiheit zu Gunsten des Gemeinwesens, wie sie oben geschildert wurde. Daß in der ganzen Normierung ein starker socialistischer Grundton mitklingt, wer wollte es leugnen, ein socialistischer Grundton in dem Sinn, daß in jedem Privatvermögen Werte enthalten seien, die der Einzelne der Zugehörigkeit zum Gemeinwesen, dem Schutz und der Förderung seitens desselben verdankt. — Gerade dieser Gedanke ist es ja, der durch die Gewährung eines Erbrechts stärker zum Ausdruck gebracht werden soll, als durch bloße Erbschaftssteuern. Wenn nicht alles täuscht, so fließt aber jetzt der Strom der Entwickelung in dieser Richtung; die ganze Gedankenrichtung, der der Plan Hubers entstammt, wird gewiß zunächst an Stärke gewinnen, und dann ist es wünschenswert, daß der Gesetzgeber in rechtzeitiger Erkenntnis des Entwickelungsganges die Strömung einzufassen und in feste Bahnen zu leiten sucht. Ob freilich zu einem derartigen Vorgehen auch die einzelnen Kantone in der Lage sein werden, und ob es auch wünschenswert für die Schweiz wäre, wenn in dem Tempo der Entwickelung in den einzelnen Kantonen erhebliche Verschiedenheiten sich ergeben würden, vermag Referent nicht zu entscheiden.

In hohem Grade abhängig von der vorhandenen Volksanschauung ist auch das Erbrecht des überlebenden Ehegatten. Ob der Entwurf hier das für sein Anwendungsgebiet Richtige getroffen hat, ist für einen Außenstehenden wiederum schwer zu beurteilen. Für Deutschland hat die gänzliche Beseitigung der gesetzlichen Nutznießungsrechte des Ehegatten eine meines Erachtens wohlberechtigte Kritik gefunden. Am wenigsten beigebracht ist in den Motiven gegen das Nießbrauchsrecht des Ehegatten bei unbeerbter Ehe. Hier findet sich, abgesehen von der Behauptung, daß alle gesetzlichen Nießbrauchsrechte auf Lebenszeit vom Standpunkt der Nationalökonomie aus verwerflich seien, nur eine Verweisung darauf, daß die bisherigen Partikularrechte den sogenannten statutarischen Nießbrauch in diesen Fällen nicht gekannt haben. Gewichtiger, wenn auch keineswegs durchschlagend waren die Gründe gegen den Nießbrauch bei beerbter Ehe. Hier handelt es sich um Abgrenzung der Anwartschaft des Ehegatten auf Fortführung eines standesgemäßen Lebens auf der einen, der Interessen der volljährigen Kinder an der Ermöglichung einer selbständigen Lebensstellung auf der anderen Seite. Der Entwurf sucht die richtige Mitte in der Gewährung eines hälftigen Nießbrauchs, das deutsche Gesetzbuch in einem Viertelserbteil zu finden, namentlich weil dasselbe die Schwierigkeiten, die sich bei Einräumung eines Nießbrauchs in Bezug auf die Regulierung der Ausstattungsansprüche und in Bezug auf die Sicherung der Kinder gegenüber den Gläubigern des Nießbrauchers ergeben könnten, fürchtete. Beiderlei Bedenken dürften wegfallen, sobald man den Nießbrauch nicht am Ganzen, sondern nur an der Hälfte gewährt, da die nicht mit Nießbrauch belastete Hälfte des Vermögens den Nachkommen jedenfalls frei bleibt. Aus welchen Gründen im schweizerischen Entwurf die Möglichkeit, unter gewissen Voraussetzungen den überlebenden Ehegatten mit einer sichergestellten Rente abzufinden, preisgegeben wurde, ist nicht zu ersehen. Bei

Wiederverheiratung der überlebenden Ehefrau würde ein solches Sonderrecht viel für sich haben.

Zuzugeben wird sein, daß man an und für sich sowohl mit der deutschen als mit der schweizerischen Regulierung auskommen kann, wenn wir auch der letzteren den Vorzug geben würden. Nur muß in beiden Fällen die Möglichkeit gegeben sein, durch letztwillige Verfügung das gesetzliche Recht erheblich zu modifizieren.

Dies führt uns hinüber zu dem wichtigen Kapitel der Verfügungsfreiheit, dessen Regelung in der Schweiz insofern ganz besonderen Schwierigkeiten begegnete, als in einigen Kantonen der alemannischen Schweiz sich eine sonst nirgends bekannte nahezu vollständige Gebundenheit des Erblassers als sogenannter „Schweizer Brauch" entwickelt hatte. Die neuere Entwickelung freilich war der Anerkennung der Testierfreiheit durchweg günstig, und so konnte es keinem Zweifel unterliegen, daß der Entwurf sich im allgemeinen ebenfalls auf diesen Standpunkt stellen mußte. Die Gründe hierfür sind von Huber in seinen Erläuterungen zum Erbrechtsentwurf (S. 108 ff.) ausführlich dargelegt und würden bei der in Deutschland herrschenden Auffassung keinem Bedenken begegnen.

Immerhin differiert die Einzelregulierung von der unsrigen nicht unerheblich. Während das deutsche Recht ein für allemal von einem auf die Hälfte des gesetzlichen Erbteils festgelegten Pflichtteil ausgeht, bestimmt der Entwurf die von ihm an die Spitze gestellte sog. verfügbare Quote verschieden. Wer Nachkommen hinterläßt, kann über ein Viertel frei verfügen (was also einem Pflichtteil von drei Viertel entsprechen würde), wer Vater oder Mutter hinterläßt über die Hälfte. Dem Ehegatten darf, wenn er mit Nachkommen erbt, der Nießbrauch an der Hälfte, in den übrigen Fällen ein Viertel der Erbschaft nicht entzogen werden (495).

Man sieht also, daß gegenüber den Nachkommen und dem mit Nachkommen zusammen erbenden Ehegatten viel geringerer Spielraum für die Testierfreiheit übrig bleibt, als bei uns in Deutschland, während der mit entfernteren Verwandten zusammen erbende Ehegatte bei uns wieder stärker geschützt ist. Bei der Behandlung des Nachkommenerbrechts muß man sich vergegenwärtigen, daß eine noch weitere Beschränkung des Pflichtteilsrechts voraussichtlich bei mehreren Kantonen auf starken Widerstand stoßen würde, und daß die üblen Folgen, welche die Einschränkung der Testierbefugnis speciell im bäuerlichen Erbrecht, sowie bei Übernahme von gewerblichen Betrieben durch einen Nachkommen haben können, durch später noch zu besprechende Vorschriften neutralisiert werden. Daß der Pflichtteil des Ehegatten nicht mit dessen Intestaterbportion steigt, sondern von der zweiten Parentel ab immer nur ein Viertel der Erbschaft beträgt, erscheint nur auf den ersten Blick befremdlich. Sieht man genauer zu, so wird man es durchaus angemessen finden, daß die Frage, wie viel dem Ehegatten jedenfalls hinterlassen werden soll, nicht davon abhängig gemacht werden darf, ob nähere oder entferntere Verwandte da sind. Auch wenn keine Verwandten der zweiten oder dritten Parentel leben, kann es vom Standpunkt des Erblassers aus, auf Grund der Ausgestaltung des ganzen ehelichen Verhältnisses, durchaus angebracht sein, dem Ehegatten nur ein Viertel der Erbschaft zu hinterlassen. In Wirklichkeit auszustellen ist nach Ansicht des Ref. nur, ebenso wie im deutschen B.G.B., daß dem überlebenden Ehegatten nicht der Nießbrauch am ganzen Vermögen zugewendet werden kann. So viel wir sehen, ist das nur bis zu dem Umfang möglich, bei dem, unter Zugrundelegung der in Art. 549 angeordneten Umrechnung von Nutzungswert in Kapitalwert, von der nicht mit gesetzlichem Nießbrauch belasteten Vermögenshälfte drei Viertel Kapitalwert den Kindern frei bleiben, so daß also dem überlebenden Ehegatten nur ein Nießbrauch zugewendet werden kann, der einem Viertel des Kapitalwerts der unbelasteten Hälfte entspricht[1]. Nun aber besteht gewiß auch in zahlreichen Bevölkerungskreisen der Schweiz ebenso wie in Deutschland das Bedürfnis, in erster Linie die überlebende Ehefrau vor Entbehrungen geschützt zu sehen und aus diesem Grund den Kindern Opfer aufzuerlegen bezw. die Schwiegersöhne zur Geduld zu verweisen. Wenn nun der Nießbrauch an einem Teil des Vermögens nicht ausreicht, diese Sicherstellung zu erreichen, sollte auch das ganze Vermögen zu dem genannten Zweck festgelegt werden können[2]. Allermindestens aber sollte dem überlebenden Ehegatten, wenn man so weit nicht gehen will, ein Anspruch auf standesgemäßen Unterhalt gegenüber den Erben durch letztwillige Verfügung zugewendet werden können[3].

Erhebliche Schwierigkeiten bereiten die Sätze über die Durch-

[1] Wie man sieht, eine äußerst komplizierte Normierung.

[2] Die natürlich auch nach Schweizer Recht anwendbare cautela Socini bietet, namentlich wenn der Pflichtteil drei Viertel des Intestaterbteils beträgt, nur ungenügenden Ersatz.

[3] Ein Anspruch auf notdürftigen Unterhalt ist freilich den Kindern gegenüber, und zwar auch gegenüber den einseitigen Abkömmlingen des Erblassers gegeben (Art. 354).

führung dieses Pflichtteilrechts im einzelnen. Ich möchte sogar behaupten, daß der entscheidende Art. 544 [1] für einen Leser, der nicht zuvor anderswoher, z. B. aus den Erläuterungen Hubers zum Erbrechtsteilentwurf oder aus dem Berner Recht, weiß, was gemeint, schlechterdings nicht verständlich ist.

Der verletzte Erbe soll eine Herabsetzungsklage erhalten, die dann auch von seinen Gläubigern, soweit sie Verlustscheine besitzen, geltend gemacht werden kann. Diese Herabsetzungsklage wird zunächst in Art. 544 ihren näheren Voraussetzungen nach bestimmt. Derselbe lautet:

> „Hat der Erblasser seine Verfügungsbefugnis überschritten, so können die Erben, die nicht dem Werte nach ihren Pflichtteil erhalten, die Herabsetzung der Verfügung auf das erlaubte Maß verlangen.
>
> Enthält die Verfügung Bestimmungen über die Teile der gesetzlichen Erben selber, so sind sie als bloße Teilungsvorschriften aufzufassen [2].
>
> Enthält die Verfügung Zuwendungen an mehrere gesetzliche Erben im Sinn einer Begünstigung, so findet die Herabsetzung, unter Vorbehalt einer anderen Anordnung des Erblassers, unter den Miterben im Verhältnis der Beträge statt, die ihnen über ihren Pflichtteil hinaus zugewendet sind."

Als Voraussetzung der Herabsetzungsklage ist damit im Abs. 1 statuiert, daß der Erbe dem Werte nach seinen Pflichtteil nicht erhalten hat. Wie er ihn erhalten, ob als Erbteil oder Vermächtnis, ist also gleichgültig.

Auch im Absatz 2 ist sodann noch eine Voraussetzung der Herabsetzungsklage normiert. Wenn nämlich in der letztwilligen Verfügung nur Bestimmungen getroffen sind über das, was einzelne gesetzliche Erben aus den Erbschaftsgegenständen bekommen sollen, so soll keine Absicht der Begünstigung vermutet, sondern angenommen werden, der Erblasser habe gleiche Teile machen, und was der eine zu viel empfängt, in Geld ausgeglichen wissen wollen. Z. B. der Erblasser

---

[1] Ob die Trennung der Bestimmungen über die Herabsetzungsklage von dem materiellen Pflichtteilsrecht und ihre Zusammenstellung mit der Anfechtung letztwilliger Verfügungen zweckentsprechend ist, dürfte zweifelhaft sein. Referent würde eine andere Gruppierung vorziehen.

[2] Französischer Text: Les clauses relatives à la formation des lots entre héritiers légaux seront tenues pour des décrets de partage.

hat ein Haus im Wert von 40000, ein Grundstück im Wert von 20000 und bewegliches Vermögen im Wert von 6000 Mk. Er hinterläßt 3 Söhne und schreibt, A soll das Haus, B das Grundstück bekommen. Hier wäre anzunehmen, daß jeder Sohn 22000 Mk. bekommen soll, daß daher C, der zunächst nur ein Drittel des beweglichen Vermögens erhalten hat = 2000 Mk., von A 20000 Mk. in Geld zu beanspruchen hätte [1].

Der Absatz 3 schließt sich an den Absatz 2 unmittelbar an, enthält aber gar keine Voraussetzung der Herabsetzungsklage mehr, sondern eine Bestimmung über die Art und Weise ihrer Durchführung.

Bleiben wir bei demselben Beispiel stehen und nehmen an, daß der Vater eine Begünstigung der beiden ersten Söhne hätte aussprechen wollen. Hier muß der dritte Sohn seinen Pflichtteil im Betrag von drei Viertel der 22000 = 16500 Mk. erhalten. Wieviel muß aber jeder der Brüder herausgeben? Hier soll im Zweifel, d. h. wenn der Erblasser nichts anderes bestimmt, folgendermaßen gerechnet werden: Sowohl A wie B haben auch jeder Anspruch auf 16500 Mk. als Pflichtteil. Über diesen Betrag hinaus hat A 23500 Mark, B 3500 Mk. erhalten. Die 10500 Mk., die C nach Empfang von 6000 Mk. bar noch zu erhalten hat, sind also proportionell, d. h. im Verhältnis von 23500 zu 3500, auf beide Brüder umzulegen [2].

Daß dies eine besonders einfache und einleuchtende Berechnungsart sei, wird man nicht behaupten können. Aber immerhin dürfte sie anderen möglichen Berechnungsarten vorzuziehen sein, z. B. der Berechnung, bei der man einfach den über den Pflichtteil zugewendeten Betrag auf ein Viertel reduziert [3].

Wie steht es nun aber im übrigen, abgesehen von diesem speciellen

---

[1] So nach den Erläuterungen Hubers. Daß diese Meinung im deutschen Text einen ädäquaten Ausdruck gefunden habe, wird man nicht behaupten können. Auch wenn man den im Zusammenhang mit der Bestimmung des Art. 544 stehenden Art. 621 Abs. 2 entdeckt hat, ist das Verständnis noch erschwert. Eher wird dem französischen Text die richtige Interpretation abzugewinnen sein.

[2] So unter der Voraussetzung, daß die 6000 Mark Mobiliarvermögen nach der Bestimmung des Testaments dem C zufallen. Sollen diese gedrittelt werden so hat A 25500 Mark, B 5500 Mark über den Pflichtteil hinaus erhalten, und ist dementsprechend zu rechnen.

[3] So daß also von der den Pflichtteil überschreitenden Zuwendung an A im Betrage von 23500 Mark ein Viertel d. h. 5875 Mark gültig wären, der Rest an C herausgegeben werden müßte.

in Art. 544 hervorgehobenen Fall, mit der Durchführung der Herabsetzungsklagen? Dabei soll die Herabsetzung gegenüber Zuwendungen unter Lebenden noch ganz aus dem Spiel bleiben.

Hierüber giebt Art. 546 Vorschrift:

Im Zweifel soll die Herabsetzungsklage gegen alle eingesetzten Erben und Bedachten im gleichen Verhältnis sich richten.

Hätte also der Erblasser von einem Vermögen von 16000 Mk. seinem einen Sohn A 12000 dem extraneus X 4000 zugewendet, seinem zweiten Sohn B nichts, so würde dieser seine 6000 Mk. Pflichtteil zu drei Viertel von A zu einem Viertel von X zu begehren haben [1].

Wir haben bis jetzt nur die Frage erörtert, welche Quotenverteilung stattfindet, noch nicht wie sich die Herabsetzungsklage im übrigen gestaltet. Dieselbe ist keineswegs wie im deutschen Recht lediglich ein obligatorischer Anspruch gegen die eingesetzten Erben. Vielmehr ist, wenn der Erblasser lediglich die Quoten bestimmt hat, eine Reduktion der Quoten nach den bisher besprochenen Grundsätzen vorzunehmen, der Übergangene tritt dann in Bezug auf die ihm verbleibenden Quoten als Miterbe ein. Das ist zwar nicht ausdrücklich gesagt, aber doch zweifellos die Meinung des Gesetzes. Wie nun aber, wenn der Erblasser zugleich die einzelnen Gegenstände den eingesetzten Erben zugewiesen hat? Dann sollen offenbar diese letzteren Vorschriften als Teilungsvorschriften behandelt werden, und es entstehen in diesem Fall allerdings Geldansprüche in Höhe der dem übergangenen Erben fehlenden Quote. Deutlich ausgesprochen scheint mir das allerdings auch nirgends zu sein.

Dagegen findet sich allerdings in Art. 546 Abs. 2 und 3 noch eine Bestimmung über die Herabsetzung von Vermächtnissen einzelner Sachen. Gedacht ist dabei an den Fall, daß ein Pflichtteilserbe — er wird der Beschwerte genannt — durch das Vermächtnis in seinem Pflichtteil gekürzt ist. Hier soll der Pflichtteilserbe die Wahl haben, ob er die Sachen herausgiebt gegen Ersatz des Betrags, der nicht hätte zugewendet werden dürfen, oder ob er seinerseits den disponiblen Betrag in Geld auszahlen will. Nur wenn der Bedachte ein Miterbe ist, kann dieser Ausfolgung der Sache gegen Ersatz des unzulässig zugewendeten Betrages verlangen.

---

[1] Da hier nur ein gesetzlicher Erbe eingesetzt ist, liegt der Fall des Art. 544 Abs. 3 nicht vor.

Die Übertragung der ausgeführten Grundsätze auf den Fall, daß durch eine Erbeinsetzung und ein Vermächtnis die Pflichtteilsverletzung stattgefunden hat, wird sich folgendermaßen gestalten: Angenommen, der Erblasser hat eine 4000 Mk. werte Sache dem extraneus X vermacht, im übrigen sein 20000 Mk. betragendes Vermögen dem Sohn A zugewendet. Der Sohn B ist leer ausgegangen. Dieser kann seinen Pflichtteil im Betrag von 9000 Mk. zu fünf Sechstel von A zu einem Sechstel von X verlangen. Mit dem A participiert er im Verhältnis von 7500 : 12500 an dem nach Abzug der vermachten Sache übrig bleibenden Vermögen[1], gegenüber dem X hat er das besprochene Wahlrecht. Er kann ihm die Sache belassen gegen Zahlung von 1500 Mk. oder ihm die Sache abverlangen und 2500 Mk. ausbezahlen.

Dieses ganze im bisherigen geschilderte Recht, bei dem wir auf die besonderen Fälle der Art. 547, 549, 553, 538 noch gar nicht eingegangen sind, erscheint in hohem Grad kompliziert, und es ist sehr zweifelhaft, ob sich vom reinen Zweckmäßigkeitsstandpunkte aus eine Regulierung nach Art der deutschen mit bloßem obligatorischem Pflichtteilsanspruch des Übergangenen gegen die eingesetzten Erben, die dann ihrerseits die Last verhältnismäßig auf die Vermächtnisnehmer abwälzen können, nicht mehr empfehlen würde. Freilich würde damit eine weitere Abschwächung des Rechtes der Noterben verbunden sein, und es müßte wohl der ganze Ausgangspunkt der disponiblen Quote aufgegeben werden, was schwerlich durchsetzbar sein dürfte. Jedenfalls sollte aber, wenn man materiell bei dem geschilderten Recht stehen bleiben will, noch eine deutlichere Fassung erzielt werden. Hervorgehoben mag auch noch werden, daß Referent die deutsche Regulierung der Enterbungsgründe, mit ihrer Unterscheidung, je nachdem der Enterbte ein Descendent oder Ascendent des Erblassers ist, für erheblich besser hält, als diejenige des Schweizer Entwurfs. Wie Mentha (a. a. O. S. 45) mit Recht hervorhebt, sollte mindestens der unsittliche Lebenswandel des Ascendenten kein Enterbungsgrund sein[2].

[1] Nur für den Fall, daß aus dem Testament hervorginge, dem A sollen unter allen Umständen die vorhandenen Vermögensobjekte zugewendet sein, würde B einen bloßen Geldanspruch von 7500 Mark erhalten. Wie läßt sich aber in solchen Fällen eine scharfe Bestimmung des erblasserischen Willens vornehmen?

[2] Die französische Wendung: lorsqu'il vit dans la dissipation ou dans l'immoralité dürfte allerdings noch unbestimmter sein und leichter mißbraucht

Wenden wir uns zu dem sonstigen Recht der Verfügungen von Todeswegen, so fällt vor allen Dingen wieder auf die Kürze des Schweizer Entwurfs im Gegensatz zu den Bestimmungen des B. G. B. Zieht man das Pflichtteilsrecht und was damit zusammenhängt ab, so sind es im Schweizer Entwurf noch 47 Artikel gegen 238 Paragraphen des B. G. B. Und auch hier wird man sich der Überzeugung nicht verschließen können, daß die Normen des Entwurfes im ganzen ausreichende sind. Vor allen Dingen wird der Schweizer Gesetzgeber mit Recht darauf vertrauen, daß zahlreiche Auslegungsregeln, die er aufzunehmen unterlassen hat, und die im deutschen B. G. B. einen breiten Raum einnehmen, von der Praxis mit Sicherheit werden entwickelt werden.

Am ehesten könnten Zweifel darüber entstehen, ob die Regelung der Nacherbfolge, der Testamentsvollstrecker und des Auflagerechts im Entwurf als eine ausreichende bezeichnet werden kann.

Bei den Bestimmungen über den Erbvertrag, die ebenfalls im Schweizer Entwurf sehr viel kürzer behandelt sind als im G. B., wird man höchstens bezweifeln können, ob die kurzen Regeln, der Erblasser behält die freie Verfügung über sein gegenwärtiges Vermögen und Verfügungen von Todes wegen, die mit dem Erbvertrag nicht vereinbar sind, unterliegen der Anfechtung[1], nach allen Seiten zutreffend erscheinen. Die letztere Bestimmung ist es gewiß; sie macht Detailsätze wie den des § 2291 B. G. B., daß Änderung von Vermächtnisverfügungen und Auflagen mit Zustimmung des Gegenkontrahenten zulässig sei, entbehrlich. Allein sollten nicht doch gegenüber den Verfügungen unter Lebenden, z. B. Verschenken von speciell vermachten Sachen oder Zerstören derselben, gewisse Kautelen angebracht sein (§ 2287, 2288 B. G. B.)?

Das Nacherbenrecht des Entwurfs weicht zunächst darin vom B. G. B. ab, daß es nur einmalige Nacherbensetzung zuläßt (504), dagegen von besonderen zeitlichen Beschränkungen, wie sie das B. G. B. enthält, absieht. Nur ergiebt sich aus Art. 539, daß der Nacherbe den Nacherbfall erleben muß. Wir würden in dieser Frage dem Standpunkt des B. G. B. den Vorzug geben, wenn auch zugegeben

werden können als die deutsche. — Sollte übrigens nicht auch im deutschen Text die sonst gebrauchte Wendung „lasterhafter Lebenswandel“ cf. Art. 397 vorzuziehen sein?

[1] Ist mit der Anfechtung in Art. 516 die Ungültigkeitsklage des Art. 541 gemeint, so wird sich empfehlen, die Ausdrücke in Übereinstimmung zu bringen.

werden mag, daß das Bedürfnis mehrfacher Nacherbeneinsetzung kein besonders häufiges sein mag.

Eine eigentümliche Ausdrucksweise liegt sodann vor, wenn der Entwurf in Art. 562, indem er die Nacherbeneinsetzung noch nicht geborener (und wohl auch noch nicht erzeugter) Personen zuläßt, dies auch auf die heredis institutio ex re certa bezieht, statt einfach auch bei den Vermächtnissen eine Zuwendung an nondum concepti zu gestatten. Die Einführung der heredis institutio ex re certa zu diesem Zweck scheint mir etwas künstlich zu sein[1].

Des weiteren — und darin liegt die große Raumersparnis begründet — unterläßt der Schweizer Gesetzgeber eine Detailnormierung der rechtlichen Stellung des Vorerben gegenüber dem Nacherben und gegenüber dritten Personen. In den Erläuterungen zum Erbrechtsteilentwurf ist hierüber gesagt, daß bei der geringen praktischen Bedeutung des Instituts das Gesetz durch einen sorgfältigeren Ausbau der z. T. schwierigen Detailfragen unverhältnismäßig belastet worden wäre. Deshalb begnügt man sich damit, die gesamte Situation dahin zu kennzeichnen, daß der Vorerbe Erbe wird unter einer Auflage, daß er die Erbschaft ausgefolgt bekommt nur nach Inventarerrichtung und regelmäßig nur gegen Sicherstellung, sowie daß bezüglich der Grundstücke eine Vormerkung zu Gunsten der Nacherben ins Grundbuch einzutragen ist. Der Nacherbe soll ebenfalls als Erbe des Erblassers eintreten, sobald er den für die Auslieferung maßgebenden Zeitpunkt erlebt hat[2].

Damit sind alle Verfügungsbeschränkungen bezüglich des beweglichen Vermögens, alle Einholung von Zustimmungen des Nacherben, alle speciellen Verpflichtungen, z. B. zur Hinterlegung von Wertpapieren, zur mündelsicheren Anlage, u. s. w. abgeschnitten. Dies dürfte annehmbar sein, da bei dem Wunsch einer strengeren Bindung des zunächst Bedachten der Erblasser zu dem Mittel des Nießbrauchsvermächtnisses greifen kann.

Vollständig fehlt es auch an einer genaueren Regelung der Verpflichtungen des Vorerben zur Tragung von Lasten, sowie seines

[1] Außerdem ist das Institut der heredis institutio ex re certa sonst nirgends im Gesetzbuch erwähnt.

[2] Danach soll also die Anwendung des Auflagebegriffs beim Vorerben den Erbschaftserwerb des Nacherben nicht ausschließen. Hier zeigt sich, daß der Begriff der Auflage im Entwurf nirgends fixiert ist. Nach hergebrachter Begriffsbildung könnte der Nacherbe nur entweder als Erbe, oder auf Grund der Auflage durch einzelne Rechtsgeschäftsakte erwerben.

Rechtes, Aufwendungsersatz zu verlangen[1]. Hier dürfte wohl mit der Analogie des Nießbrauchs zu operieren sein. Eine ausdrückliche Bestimmung hierüber würde Referent für angemessen halten.

Bei der Testamentsvollstreckung (Art. 539. 540) hat der Entwurf eine außerordentliche Vereinfachung dadurch erreicht, daß er die Stellung des Testamentsvollstreckers an diejenige des amtlichen Erbschaftsverwalters (Art. 608) angliedert, womit die nötige Bestimmung der Kompetenzen, die amtliche Aufsicht, sowie das Beschwerderecht der betroffenen Personen ohne weiteres gegeben sind. Auf die verschiedenen Möglichkeiten, wie der Erblasser die Testamentsvollstrecker bestimmen, welche Befugnisse er ihnen besonders beilegen und entziehen kann, wird nicht eingegangen. Es wird nur in ganz allgemeiner Weise die Bestimmung, daß der Testamentsvollstrecker die Stellung des Erbschaftsverwalters haben solle, als eine dispositive hingestellt (Art. 540 Abs. 1). Dies dürfte auch im großen und ganzen genügen. Nur möchte man gern über einen wesentlichen Punkt ausdrückliche Auskunft haben, nämlich ob der Testamentsvollstrecker speciell auch als dauernder Erbschaftsverwalter aufgestellt werden kann, wie nach dem deutschen B.G.B. 2209. 2210, und welche Begrenzungen hierbei eventuell zu Grunde zu legen wären. Daß auf unabsehbare Zeit Vermögen in der Weise festgelegt werden könnte, daß es aus der Hand eines Testamentsvollstreckers in die eines andern, sei es von ihm optierten, sei es von der Behörde ernannten[2], übergeht, den Erben und eventuell deren Erben immer nur die Erträgnisse ausgefolgt werden, ist bei der ganzen Stellung des Entwurfs, z. B. bez. der Nacherbfolge, nicht anzunehmen. Auf der andern Seite wäre es wohl denkbar, daß der Art. 540 Abs. 1 die Möglichkeit gewährt, einem leichtsinnigen Erben in Gestalt eines Testamentsvollstreckers einen Vermögensverwalter auf Lebenszeit zu setzen. Wo sind aber hier die Grenzen? Dieselben können nur durch das Gesetz gezogen werden.

Entschieden zu wünschen wäre es endlich, daß irgend welche Klärung des Auflagerechts herbeigeführt würde. Der gemeinrechtlich überlieferte Begriff des modus liegt offenbar nicht zu Grunde, wie

[1] Eine besondere Milderung der Haftung etwa auf diligentia quam suis rebus adhibere solet, kann bei dem ganzen individualisierenden Standpunkt, den das Obligationenrecht bez. der Schadensersatzfrage einnimmt, nicht erwartet werden.

[2] Oder sollte ein Anheimgeben der Ernennung des Testamentsvollstreckers an Dritte oder an die Behörden überhaupt nicht zulässig sein?

der Art. 510 Abs. 2[1] beweist. Was ist die Auflage aber dann? Wie wird ihre Erfüllung erzwungen, wer ist klagberechtigt?

Im Vermächtnisrecht würde es vielleicht noch klärend wirken, wenn schon im Art. 503 ersichtlich wäre, daß das Vermächtnis nur Obligationen des Beschwerten, gleichwie im B.G.B., schafft, und wenn das Verhältnis des Art. 505 Abs. 1 zu Art. 546 auf den ersten Blick deutlicher gemacht würde. Offenbar soll doch die Herabsetzung von Vermächtnissen, welche die verfügbare Quote überschreiten, nach den Bestimmungen des Art. 546 erfolgen. Da wäre doch wohl irgendwelche Bezugnahme auf Art. 546 in dem Art. 505, der zuerst von der verhältnismäßigen Herabsetzung spricht, angebracht.

Was die Formen der letztwilligen Verfügungen anlangt, so kommt der Entwurf mit drei Hauptformen aus: 1. öffentliche Verfügung vor einem vom kantonalen Recht bezeichneten Beamten oder Notar und zwei Zeugen. Hier hat der Beamte den ihm mündlich erklärten Willen aufzusetzen und nach Unterschrift des Erblassers zu unterfertigen (521); 2. holographes Testament, dessen Gültigkeit nach kantonalem Recht von einer öffentlichen Deposition abhängig gemacht werden kann (522); 3. in allen Hinderungs- und besonderen Erschwerungsfällen mündliche Erklärung vor zwei Zeugen mit dem Auftrag, der Verfügung die nötige Beurkundung zu verschaffen (525. 526). Diese letztere Art der Verfügung verliert die Gültigkeit einen Monat, nachdem der Erblasser in die Lage gekommen ist, sich einer anderen Verfügungsform zu bedienen. — Auch der Widerruf letztwilliger Verfügungen ist in sehr einfacher und klarer Weise geordnet. Es genügt 1. der contrarius actus, 2. die Vernichtung der Urkunde, 3. eine neue Verfügnng, bei der nicht klar ersichtlich ist, daß sie bloß ergänzend zu einer früheren hinzutreten will.

In Bezug auf die Ungültigkeit letztwilliger Verfügungen spricht der Art. 494 den sehr dankenswerten Satz aus, daß im Falle von irrtümlichen Bestimmungen, sobald der Wille des Erblassers mit Bestimmtheit festgestellt werden kann, die Verfügung in diesem Sinne als gültig zu betrachten ist. Nach deutschem Recht wird man zwar auch suchen müssen, zu diesem Resultat zu gelangen, allein hier macht immerhin der § 2078 Abs. 1 erhebliche Schwierigkeit. Danach könnte es den Anschein haben, daß wenn nach den Regeln der objektiven Auslegung (§ 133) einmal ein be-

[1] Siehe oben S. 104 N. 2.

stimmtes Resultat festgestellt ist, und nur nachträglich, z. B. auf Grund der Entdeckung von Aufzeichnungen, festgestellt werden kann, daß ein Irrtum über den Inhalt der Erklärung stattgefunden hat, nur eine Anfechtung der fehlerhaften Bestimmung ohne Durchführung des wirklichen Willens zu erfolgen hätte. — Vernünftigerweise wird man freilich diese Bestimmung so auslegen, daß nach durchgeführter Anfechtung aufs neue mit der Auslegung des § 133 vorgegangen werden darf.

In allen Ungültigkeitsfällen, mag die Ungültigkeit auf mangelnder Verfügungsfähigkeit, auf mangelhaftem Willen, auf Rechtswidrigkeit oder Unsittlichkeit des Inhalts oder auf Formmangel beruhen [1], ist eine Ungültigkeitsklage der Interessenten vorgesehen, die, abgesehen vom bösen Glauben des Bedachten, einer kurzen Verjährung unterworfen ist. Nur einredeweise kann die Ungültigkeit immer gegen die Erbschaftsklage eingewendet werden (541—543).

Diese sehr zweckmäßige einheitliche Bestimmung mit ihrer Aufhebung des Unterschieds von Anfechtbarkeit und Nichtigkeit führt nicht bloß eine große Vereinfachung des ganzen Rechtszustandes herbei, sie bewirkt auch eine raschere Klärung der Rechtslage.

Der Erbgang.

In der zweiten Abteilung des Erbrechts, welche den Erbgang behandelt, wird zunächst die Eröffnung des Erbgangs besprochen. Darunter versteht das Gesetz den Zeitpunkt, in dem die Erbrechtswirkungen eintreten, den Ort, an dem die im folgenden erörterten maßgebenden Akte zu vollziehen sind, und die Voraussetzungen, die in Bezug auf Erblasser und Erben vorliegen müssen. Dazu werden die Besonderheiten an dieser Stelle aufgeführt, die sich beim Erbgang wegen Verschollenheit ergeben.

Die Hauptbestimmungen des Titels beziehen sich auf die Voraussetzungen in der Person des Erben, bez. dessen vor allen Dingen die Erbunwürdigkeitsgründe fixiert werden. Dieselben führen im Gegensatz zu allen den oben besprochenen Fällen absolute Nichtig-

[1] Bei der Ungültigkeit wegen unerlaubten oder unsittlichen Inhalts ist noch hervorzuheben, daß im Gegensatz zum römischen Recht und dem Recht verschiedener Kantone in Art. 501 ausdrücklich bestimmt wird, unsittliche und widerrechtliche Bedingungen und Auflagen machen die ganze Verfügung nichtig. Diese Bestimmung ist offenbar als zwingendes Recht gemeint, so daß auf die etwa vorhandene Absicht des Erblassers, die Verfügung materiell auch ohne Bedingung aufrecht zu erhalten, nichts ankommt.

keit des Erbgangs herbei, so daß dem Erbunwürdigen jederzeit die Erbschaft abgenommen werden kann. Außerdem wird festgestellt, inwieweit die bedachten Personen den Erbfall erleben müssen.

Der folgende Titel bezieht sich auf die Wirkungen des Erbgangs. Hier wird zunächst die Thätigkeit der kantonalrechtlich zu bestimmenden Behörde geschildert, betreffend Siegelung, Inventarerrichtung, Erbschaftsverwaltung, Eröffnung letztwilliger Verfügungen und Auslieferung der Erbschaft. Die beiden ersten Thätigkeiten treten teils auf Begehren der Erben, teils in bestimmten vom Gesetz vorgesehenen Fällen von Amts wegen ein. Auf das Detail ist nicht einzugehen. Den durch letztwillige Verfügung eingesetzten Erben wird auf ihr Verlangen, wenn die gesetzlichen Erben oder die Bedachten aus einer älteren Verfügung nicht widersprechen, eine Art Erbbescheinigung ausgestellt, die übrigens keinerlei Legitimationskraft wie der deutsche Erbschein äußert. Ob sich die Erweiterung des Schutzes gutgläubiger Dritter, die sich aus der Legitimationskraft des Erbscheins ergiebt, nicht auch für die Schweiz empfehlen würde, mag zur Erwägung gestellt bleiben. Selbstverständlich müßte, wenn man etwas Derartiges einführen wollte, der Erbschein auch dem Intestaterben zugänglich gemacht werden[1].

In dem dritten Abschnitt des 10. Titels wird der Grundsatz, der Tote erbt den Lebendigen, aufgestellt. Mit dieser Bestimmung scheint nun auf den ersten Blick der Art. 559 Abs. 2 nicht recht im Einklange zu stehen, der von einem Transmissionsrecht spricht[2]. Gesagt soll damit nur sein, daß der Erbe des verstorbenen Erben in ganz dieselbe rechtliche Lage, auch bez. des Ausschlagungsrechts gesetzt werden soll, in der jener sich befand. Immerhin ist der Ausdruck nicht adäquat, denn man wird, wenn der Erbgang stattgefunden hat, nicht mehr von einem Recht an der Erbschaft reden können. Besser wäre es, einfach zu sagen, daß den Erben eines nach Erwerb Verstorbenen, der sich über Annahme oder Ausschlagung nicht entschieden hat, ebenfalls innerhalb bestimmter Grenzen das Ausschlagungsrecht zustehen solle.

Zu beanstanden dürfte vielleicht auch die in Abs. 3 des Art. 577 zu Grunde gelegte etwas künstliche Auffassung sein, daß

---

[1] Nach den Erläuterungen Hubers soll übrigens die Verpflichtung der Behörden, den Intestaterben eine solche Bescheinigung auszustellen, sich von selbst verstehen.

[2] „Stirbt ein Erbe, nachdem er den Erbfall erlebt hat, so vererbt sich sein Recht an der Erbschaft auf seine Erben."

zunächst immer nur die gesetzlichen Erben erwerben, und daß sie nur an die eingesetzten Erben, deren Erwerb zurückgezogen wird, herauszugeben haben. Warum nicht einfach den ipso jure-Erwerb aller Erben aussprechen? Daß alsdann die im Besitz der Erbschaft befindlichen gesetzlichen Erben im Zweifel als bonae fidei possessores zu behandeln sind, würde sich von selbst ergeben. Nur für den Fall einer bedingten Erbeinsetzung würde die Rückziehungskonstruktion angebracht sein.

Wenn in Abs. 2 des Art. 577 gesagt ist, daß der Übergang der Rechte vorbehaltlich der gesetzlichen Ausnahmen erfolge, so wird dabei in erster Linie an die Grundbuchrechte, ferner an die Forderungen und Schulden, die an die Person geknüpft sind, zu denken sein.

Kein ipso jure-Erwerb findet statt bei den gesetzlich bestimmten Nutznießungen (578). Hier soll wie bei den Vermächtnissen nur ein Forderungsrecht auf Bestellung der Nutznießung entstehen. Ein entscheidender Grund für diese Bestimmung, die bei Überschuldung der Erben trotz Art. 606 Abs. 2 zu einer Gefährdung des Nießbrauchers führen kann, ist nicht recht einzusehen, auch in den Erläuterungen nicht angegeben.

Die Ausschlagungsfrist ist in dem Entwurf auf drei Monate festgesetzt. Dabei ist die in Deutschland fehlende, von der Billigkeit aber geradezu gebieterisch verlangte Bestimmung aufgenommen, daß bei amtlicher Feststellung der Zahlungsunfähigkeit des Erblassers zur Zeit seines Todes die Ausschlagung vermutet wird (583 Abs. 2). Und weiter ist bestimmt, daß wenn alle nächsten gesetzlichen Erben ausschlagen, abgesehen von einigen besonderen Fällen, in denen noch andere Personen gefragt werden müssen, amtliche Liquidation eintritt, mit Ausbezahlung eines eventuell sich noch ergebenden Überschusses an die Ausschlagenden. Damit ist das Princip der successiven Delation aufgegeben im Anschluß an das bisherige Recht verschiedener Kantone. Diese Bestimmungen machen meines Erachtens das ganze System des ipso jure-Erwerbs erst brauchbar[1].

---

[1] Man nehme an, eine überschuldete Erbschaft ist von den nächsten Verwandten ausgeschlagen. Sie fällt nun an eine mit dem Erblasser entfernter verwandte Ehefrau, die zufällig durch den Brief eines dieser Verwandten Mitteilung davon erhält. Ist nun der Ehemann der Frau nicht in diesen Dingen versiert, so wird es sehr leicht dazu kommen, daß die Ausschlagungsfrist verstreicht, und man die Erbschaftsliquidation mit ihren unvermeidlichen Kosten auf

Sehr zweckmäßig dürfte auch die Bestimmung sein, welche im Anschluß an das französische Recht der Art. 587 trifft: Immixtion sowie Unterschlagung oder Verheimlichung von Erbschaftssachen zerstören das Ausschlagungsrecht. Das ist scharf aber nicht unbillig, und ergiebt einen viel klareren Rechtszustand, als die Bestimmung des § 1943 B.G.B., welche lediglich stillschweigend eine Annahme durch pro herede gestio zuläßt. Hier wird sehr leicht Streit entstehen, ob eine solche pro herede gestio, eine Annahme durch konkludente Handlung, vorgelegen habe. Die Motive zum deutschen Entwurf lehnen eine derartige Norm nur mit der Begründung ab, daß sie dem bisherigen Rechte nicht entspreche.

Fraudulösen Ausschlagungen zum Nachteil der eigenen Gläubiger wird durch ein Anfechtungsrecht der letzteren entgegengetreten (592).

In den beiden folgenden Abschnitten wird die Frage der beschränkten und unbeschränkten Nachlaßhaftung in mustergültiger Weise geregelt. Wenn man hier die komplizierten und schwerverständlichen Bestimmungen des deutschen Rechts, bei denen man nicht einmal verstanden hat, die Grundfrage, ob an sich der Erbe unbeschränkt oder beschränkt haftet, in nicht mißverständlicher Weise zu entscheiden, vergleicht mit dem klaren Aufbau des Schweizer Entwurfs, wird man sich eines gewissen Gefühls des Neids und zugleich der Beschämung nicht erwehren können.

Der Entwurf geht zweifellos aus von der unbeschränkten Haftung des Erben. Wenn jemand die Ausschlagungsfrist verstreichen läßt, ohne sich irgendwie zu rühren, so haftet er vorbehaltlos (587 Abs. 1).

Die Erben haben nun aber während der Ausschlagungsfrist eine dreifache Wahl. Sie können zunächst vorbehaltlos annehmen

---

dem Halse hat. Ist der Mann Jurist, so wird er die Frau zur Ausschlagung veranlassen. Das kostet zunächst einmal eine notariell beglaubigte Erklärung. Dann aber geht die Erbschaft an die Kinder weiter, und für diese kann der Vater allein nicht ausschlagen. Er muß das Vormundschaftsgericht in Bewegung setzen, das natürlich genauen Ausweis über den Betrag der Erbschaft verlangt. Es müssen also von dem eventuell auswärtigen Nachlaßgericht die erforderlichen Bescheinigungen beigebracht werden. Das alles kostet Zeit, Mühe, Geld. Im bisherigen preußischen Recht war die üble Wirkung dieser Bestimmungen wenigstens dadurch gemildert, daß nach der Praxis die Ausschlagungsfrist nicht zu laufen begann, wenn keine amtliche Anzeige des Erbfalls erfolgte. In den Fällen, in denen die Ausschlagung zweifellos war, konnte man diese amtliche Anzeige unterlassen.

und haften dann unbeschränkt. Erscheint ihnen die Sache so zweifelhaft, daß sie nicht einmal die Kosten eines öffentlichen Inventars daran wenden wollen, so mögen sie ausschlagen. Haben sich die nächsten gesetzlichen Erben über die gemeinsame Ausschlagung geeinigt, so ist damit auf einen etwaigen bei der amtlichen Liquidation sich ergebenden Überschuß noch nicht einmal verzichtet (589 Abs. 3).

Wollen die Erben die Inventarkosten riskieren, so mögen sie das öffentliche Inventar beantragen. Hat ein Erbe das gethan, so wirkt die Maßregel auch zu Gunsten der übrigen (593 Abs. 3), er hat aber bei Insolvenz der Erbschaft die Kosten zu tragen (597 Abs. 2).

Mit der Inventarerrichtung, die die Behörde in die Hand nimmt, wird ohne weiteres ein Aufruf der Gläubiger (sog. Rechnungsruf) verbunden. Während der Inventarisierung dürfen nur die notwendigsten Verwaltungshandlungen vorgenommen werden, und werden sämtliche Schuldbeitreibungen, Prozesse, Verjährungen sistiert (598. 599).

Nach Errichtung des Inventars haben die Erben immer noch während eines Monats vierfache Wahl: 1. unbedingte Annahme, 2. Ausschlagung, 3. Verlangen amtlicher Liquidation, 4. Annahme der Erbschaft unter öffentlichem Inventar (600).

Diese letztere Art der Annahme, die auch bei Nichterklärung zu Grunde gelegt wird, ist angemessen, wenn die Schulden nicht die vorhandenen Vermögenswerte übersteigen. Sie wird vielfach den Gefühlen der Pietät dem Erblasser gegenüber besser entsprechen, als die amtliche Liquidation oder die Ausschlagung. Es gehen bei dieser Antretung einfach die im Inventar aufgeführten Vermögenswerte und Schulden auf den Erben über. Während er für die aufgeführten Schulden auch mit seinem eigenen Vermögen haftet, dürfen nicht aufgeführte nur insofern gegen ihn geltend gemacht werden, als er noch durch die Erbschaft bereichert ist. Und auch diese Haftung können nur solche Gläubiger beanspruchen, die ohne eigene Schuld die Anmeldung unterlassen haben [1].

Statt öffentliches Inventar zu verlangen, kann auch sofort amtliche Liquidation begehrt werden, und ebenso kann man dieselbe ver-

[1] Was geschehen soll, wenn nicht aufgeführte Vermögenswerte noch aufgefunden werden, ist nirgends gesagt. Die Meinung ist doch wohl, daß auch sie auf den Erben übergehen sollen, und daß sie dann bei der Bereicherung durch die Erbschaft mitgerechnet werden.

langen nach Errichtung des Inventars. Man wird das thun bei zweifelloser und bei zweifelhafter Überschuldung.

Dieses Begehren der amtlichen Liquidation durch die Erben ist jedoch an eine wichtige Schranke gebunden. Es kann nicht gestellt werden, sobald ein Miterbe, sei es vorbehaltlos, sei es unter öffentlichem Inventar annimmt. Die Anwartschaft an einem eventuell bei der amtlichen Liquidation noch sich ergebenden Überschuß zu participieren, tritt also zurück sobald ein Miterbe die Erbschaftsliquidation übernimmt. Damit wird in billiger Weise dem Interesse, das Andenken des Erblassers zu schonen, Rechnung getragen.

Das Begehren der amtlichen Liquidation ist wohl als eine besondere Art des Antritts aufzufassen, oder richtiger gesagt, es enthält keine Ausschlagungserklärung. Eine amtliche Liquidation ist ja als solche auch mit einer unbeschränkten Annahme vereinbar, sofern nämlich die Gläubiger sowohl des Erblassers als des Erben dieselbe verlangen können (606, 607).

Bei Überschuldung der Erbschaft hat die Liquidation nach den Vorschriften des Konkursrechts zu erfolgen, woselbst auch bestimmt ist, wie verfahren werden soll, wenn der Konkurs die Kosten nicht lohnt[1]. Unter allen Umständen sind die Erben, die amtliche Liquidation beantragt haben, von jeglicher Haftung frei.

Ein letzter Abschnitt des Titels behandelt sodann noch die Erbschaftsklage und zwar in starker Abweichung von den Grundsätzen des deutschen B.G.B. Hier dürfte zum Teil eine etwas ausführlichere Normierung erwünscht erscheinen.

Die Erbschaftsklage ist sehr weit gefaßt, sofern der Art. 611 lediglich auf das Begehren des Klägers und gar nicht auf die Situation des Beklagten Rücksicht nimmt. Nicht bloß der possessor pro herede und der possessor pro possessore, sondern jeder, der auf Grund eines Specialtitels Erbschaftssachen[2] besitzt, können mit ihr belangt werden. Ob diese Bestimmung eine zweckentsprechende ist, darf mit Fug bezweifelt werden. Zunächst läßt sich die Tragweite der ganzen Bestimmung gar nicht sicher übersehen, weil der Inhalt der Erbschaftsklage nicht genügend bestimmt erscheint. Der Art. 612 verweist nur auf die Besitzesregeln, also auf die Art. 981, 982, die über den Ersatz von Verwendungen und über die Schadens-

---

[1] Zu vergleichen das Bundesgesetz vom 11. April 1889.

[2] Das Wort Erbschaftssachen dürfte wohl auch auf Rechte zu beziehen, also auch auf res incorporales auszudehnen sein.

ersatzpflicht des bösgläubigen Besitzers Auskunft geben, übrigens noch durch die Grundsätze über die Herausgabe einer ungerechtfertigten Bereicherung ergänzt werden müssen. Was in dieser Beziehung für die Herausgabe von Sachen bestimmt ist, kann wohl auch analog auf die Herausgabe von Erbschaftsrechten angewendet werden, z. B. auf Haftung für nicht gezogene Zinsen einer Forderung.

Daraus ergiebt sich nun aber in keiner Weise, wie es beim Umsatz von Erbschaftswerten steht. Beim Herausbegehren einer ganzen Erbschaft sollte doch wohl von dem Grundsatz ausgegangen werden, daß mit Erbschaftsgeld angeschaffte Gegenstände, sowie der Erlös von Erbschaftsgegenständen, in die Erbschaft fallen. Das kann man allerdings noch zur Not aus der Bestimmung, daß „die Erbschaft" herausgegeben werden soll, entnehmen. Besser wäre es, solches ausdrücklich auszusprechen. Wie steht es nun aber in dieser Beziehung mit der Herausgabe einzelner Erbschaftsobjekte? Bei doloser Immixtion in eine Erbschaft wäre es durchaus angebracht, den Grundsatz res succedit in locum pretii pretium succedit in locum rei ebenfalls zur Anwendung zu bringen, bei Glauben an einen Specialtitel jedoch in keiner Weise. Das Gesetz hat wohl die Absicht, diese Fälle sämtlich nach Vindikations-, Schadensersatz- und Bereicherungsgrundsätzen zu behandeln [1], bringt dies aber nirgends deutlich zum Ausdruck. — Wie steht es ferner mit einem Negotiationsgewinn, den der Erbschaftsbesitzer gemacht hat, in welchen Fällen ist derselbe herauszugeben? Endlich was gehört denn zur Erbschaft und zu den Erbschaftssachen? Genügt es, daß der Besitz im weitesten Sinn dem Erblasser zustand, so daß auch geliehene, hinterlegte Sachen mit der Erbschaftsklage begehrt werden können? Wenn ja, ist es dann zulässig, die Klagen gegen einen Besitzer auf Grund Specialtitels zu gewähren? Jedenfalls darf Kläger nur durchdringen, wenn er auch mit der Klage aus Besitz durchdringen würde.

In allen diesen Fragen scheint mir keine hinreichende Klarheit geschaffen zu sein, während hier der Standpunkt des B. G. B., welches die Klage einschränkt auf den possessor pro herede, diesem gegenüber aber in Bezug auf alles gewährt, was er aus der Erbschaft erlangt hat, jedenfalls eine durchaus präcise ist [2].

---

[1] Allenfalls dürfte auch Art. 473 des Obligationenrechts ergänzend eingreifen.

[2] Hier könnte höchstens fraglich sein, ob nicht Ausdehnung auf den possessor pro possessore angezeigt wäre.

Der letzte 17. Titel handelt von der Teilung der Erbschaft bei Mehrheit der Erben und zwar zunächst von dem Zustand vor der Teilung, von der Erbengemeinschaft. Hier wird Gesamteigentum der Miterben unter solidarischer Haftung für die Erbschaftsschulden festgesetzt. Über die Veräußerung des Anteils geben erst die Art. 639 und 640 Auskunft. Veräußerungen unter den Miterben selbst bedürfen der schriftlichen Form, Verträge mit Dritten sind nur in der Weise zulässig, daß der Dritte einen Anspruch auf den dem Miterben bei der Teilung zugewiesenen Anteil bekommt. (Diese Normierung dürfte mehr zu empfehlen sein, als diejenige des B.G.B.) Verträge vor dem Erbfall sind unverbindlich[1]. Verweisung der Gläubiger auf den ungeteilten Nachlaß, entsprechend § 2059 B.G.B., ist nicht vorgesehen. Es kann nur jeder Miterbe von dem andern verlangen, daß die Schulden vor der Teilung getilgt oder sicher gestellt werden (623 Abs. 2). Jeder der Miterben kann jederzeit Teilung verlangen, „soweit keine andere Verpflichtung begründet ist", d. h. vor allem wohl, soweit der Erblasser nichts anderes verfügt hat. Vorübergehender Aufschub kann begehrt werden, wenn bei sofortiger Teilung der Wert der Erbschaft erheblich geschädigt würde. Bei Miterben eines noch nicht geborenen Kindes hat ebenfalls Aufschub einzutreten unter Einräumung eines Mitgenusses des Gemeinschaftsvermögens an die Mutter. Diejenigen Erben, welche Hausgenossen waren, können beanspruchen, daß der Haushalt noch einen Monat auf Kosten der Erbschaft fortgesetzt werde.

In den folgenden Abschnitten werden dann die verschiedenen Arten der Teilung, durch freie Vereinbarung, durch Anordnung des Erblassers und durch die Behörde, welch' letztere durch die kantonale Gesetzgebung noch näher zu bestimmen ist, geregelt. Es werden die bei der Teilung im allgemeinen zu befolgenden Grundsätze, z. B. über Zuweisung und Verkauf einzelner Sachen, Bildung der Lose, aufgeführt, Vorschriften über einzelne besondere Gegenstände gegeben, und endlich das Ausgleichungs- oder Kollationsrecht nicht bloß für die Erbgänge von Nachkommen, sondern allgemein geordnet.

Im letzten Abschnitt stehen die schon berührten Regeln, welche die Verträge über angefallene Erbschaften und die Verträge vor

---

[1] Der Verkauf einer ganzen Erbschaft nach dem Anfall ist durch die vorstehend geschilderten Bestimmungen nicht geregelt. Die Frage, ob man nicht schon bei Lebzeiten des Erblassers mit dessen Einwilligung gewisse Abmachungen zwischen den Miterben zulassen könnte, wird von Mentha (a. a. O. S. 90) mit Recht angeregt.

dem Erbfall betreffen. Die letzteren dürften kaum an diese Stelle gehören. Sodann finden sich daselbst die Vorschriften über Perfektion der Teilung und über die Haftungsverhältnisse, die unter den Miterben auf Grund durchgeführter Teilung entstehen. Es soll bei Entwehrung und Mangelhaftigkeit zugewiesener Sachen dieselbe Haftung wie beim Kauf stattfinden (641). Da sodann die Solidarhaftung fortdauert, wird im Art. 643 noch der Rückgriff desjenigen Miterben, der entgegen den Teilungsbestimmungen hat zahlen müssen, geregelt.

Aus den Teilungsvorschriften ist nur eine Gruppe von Bestimmungen ganz besonders hervorzuheben, die zum Schutz des bäuerlichen Erbrechts und auch weiter zum Schutz sonstiger mit einem Grundstück verbundener Gewerbeeinrichtungen in Art. 630—632 gegeben sind. Hier liegt ein wenn auch an gewisse frühere Institutionen des deutschen Rechts anschließender doch in seiner Durchführung durchaus origineller Versuch vor, die Übernahme des Guts oder der Gewerbeeinrichtung durch einen Erben ohne Herabsetzung der Pflichtteile der übrigen Erben zu ermöglichen.

In Art. 630 wird zunächst bei landwirtschaftlichem oder sonst mit einer Liegenschaft zu einem Ganzen verbundenen Gewerbe (z. B. Mühle, Fabrik u. s. w.) bestimmt, jeder geeignete Erbe solle das Recht haben, Zuweisung um einen billigen Schätzungspreis zu verlangen. Das soll insoweit geschehen, als das Gewerbe für den wirtschaftlichen Betrieb eine Einheit bildet.

Sobald Einsprache erhoben wird, oder mehrere zur Übernahme bereit sind, soll die Behörde unter Berücksichtigung des Ortsgebrauchs der persönlichen Verhältnisse und der Wünsche der Mehrheit die Entscheidung treffen. Und zwar kann die Teilungsbehörde Zuweisung, Veräußerung oder Teilung aussprechen. Man sieht also: richterliches Ermessen im weitesten Umfange.

Diese erste Bestimmung wird ergänzt durch eine zweite ebenso bedeutsame. Art. 631 besagt, daß der Übernehmer, wenn er durch die Anteile seiner Miterben allzusehr beschwert würde, eine Ertragsgemeinderschaft verlangen kann, bei der er die Wirtschaft führt und den Miterben Anteile am Reinertrag ausbezahlt. Diese Anteile, sowie die Art und Weise der Berechnung des Reingewinns sind ohne Zweifel im Streitfall durch die Behörde zu fixieren.

Übermäßige Beschwerung soll angenommen werden, wenn zur Sicherstellung die Liegenschaften des Übernehmers mit Einschluß der

Pfandrechte, die schon bestehen, über zwei Drittel des Schätzungswertes hinaus belastet werden müßten.

Bei der ganzen Institution wird zurückverwiesen auf die Grundsätze, die Art. 376, 377 über die Ertragsgemeinderschaft aufstellen. Daraus ergiebt sich, daß der Übernehmer nur zur ordnungsmäßigen Verwaltung und Wirtschaft berufen und in diesem Umfang zur Vertretung der Gemeinder berechtigt ist, dagegen nicht zur Veräußerung und Verpfändung des Gemeinguts. Was die Auflösung betrifft, so kann der Übernehmer jederzeit Auflösung der Gemeinderschaft verlangen. Die Miterben können sie verlangen, sobald die Abfindung ohne übermäßige Verschuldung durchgeführt werden kann (632). Bei schlechter Wirtschaft und Nichtbezahlung der Anteile müssen den Miterben auch die Rechte des Art. 377 (Kündigung eventuell Übernahme der Wirtschaft) zustehen. Selbstverständlich wird es zu einer solchen Ertragsgemeinderschaft nur kommen, wenn die Miterben nicht vorziehen, eine gewöhnliche Wirtschaftsgemeinderschaft einzugehen, auf deren Begründung auch die Behörde indirekt durch Beratung hinwirken kann.

Schließlich wird es auch als dem Sinne des Entwurfs entsprechend anzunehmen sein, daß der Erblasser in diese Verhältnisse durch seine Bestimmungen regulierend eingreifen, z. B. den Übernehmer bestimmen oder den Aufschub der Teilung verordnen kann. Es wäre wohl angemessen, das ausdrücklich zu statuieren und zugleich die Grenzen solchen Eingreifens festzulegen[1].

Es fällt in die Augen, daß hier die Vorteile, die sich an den ursprünglich von Inama-Sternegg aufgestellten, namentlich von Conrad weitergeführten Vorschlag der Abfindung in Renten knüpfen, für den Übernehmer ebenfalls erreicht sind. Als Nachteil für die Miterben könnte man es auffassen, daß während die Conradsche Erbenrente möglicherweise liquidierbar und in Kapital umsetzbar wäre, da ihr ja die Vorzüge einer grundversicherten Forderung zukommen, bei den Anteilsrechten der Ertragsgemeinder alles Derartige wegfällt. Dafür aber behalten hier die Miterben ihren Anteil am Eigentum, es wird ihnen nur Aufschub der Teilung, kein definitiver Verzicht

[1] Vielleicht würde es sich empfehlen, soweit der Erblasser nicht in bindender Weise bestimmen kann, wie z. B. über die Person des Übernehmers oder die Herabsetzung der Erbenanteile innerhalb der verfügbaren Quote, die Behörden noch anzuweisen, neben dem Ortsgebrauch u. s. w. auch die Wünsche des Erblassers zu berücksichtigen.

auf das Kapital zugemutet. Eine amortisierbare Rentenschuld können sie durch Vereinbarung mit dem Übernehmer begründen, wenn das den beiderseitigen Interessen besser entspricht. Vielfach wird das nicht der Fall sein. Denn daß solche Rentenforderungen unter allen Umständen gut verkäuflich seien, läßt sich gewiß nicht behaupten[1]. Sobald aber eine solche leichte Verkäuflichkeit nicht besteht, ist die Zumutung, sich mit einer Rentenschuld definitiv abfinden zu lassen, viel härter als der Zwang zu einem Aufschub, so lange die Notlage dauert.

Die Ertragsgemeinderschaft hat sodann vor jeder direkten oder indirekten Herabsetzung der Erb- oder Pflichtteile den großen Vorzug, daß der bloße Aufschub der Teilung, der bei vorhandener Notlage den Miterben zugemutet wird, niemals in demselben Maße als Unbilligkeit empfunden werden kann, wie die Herabsetzung des Erbteils. Wird letztere octroyiert, so verletzt sie unter Umständen aufs gröblichste das Rechtsgefühl. Wird sie nur ermöglicht, z. B. von einem Eintrag des Guts in eine Höferolle abhängig gemacht, so wird in den Gegenden, in denen nicht von alters her die Sitte dafür spricht, von dem Institute einfach kein Gebrauch gemacht. In dieser Gestaltung wäre, so meint Huber in seinen Erläuterungen, die Maßregel für ein erhebliches Gebiet der Schweiz immer illusorisch.

Vor den eingreifenden Maßregeln, die bei Durchführung des Brentanoschen Gedankens einer dem bäuerlichen Erbrecht einzufügenden zwangsweisen Lebensversicherung[2] (welche dem Bauern die Möglichkeit gewähren soll, sowohl sich für den Fall der Gutsübernahme eine Leibrente zu sichern, als die Miterben abzufinden)

---

[1] Die etwa vorhandenen Banken, welche, sei es mit sei es ohne Staatsunterstützung, solche Rentengeschäfte machen, werden, sobald nicht besondere staatliche Unterstützungen an die landwirtschaftlichen Interessenten in Frage kommen, sich nur auf erste Hypothek und doppelte Sicherheit einlassen, und nur unter dieser Voraussetzung die Rentenschuld ankaufen. Sind diese Bedingungen vorhanden, so kann natürlich auch immer der Übernehmer des Guts sich ein Darlehen von der Bank gegen Rentenschuld geben lassen, mit Hülfe dessen er seine Miterben in Kapital abfindet. Sind dagegen, wie das in der Mehrzahl der Fälle zutreffen wird, die Grundstücke schon mit Hypotheken belastet, so ist die nachher eingetragene Rente entweder gar nicht oder nur mit schweren Verlusten verkäuflich. Dann liegt in der Verweisung der Miterben auf die Rentenforderung eine schwere Benachteiligung.

[2] Verhandlungen des Vereins für Socialpolitik von 1896, S. 296 ff.

sich ergeben würden, hat der Plan des Entwurfs schon den großen Vorzug geringerer Beeinträchtigung der Bewegungsfreiheit und viel leichterer Durchführbarkeit.

Dazu kommt noch, daß der Hubersche Plan anknüpft an früher vorhandene und doch noch nicht ganz abgestorbene Rechtsinstitutionen, und daß er in seiner ganz allgemeinen Fassung durchaus nicht den Charakter eines Sonderrechts für die bäuerliche Bevölkerung trägt, was ebenfalls zur leichteren Einbürgerung beitragen dürfte[1].

Die Bedenken, welche sich allenfalls gegen die erzwungene Ertragsgemeinderschaft erheben ließen, werden sich vor allem gegen die der Behörde bei Normierung des konkreten Verhältnisses eingeräumte Macht richten. Man wird vielleicht die Behauptung hören, daß es das Maß menschlicher Einsicht übersteige, in derartigen Fällen bei Streit der Beteiligten eine durchaus befriedigende Normierung aufzustellen. Nun ist ja auch zuzugeben, daß die Aufgabe der Behörde allerdings eine sehr schwierige werden kann. Sie hat nicht bloß den Anschlag des in die Gemeinderschaft fallenden Guts vorzunehmen, über das erste Anrecht und die Tauglichkeit des Übernehmers zu entscheiden, sie muß auch die Anteile am Reingewinn bestimmen und die Art und Weise der Berechnung des Reingewinns fixieren[2]. Dabei ist abzuwägen, namentlich soweit Fabriken in Frage kommen, welche Abschreibungen für die Erneuerung der Pertinenzen, z. B. Maschinen, dem Übernehmer zu gestatten sind, wie man die Einsetzung der eigenen Arbeitskraft berechnen soll u. s. w. Aber immerhin darf man nicht vergessen, daß bei vielen dieser Fragen Ortsherkommen oder durchschnittlicher Geschäftsgebrauch einen Maßstab an die Hand geben. Und schließlich, sollten auch in einzelnen Fällen die Anhaltspunkte fehlen und mehr oder minder willkürliche Entscheidungen notwendig werden, so wäre das bei einer solchen Regulierung von Notstandsfällen, in denen eine allseitig befriedigende Lösung auf anderem Wege doch nicht gefunden werden kann, in den Kauf zu nehmen.

Noch weniger bedenklich erscheinen die Gefahren, die aus der Hemmung des Kredits des Übernehmers bei diesen Ertragsgemeinderschaften entstehen. Allerdings kann er Grundstück nebst Pertinenzen

---

[1] Ob es allerdings bei großen Etablissements, wie bei Fabriken, häufig zu einer solchen Ertragsgemeinderschaft kommen wird, mag dahingestellt bleiben.

[2] Auch hier würde vielleicht eine ausdrückliche Bestimmung im Anschluß an Art. 631 Abs. 2 angezeigt sein.

ohne Zustimmung der Gemeinder nicht belasten, er kann auch, abgesehen von den durch die Regeln einer ordentlichen Wirtschaft gebotenen Pertinenzveräußerungen, nichts veräußern. Aber einmal ist ja der Grundkredit in den Fällen, in denen überhaupt die Ertragsgemeinderschaft eintritt, meist schon stark in Anspruch genommen, und ferner wird man doch damit rechnen dürfen, daß die Gemeinder durch ihr eigenes Interesse dazu angehalten werden, wo wirklich ein dringendes Bedürfnis der Belastung vorliegt, ihre Zustimmung nicht zu versagen.

Alles in allem genommen wird man, so viel wir sehen, nur dazu raten können, den Versuch einmal zu wagen.

Das Sachenrecht.

Das Eigentum.

Allgemeine Bestimmungen.

Das Sachenrecht beginnt mit der Lehre vom Eigentum, das in drei Titeln, Allgemeine Bestimmungen, Grundeigentum, Fahrniseigentum behandelt wird. Die Lehre vom Besitz ist davon vollständig getrennt. Sie findet sich, zusammen mit den allgemeinen Sätzen über das Grundbuch, an das Ende des ganzen Sachenrechts gestellt. Logisch wird sich gegen diese Einteilung nichts einwenden lassen, da ja die Rubriken Besitz und Grundbuch nicht bloß die Lehre vom Eigentum, sondern ebensogut auch die beschränkten dinglichen Rechte berühren, und auch praktisch wird man sich daran gewöhnen, zu den Titeln, welche das Grundeigentum und das Fahrniseigentum behandeln, die Ergänzung in der letzten Abteilung zu suchen. Sofern eine ganze Reihe von Fragen sich für die sämtlichen dinglichen Rechte gemeinsam regeln lassen, und durch die Zusammenstellung in den beiden Titeln Besitz und Grundbuch eine ganze Reihe von Verweisungen überflüssig gemacht werden können, sprechen sogar triftige Gründe für eine solche Zusammenstellung, die, wenn sie wie im

Entwurf auch die nähere Ausgestaltung der dinglichen Klagen mit umfassen soll, besser an den Schluß gesetzt wird.

Dabei wird allerdings zu erwägen sein, ob nicht einzelne Materien des besseren Verständnisses halber aus diesem Zusammenhang gelöst und schon bei der Darstellung des Eigentums eingeschaltet werden. Die erforderliche Verallgemeinerung könnte dann immer noch in dem Abschnitte über Besitz und Grundbuch erfolgen [1].

Die Eigentumslehre beginnt mit dem Eigentumsbegriff und zwar giebt der Art. 644 die Begriffsbestimmung im wesentlichen entsprechend dem deutschen Recht.

Der Absatz 1 gewährt das Recht, „über die Sache zu verfügen innerhalb der Schranken der Rechtsordnung". Dabei ist das Wort „verfügen" im weiteren Sinne zu nehmen und sowohl auf die faktischen wie auf die rechtlichen Verfügungen zu beziehen.

Besonders beachtenswert gegenüber verschiedenfachen Angriffen, insbesondere gegenüber den Auslassungen Gierkes (Kritik des deutschen Entwurfs S. 103, 324) ist es, daß auch der Germanist Huber nicht umhin kann, bei seiner Fassung des Eigentumsbegriffs in der Weise von der Verfügungsfreiheit auszugehen, daß die Beschränkungen derselben besonders nachgewiesen werden müssen. Darüber, daß das zwar keine naturrechtlich notwendige, wohl aber die dem gegenwärtigen Kulturzustand und der herrschenden Rechtsauffassung entsprechende Normierung ist, sollte kein Wort mehr zu verlieren sein [2].

Ebenso sollte es keine Beanstandung finden, daß von einem gemeinsamen Eigentumsbegriff für unbewegliche und bewegliche Sachen ausgegangen wird, daß wenn auch die Beschränkungen des Immobiliareigentums ganz anders umfassende sind, als diejenigen des Fahrniseigentums, doch im letzten Grunde eine Wesensgleichheit besteht [3].

---

[1] Einzelne Vorschläge in dieser Richtung werden im Laufe der Darstellung zu machen sein.

[2] Nicht zu billigen ist die Stammlersche Definition (Handwörterbuch der Staatswissenschaften, 2. Aufl., Bd. III S. 302 ff.): „Eigentümer einer Sache ist die Person, deren rechtliches Ermessen für die Sache in letzter Linie nach dem Spruch des Gesetzes maßgebend ist", weil hier die Präsumtion zu Gunsten der Verfügungsfreiheit nicht oder nicht deutlich genug zum Ausdruck gelangt.

[3] a. M. auch hier Gierke a. a. O. S. 289.

Im zweiten Absatz wird dann speciell für das Gebrauchmachen (darunter hat man wohl jedes faktische Verfügen zu verstehen), das Chikaneverbot ausgesprochen, gerade so wie es ursprünglich in der deutschen Gesetzgebung beabsichtigt war[1]. Die analoge Ausdehnung des Verbots auf andere Rechte ist damit der Wissenschaft und Praxis überlassen.

Die Vorsicht in der Handhabung dieses zweischneidigen Schwertes, die sich auch in der übrigen Fassung des Art. 644 Abs. 2 zeigt, ist rühmend anzuerkennen, da durch allgemeinere Fassungen leicht entweder die Rechtssicherheit gefährdet oder aber der falsche Anschein einer großen Bedeutung bei in Wahrheit sehr beschränktem Geltungsgebiet erweckt wird[2].

In den folgenden Artikeln giebt der Entwurf eine Bestimmung der Begriffe, Bestandteil, Frucht und Zubehör.

Der Bestandteilsbegriff nähert sich zwar dem Begriff der „wesentlichen Bestandteile" im deutschen B.G.B., aber doch sind einige wichtige Differenzen nicht zu übersehen.

Einmal wird der Grundsatz superficies solo cedit nicht allgemein aufgestellt, sondern erst später in ausführlichen Detailbestimmungen für Bauten und Einpflanzungen gesondert normiert (zu vergl. Art. 673 ff., insbes. Art. 676—678). Außerdem ist in erster Linie auf die „übliche Auffassung" abgestellt, und erst daneben als zweite Voraussetzung noch hervorgehoben, daß bei Abtrennung des Bestandteils eine Zerstörung, Beschädigung oder Veränderung des Ganzen erfolgen müßte. Auch dies führt, selbst wenn wir das Wort „Veränderung" restriktiv auslegen und bloß auf die wesentliche Veränderung beziehen, zu erheblich anderen Resultaten als die Begriffsbestimmung des B.G.B. Nach dem Schweizer Entwurf muß man prüfen, ob der nach Loslösung des Bestandteils zurückbleibende Rest etwas wesentlich anderes ist als das vorherige Ganze, nach deutschem Recht, ob der Rest oder der Bestandteil gegenüber seiner früheren Beschaffenheit eine wesentliche Veränderung erlitten hat. Um es an einem Beispiel dar-

[1] Die Verallgemeinerung des Chikaneverbots erfolgte bekanntlich durch die Reichstagskommission.

[2] Allerdings wäre nach Ansicht des Referenten der deutschen Fassung der Vorzug zu geben, da das Wort „offenbar" den Kernpunkt, daß es nämlich nicht auf eine Gewissensinquisition, welches die treibenden Motive gewesen seien, ankommen darf, nicht deutlich genug hervorhebt.

zulegen: Der Rahmen eines Bildes dürfte nach Schweizer Recht ein wesentlicher Bestandteil sein, nach deutschem Recht dagegen regelmäßig nicht. — Diese Differenzen werden aber in der Praxis nicht so stark hervortreten, als man zunächst glauben sollte, da in dem Schweizer Entwurf in der Lehre von der Verbindung nicht überall auf den Bestandteilsbegriff abgestellt wird. So dürfte (wenn wir von den Grundsätzen über das Einbauen absehen) sich beispielsweise aus dem Art. 720 Abs. 1 ergeben, daß trotz Bestandteilseigenschaft eine Sache losgelöst werden darf, wenn ihre Loslösung sich ohne wesentliche Beschädigung oder unverhältnismäßige Arbeit und Auslagen vollziehen läßt. Es wird hier also trotz Art. 645 Abs. 2 getrenntes Eigentum aufrecht zu erhalten sein. Erst in Art. 720 Abs. 2 wird mit den Begriffen Haupt- und Nebenbestandteil operiert, so daß speciell in dem Beispiel des Bildes und Rahmens allerdings in der That die Unzulässigkeit der Lösung auszusprechen wäre [1].

Der Fruchtbegriff wird in Art. 646 rein wirtschaftlich bestimmt. Daraus ergiebt sich, daß organische Erzeugnisse, die in wirtschaftlichem Sinn nicht Frucht sind, wie z. B. Parkbäume, vom Nießbraucher nicht zu Eigentum erworben werden können, wie dies nach deutschem Recht leider der Fall ist [2].

Die Bestimmung des Zubehörbegriffs ist anschaulich gehalten. Jedoch fällt einmal auf, daß der Begriff der Verfügung in Art. 647 in anderem Sinn als gewöhnlich (z. B. auch in Art. 644) genommen sein dürfte [3], da die Zubehöreigenschaft doch nicht bloß bei sachenrechtlichen Geschäften, sondern auch bei Eingehen von Obligationen zur Veräußerung und Belastung eine Rolle spielen soll.

---

[1] Sollte das nicht die Meinung des Gesetzes sein, sollte vielmehr die Lösbarkeit im Sinne des Art. 720 Abs. 1 die Bestandteilsqualität ausschließen, so läge eine wenig exakte Terminologie vor. — Übrigens möchte Ref. glauben, daß unter allen Umständen das Verhältnis des Art. 645 zu 673 ff. einerseits, 720 andererseits noch deutlicher gemacht werden sollte.

[2] Ob in Art. 750 die Exemplifikation auf den Schatz und losgelöste Teile von Bauten nicht Mißverständnisse zu erregen geeignet ist, mag zur Erwägung gestellt bleiben. Der Schatz dürfte nach der Bestandteilsdefinition doch niemals ein Bestandteil des Grundstücks sein, die losgelösten Teile von Bauten nicht immer.

[3] Der Art. 647 Abs. 1 lautet: „Die Verfügung über eine Sache bezieht sich, wenn keine Ausnahme gemacht wird, auch auf ihre Zugehör."

Sodann könnte der letzte Satz des Art. 648 möglicherweise zu Mißverständnissen Anlaß geben, da nicht ohne weiteres ersichtlich ist, daß hier an die Aufbewahrung, den Verkauf oder die Vermietung der Zubehörsachen gedacht ist[1]. Der französische Text spricht allerdings deutlich.

Bemerkenswert ist alsdann noch, daß Zugehörstücke unbeweglicher Sachen im Grundbuch angemerkt werden können. (Art. 988.)

Zuletzt behandelt der Titel noch das gemeinschaftliche Eigentum, das in Miteigentum und Gesamteigentum gegliedert wird.

Bei der Regelung des Miteigentums vermißt man eine ausdrückliche Bestimmung darüber, ob Verabredungen zwischen den Miteigentümern über Gebrauchsregulierung und Verwaltung auch mit dinglich bindender Wirkung getroffen werden können. Die Frage wird wohl im Sinne des Entwurfs zu bejahen sein, aber besser wäre eine ausdrückliche Entscheidung. In Art. 654 ist im Gegensatz zum B.G.B. das freie Ermessen des Teilungsrichters aufrecht erhalten.

Dem in der Sprache des B.G.B. noch glücklich vermiedenen, im Entwurf dagegen im Art. 655 gesetzlich fixierten Begriff des Gesamteigentums steht Referent äußerst skeptisch gegenüber.

Dieser Begriff hat in der bisherigen Rechtswissenschaft doch im wesentlichen nur die Rolle gespielt, verschiedene unter sich sehr heterogene Modifikationen des gemeinrechtlichen Miteigentumsbegriffs auf einen gemeinsamen Ausdruck zu bringen. Wo die Quotenteilung oder die Dispositionsbefugnis über die Quoten fehlt, wo nicht rückziehbare Vollmachten anerkannt sind, oder eine besondere, vom Gesetz angeordnete Gebrauchs- und Verwaltungsregulierung eingreift, endlich wo bei dem gemeinsamen Vermögen mehrerer Personen besondere Haftungen bestehen[2], hat man vom Gesamteigentum gesprochen. Auch in der neuen Wissenschaft des deutschen bürgerlichen Rechts pflegt man so verschiedenartige Dinge wie das gemeinsame

[1] Der Artikel lautet: „Zugehör sind niemals die beweglichen Sachen: Die dem Besitzer der Hauptsache nur zum vorübergehenden Gebrauch oder Verbrauche dienen, die zu der Eigenart der Hauptsache in keiner Beziehung stehen, sowie die mit der Hauptsache nur zum Zweck der Aufbewahrung oder zum Verkauf oder zur Verwertung in Verbindung gebracht sind." Sollte hier die dritte Kategorie nicht unter die erste zu subsumieren sein?

[2] Ob vielleicht auf dieser letzteren Basis im Zusammenhang mit der Lehre vom Sondervermögen ein brauchbarer Begriff des Gesamteigentums aufzustellen wäre, kann hier nicht näher untersucht werden.

Eigentum der Gesellschafter, der Miterben, der Ehegatten unter den gemeinsamen Begriff zu bringen. Es versteht sich von selbst, daß derselbe ziemlich inhaltsleer werden muß.

Sehen wir nun zu, was mit dem Gesamteigentumsbegriff des Schweizer Entwurfs zu machen ist.

Gesamteigentum soll vorhanden sein, „wenn mehreren Personen, die kraft Gesetzesvorschrift oder Vertrag zu einer Gemeinschaft verbunden sind, das Eigentum einer Sache in ihrer Gemeinschaft zusteht". Wann ist das der Fall? Der Entwurf selbst gebraucht diese oder ähnliche Wendungen niemals, und auch die Parteien werden sie nicht zur Anwendung bringen. Dagegen sind allerdings die Ehegatten bei der Gütergemeinschaft im Art. 245, die Miterben in Art. 615 ausdrücklich als Gesamteigentümer bezeichnet. Daraus läßt sich für sonstige Fälle, namentlich für die Frage, wann bei vertragsmäßigen Vereinbarungen Gesamteigentum angenommen werden soll, gar nichts entnehmen. Auf die Verabredung ausschließlicher Verfügung zur gesamten Hand kann auch nicht abgestellt werden. Denn weder wird, wenn eine Verabredung im Sinne des Art. 650 Abs. 2 ausdrücklich getroffen ist, schon immer Gesamteigentum angenommen werden dürfen, — offenbar können auch Miteigentümer nach Art. 650 verabreden, daß schlechthin nur alle gemeinsam verfügen und über Verwaltungshandlungen Beschluß fassen dürfen [1], — noch kann das Gesamteigentum ausgeschlossen sein, wenn andere Bestimmungen getroffen sind [2]. So könnte denn als einziger Anhalt nur noch dienen der Schlußsatz des Art. 655: „Gesamteigentum ist anzunehmen, wenn aus der vertragsmäßigen Verabredung oder aus der gesetzlichen Bestimmung erhellt, daß das Recht eines jeden auf die ganze Sache und nicht auf einen Bruchteil gehen soll." Dies wird wiederum dann vorauszusetzen sein, wenn keine Verfügungen über die Bruchteile gestattet werden.

Ist diese ganze Darlegung richtig, so enthält der Art. 655 eine Tautologie. Es bleibt dann als praktisch bedeutsamer Satz über das Gesamteigentum nur noch der Art. 656 Abs. 2 übrig, daß in

[1] Die im Absatz 1 des Art. 650 stehenden Worte, wenn es nicht anders verabredet ist, dürften für den ganzen Artikel und auch für den Abs. 1 des Art. 651 zu supplieren sein. Abs. 2 des Art. 651 stimmt so wie so mit Art. 656 Abs. 2 überein.

[2] Das ergiebt sich aus Art. 656 ganz unmittelbar: „ist es hienach nicht anders bestimmt u. s. w."

dubio zur Ausübung des Gesamteigentums insbesondere zu Verfügungen über die Sache einstimmiger Beschluß der Gesamteigentümer erforderlich sein solle. Groß wird die Bedeutung dieses Satzes gewiß nicht sein. Die im Entwurf selbst aufgeführten Fälle sind normiert. Bei den vertragsmäßigen Fällen wird doch immer auf den Parteiwillen zurückzugehen sein, und dieser wird nur selten den einstimmigen Beschluß zu Grunde legen. Es bleiben also nur übrig gewisse Specialgesetze, z. B. über Zusammenlegung von Grundstücken, die, wenn sie solche Gesamtverfügung statuieren wollen, dies nicht ausdrücklich hervorzuheben brauchen, sondern sich auf den Art. 656 beziehen können. Daß dieser Vorteil die schwer verständlichen Art. 655—657 verlohne, vermag Referent nicht einzusehen.

Das Grundeigentum.

Der 19. Titel über das Grundeigentum beginnt mit einer Bestimmung der Gegenstände dieses Rechts, der unbeweglichen Sachen. Genannt werden als solche die Liegenschaften, die in das Grundbuch aufgenommenen selbständigen und dauernden Rechte, sowie die Bergwerke. — Die hierin enthaltene Ineleganz des Ausdrucks ließe sich vermeiden. Eine unkörperliche Sache ist und bleibt trotz Heusler und Gierke nach deutscher Sprache eine contradictio in adjecto. Die ohne jeden Einfluß gebliebene Rubrik der „unkörperlichen Sachen" in der gemeinrechtlichen Doktrin beruht auf einer falschen Übersetzung der Worte res incorporales, der von Heusler[1] vorgeschlagene Sprachgebrauch, alle dauernden auf Grund und Boden radizierten Herrschaftsbestände als Sachen zu bezeichnen, die ihrerseits wieder Gegenstand von Eigentum, Gewere u. s. w. sein können, ist nicht einmal wissenschaftlich durchgedrungen, geschweige denn dem allgemeinen Sprachgefühl und der natürlichen Anschauungsweise zugänglich.

Es zeigt sich auch bei den Bau- und Wasserwerken, daß der Entwurf selbst seine Terminologie nicht festzuhalten vermag, denn wie wir noch sehen werden, ist neben dem Eigentum am Baurecht auch von einem Eigentum am Bauwerk als Sache oder Sachbestandteil die Rede.

In Wahrheit handelt es sich doch nur darum, daß die Rechtssätze über das Eigentum an den Grundstücken auf das Bergwerkseigentum, das Erbbaurecht und gewisse andere Rechte übertragen

[1] Heusler, Inst. I, 330, 336 ff.

werden sollen. Wäre es da nicht besser, dies ähnlich wie im deutschen B.G.B. unmittelbar und ohne die etwas gesucht deutschtümliche, die Klarheit der Darstellung in keiner Weise fördernde Form zum Ausdruck zu bringen?

Es folgen die Bestimmungen über den Grundeigentumserwerb, die nicht ganz leicht verständlich sind und unseres Erachtens durchsichtiger gestaltet werden könnten.

An der Spitze steht der Art. 659: „Zur Erwerbung des Grundeigentums bedarf es der Eintragung ins Grundbuch."

Dies muß offenbar eine Einschränkung erleiden auf Grund des Art. 986 Abs. 3.

Wenn z. B. der Kanton an eine Gemeinde, oder umgekehrt eine Gemeinde an den Kanton das Eigentum an einem dem öffentlichen Gebrauch dienenden Grundstück überträgt, so bleibt ein Eintrag ins Grundbuch vollkommen ausgeschlossen. Trotzdem aber muß ein solcher Eigentumsübergang sich vollziehen können. Wie er sich vollzieht, ob durch Tradition oder bloßen Vertrag, sucht man im Gesetzbuch vergeblich. Wahrscheinlich soll sich das nach kantonalem Recht bestimmen [1].

Dennoch wird man nicht einfach sagen dürfen, auf die nicht im Grundbuch eingetragenen Grundstücke soll sich der ganze Art. 659 gar nicht beziehen. Denn daß z. B. die Aneignung herrenloser Grundstücke unter den Art. 659 fallen soll, dürfte sich doch aus der unmittelbaren Folge des diese Aneignung betreffenden Art. 660 Abs. 2, sowie aus dem gesamten Zusammenhang der Bestimmungen ergeben. Darf nämlich nach dem maßgebenden Kantonalrecht (Art. 976 Abs. 3) eine Aneignung nicht eingetragenen herrenlosen Landes erfolgen, so wird doch wohl die volle Verfügungsmacht erst durch den Eintrag ins Grundbuch erworben. Hätte dem Occupanten die Möglichkeit gewährt werden sollen, durch bloßen Vertrag oder durch Tradition weiter zu veräußern, so hätte dies besonders hervorgehoben werden müssen.

Demgemäß wird Art. 659 dahin auszulegen sein, daß die volle Verfügungsmacht des Eigentümers in allen Fällen, in denen ein Eintrag des Grundstücks möglich ist, erst durch den Eintrag ins Grundbuch erworben wird.

---

[1] Wie aber dann bei der doch ebenfalls denkbaren Übertragung von Kanton zu Kanton?

Wie ist aber die Rechtsstellung vorher?

Darauf scheint zunächst der Art. 667 Auskunft zu geben: „Der Erwerbsgrund verschafft dem Erwerber gegen den Eigentümer einen persönlichen Anspruch auf Eintragung."

In Wahrheit trifft dies aber nur beim Eigentumsübertragungsvertrag zu. Denn gleich der Abs. 2 des Art. 667 fährt fort: „bei Aneignung, Erbschaft, Enteignung, Zwangsvollstreckung oder richterlichem Urteil kann der Erwerber die Eintragung von sich aus erwirken."

Dies setzt voraus, daß, wenn der Erwerber dem Grundbuchamt die Aneignung, das Erbrecht, den Zuschlag im Subhastationsverfahren, oder die Zusprechung bei der Expropriation nachweist, er ein Recht auf den Eintrag hat. Das ist jedenfalls etwas anderes als ein persönlicher Anspruch gegen den Eigentümer auf Eintragung. — Damit aber dürfte wohl auch in Verbindung stehen, daß der Erwerber jedem Dritten gegenüber schon vor dem Eintrag zu schützen ist, auch abgesehen von den Besitzschutzmitteln des Art. 975 Abs. 2 und abgesehen von dem durch die Erbschaftsklage gedeckten Fall des Erbgangs. Derjenige z. B., dem der Zuschlag erteilt ist in der Subhastation, sollte schon vor dem Besitzerwerb durch dingliche Klagen geschützt sein. Ferner dürften die Klagen dessen, der Besitz erlangt hat, nicht lediglich gegen eigenmächtig dejicierende oder störende Personen gewährt werden, sondern sollten auch gegen weitere Erwerber, mindestens bösgläubige, gehen [1].

Was nun hier gelten soll, wie im ganzen die Stellung der genannten Personen sich gestaltet, sollte unbedingt gesagt werden. Auch der Art. 1013 Abs. 1 schafft hierüber keine Klarheit [2]. Man könnte allerdings versucht sein, aus demselben zu entnehmen, daß jedenfalls keine dingliche Rechtsstellung angenommen werden kann. Aber auch das wird durch den mit dem Art. 1013 keinenfalls im Einklang befindlichen Art. 1004 wieder in Frage gestellt. Derselbe spricht doch von der Vormerkung nicht eingetragener dinglicher Rechte.

Unseres Erachtens wäre es das allein richtige, schon vor der Eintragung die dinglichen Klagen vorbehältlich der Grundsätze über den

[1] Eine Klage aus dem Besitz ist nach Art. 975 nur als eine possessorische möglich. Inwieweit eine solche gegen Rechtsnachfolger des Dejicienten möglich ist, wird im Gesetz nirgends ausdrücklich gesagt.

[2] Art. 1013 Abs. 1: Soweit für die Herstellung eines dinglichen Rechts die Eintragung in das Grundbuch vorgesehen ist, bestehen die Rechte, die nicht aus dem Grundbuch ersichtlich sind, auch nicht dinglich zu Recht.

gutgläubigen Erwerb zu gewähren, und noch weiter, den betreffenden Personen, wie es das B.G.B. thut, geradezu Eigentum zuzuschreiben, unter der (selbstverständlichen) Beschränkung, daß zur grundbuchlichen Verfügung vorheriger Eintrag erforderlich ist.

Eine ganz ähnliche Bewandtnis hat es mit den Ersitzungsfällen des Art. 664 Abs. 2 und des Art. 665, soweit sie sich auf eingetragene Grundstücke beziehen. In diesen beiden Fällen handelt es sich (im Gegensatz zu der Tabularersitzung des Art. 664 Abs. 1) um im Grundbuch nicht eingetragene Personen, in Art. 664 Abs. 2 um titulierte gutgläubige[1] Besitzer in das Grundbuch nicht aufgenommener oder solcher Grundstücke, deren Eigentümer aus dem Grundbuch nicht ersichtlich oder seit der Ersitzungszeit tot oder verschollen ist, im Art. 665 um gutgläubige Besitzer ohne Titel. In beiden Fällen soll nach Ablauf der Ersitzungszeit (im 1. Fall 10, 2. Fall 30 Jahre) ein Anspruch auf gerichtliche Zuerkennung des Eigentumsrechts entstehen[2]. Die Eintragung kann nach Art. 667 erst auf Grund des gerichtlichen Urteils, welches das Eigentum zuspricht, begehrt werden.

Nun ist aber auch hier wieder die Rechtsstellung vor der Eintragung nach dem Entwurf kaum bestimmbar. Wünschenswert wäre doch wohl ein dinglicher über das reine possessorium des Art. 975 Abs. 2 hinausgehender Schutz, mindestens nach Ergehen des gerichtlichen Urteils. Wozu denn die Sistierung dieses Schutzes bis nach erfolgter Eintragung?

Unseres Erachtens wäre, wenn man sich bez. der Kontratabularersitzung oder blanken Ersitzung nicht einfach auf den Standpunkt des deutschen bürgerlichen Gesetzbuchs (§ 927) stellen und das Eigentum des bisherigen Eigentümers erst durch ein Aufgebotsverfahren ausgeschlossen sein lassen wolle, dem Erwerber nach vollendeter Ersitzung das Eigentum zuzusprechen, mit der näheren Bestimmung, daß er zur grundbuchlichen Verfügung erst nach Eintrag seines Eigentums, worauf er Anspruch hat, berechtigt ist. Bei nicht ein-

---

[1] Es ist allerdings in Art. 664 Abs. 2 nicht ausdrücklich von gutem Glauben die Rede. Die „Meinung, aus einem Erwerbsgrund Eigentümer geworden zu sein", wird aber in diesem Sinn verstanden werden müssen, und es wird sich die Frage erheben, ob nicht etwaige Zweifel hierüber durch Aufnahme der Worte „guter Glaube" auch in den Absatz 2 von vornherein abgeschnitten werden könnten. Dabei sollte dann allerdings der Begriff des guten Glaubens, ob derselbe auf das Wissen oder Wissenmüssen abgestellt ist, näher bestimmt sein.

[2] Man beachte hier auch den eigentümlichen offenbar publizistischen Anspruch auf Zuerkennung des Eigentums.

getragenen Grundstücken könnte man dem Ersitzenden jedenfalls Eigentum zusprechen und dem Urteil nur deklarative Bedeutung beilegen.

Vergeblich sucht man sodann in dem Abschnitt über Erwerb des Grundeigentums nach einer deutlichen Antwort auf die Frage, welche Wirkung eine Eintragung ohne Vorliegen eines gültigen Erwerbsgrunds hat. Eine solche ergiebt sich erst aus den Art. 1015 ff. Das Schweizer Recht steht ebenso wie das deutsche nicht auf dem Boden des Princips der Rechtskraft der Bucheinträge, sondern auf dem Standpunkt der publica fides des Grundbuchs. Wer gutgläubig auf das Grundbuch vertraut, wird geschützt (1015). Dem bösgläubigen Dritten gewährt der Eintrag keine Vorteile (1016). Jeder durch einen ungerechtfertigten Eintrag Verletzte kann auf Löschung oder Abänderung des Eintrags klagen (1017).

Daß diese wichtigen Sätze an so ganz anderer Stelle stehen, möchte Referent ebenfalls nicht für vorteilhaft halten. Soll gar der Erwerb von Grundstücken auch dem Nichtjuristen verständlich gemacht werden, und darauf legt der Entwurf bei seiner ganzen sonstigen Haltung doch entschiedenen Wert, so ist ein Einrücken dieser grundlegenden Bestimmungen in die Lehre vom Eigentumserwerb unabweisliches Bedürfnis. Die Eigentumsübertragung durch Vertrag sollte im Zusammenhang dargestellt werden. Deshalb bliebe immer noch die Möglichkeit, in dem letzten Titel über das Grundbuch die Sätze zu verallgemeinern und insbesondere die Klagen auf Berichtigung des näheren darzustellen.

In dem Abschnitt „Inhalt und Beschränkungen des Grundeigentums“ werden Umfang des Grundeigentums, Abgrenzung, Recht der Bauten und Einpflanzungen, sodann die Beschränkungen in Bezug auf rechtliche Disposition, Nutzung, sowie Verpflichtung, den Zutritt anderer Personen zu dulden, behandelt. Außerdem enthält der Abschnitt noch eine Reihe interessanter Artikel über das Recht der Quellen und Brunnen.

Besonders hervorzuheben ist die allgemeine Klage des Art. 679, welche bei Überschreitungen der Eigentumsgrenzen jedem Beschädigten oder Bedrohten gewährt wird auf Beseitigung der Verletzung, Vorkehrungen zum Schutz gegen drohenden Schaden und eventuell auf Schadensersatz. Auch hier dürfte, wie in Art. 26 die Schadensersatzklage, sofern sie unabhängig von jedem Verschulden oder Handeln auf eigne Gefahr gestellt sein soll, zu weit gehen[1].

[1] Im französischen Text heißt es auch hier wieder sans préjudice de tous

Aus dem Recht der Bauten auf fremdem Grund und Boden sind zunächst die außerordentlich frei und biegsam gestalteten Bestimmungen über das Einbauen fremden Materials rühmend zu erwähnen. Derjenige, ohne dessen Willen die Verbindung vorgenommen wurde, soll von dem Einbauenden Trennung (auf dessen Kosten) verlangen können, sobald die Trennung ohne unverhältnismäßigen Schaden erfolgen kann. Es ist also bezüglich des Trennungsanspruchs nicht auf die Bestandteilseigenschaft, sondern zweckmäßigerweise lediglich auf die Thunlichkeit der Trennung abgestellt. Auszustellen dürfte hier nur sein, daß der Art. 673 von der Alternative ausgeht, daß entweder der Grundeigentümer oder der Materialeigentümer eingebaut habe, während der Fall des Einbauens seitens eines Dritten nicht berücksichtigt wird. Hier sollte doch jedenfalls derjenige, welcher die Trennung verlangt, die Kosten derselben (natürlich unter Vorbehalt eines Regreßanspruchs gegen den Dritten) zu tragen haben. — Die eventuell, im Fall unterbleibender Trennung, eintretende Ersatzpflicht des Grundeigentümers ist auf das Ermessen des Richters abgestellt.

Eine sehr wesentliche Abweichung vom deutschen Recht enthält die Regelung der selbständigen Baurechte. Während das deutsche B.G.B. nur das Erbbaurecht besonders hervorhebt, und dasselbe als eine besondere Art von Sachenrecht auffaßt, das nach Muster des Grundeigentums behandelt wird, spricht der Entwurf von einem besonderen Eigentum an allen Bauten und sonstigen Vorrichtungen (nicht Pflanzungen), die dauernd mit einem fremden Grundstück verbunden sind[1]. Der Bestand dieser Rechte muß nur als Dienstbarkeit im Grundbuch eingetragen sein. Ist das geschehen (der betreffende Eintrag geschieht auf dem Folium des dienenden Grundstücks), so bekommt das „Bauwerk“ oder „Baurecht“ ein besonderes Grundbuchblatt nach Art. 985 Abs. 3, auf dem dann die besonderen Schicksale desselben eingetragen werden[2].

---

dommages-intérêts, was die Auslegung nahe legt, daß die Schadensersatzpflicht nach allgemeinen Grundsätzen sich richten soll. Erwägenswert ist, ob man nicht bei Überschreitung der Grundeigentumsgrenzen den Gedanken des römischen interdictum quod vi aut clam aufnehmen könnte, daß jedenfalls, wer gegen Widerspruch eines Interessenten handelt, dies auf eigene Gefahr thut.

[1] Das Wort „dauernd“ schließt doch wohl nicht die Vererblichkeit in sich, und steht überhaupt nicht im Gegensatz zu jeglicher zeitlichen Beschränkung.

[2] Die materielle Regelung ist hier nicht zu beanstanden, die Ausdrucksweise jedoch findet Referent in hohem Grade verbesserungsbedürftig. Die

Von diesen dauernden Bauwerken unterschieden werden die sogenannten Fahrnisbauten, die, richtiger als dies im B.G.B. geschieht, lediglich durch die Qualität des Baues und die fehlende Absicht bleibender Verbindung bestimmt sind. Diese Bauten stehen wie nach deutschem Recht in getrenntem Eigentum, das nach den Grundsätzen des Fahrniseigentums zu behandeln ist. Diese Subsumtion unter die Fahrnis wird bei den Sachen des Art. 677 erheblich weniger Schwierigkeiten machen, als bei den „scheinbaren Bestandteilen" des § 95 B.G.B., zu denen auch massive Bauten, die ein Nießbraucher aufführt, gehören können.

Unter den Veräußerungsbeschränkungen des Grundeigentums sind auch die im Grundbuch vorgemerkten Vorkaufs- und Rückkaufsrechte genannt (Art. 681, 683). Man begreift nicht recht, wie sie an diese Stelle kommen. Denn bei den Beschränkungen des Grundeigentums denkt man doch zunächst an gesetzliche Beschränkungen. Nimmt man aber einmal rechtsgeschäftlich begründete auf, so ist nicht einzusehen, warum nicht auch die Verfügungsbeschränkungen des Art. 1003 Aufnahme gefunden haben, ganz abgesehen davon, daß dann genau genommen auch die aus vorgemerkter Pacht und Miete sowie die aus den jura in re aliena sich ergebenden Beschränkungen in dem Zusammenhang dieses Abschnitts genannt werden müssen. Unseres Erachtens würden die Bestimmungen besser bei Art. 1002 eingefügt. Materiell ist gegen dieselben nichts einzuwenden.

Ein Vorzug vor dem B.G.B. ist die gleichmäßige Behandlung des Vorkaufs- und Rückkaufsrechts sowie die zeitliche Beschränkung beider Rechte (10 Jahre)[1].

Aus den Bestimmungen des Nachbarrechts mag das Recht auf den Anries (überhängende Früchte), das übrigens in den Zusammen-

---

Redaktion bewegt sich hier in fortwährenden Widersprüchen. Nach Art. 658 ist das „Baurecht" eine unbewegliche Sache, an der die verschiedenen Arten dinglicher Rechte bestehen können. Nach Art. 676 wird die „bauliche Vorrichtung" als Gegenstand des Eigentums bezeichnet. Daneben soll aber auch noch nach demselben Artikel der „Bestand" des Baues oder der Vorrichtung eine Dienstbarkeit sein und als solche eingetragen werden. Da ist doch die Konstruktion des deutschen B.G.B.: Das Baurecht ist ein besonderes jus in re aliena, das ein eigenes Grundbuchblatt bekommt und nach Art des Eigentums behandelt wird, also mit Dienstbarkeiten, Pfandrechten, Vorkaufsrechten u. s. w. belastet werden kann, gewiß vorzuziehen.

[1] Höchstens bei öffentlichrechtlichem Interesse dürfte unter Umständen zeitliche Unbeschränktheit Bedürfnis sein.

hang des Wasserrechts gehörige Recht der Vorflut (Art. 688), sowie das Recht zu Durchleitungen gegen Entschädigung (Art. 689), das schon in den Bemerkungen über den Gesamtstandpunkt des Schweizer Entwurfs hervorgehoben wurde, wegen des Gegensatzes zum deutschen B.G.B. Erwähnung finden. In sehr umfassendem Maße wird auf dem Gebiet des Nachbarrechts die Befugnis zu eingehenderer und auch zu abweichender Regulierung den Kantonen vorbehalten (Art. 687, 691)[1].

Besonders wohlthuend berührt bei den Zutrittsrechten, daß der Grundeigentümer von offenem Wald und Weideland das Betreten in ortsüblichem Umfang gestatten muß (Art. 695)[2].

Das Recht auf Notstandseingriff erscheint in dem Art. 697 auf das Grundeigentum beschränkt, dürfte aber trotzdem der analogen Ausdehnung unterliegen. Die Schadensersatzpflicht ist in Bezug auf das an und das quantum vom richterlichen Ermessen abhängig gemacht. Durch richterliches Ermessen dürfte daher wohl auch im Fall der Nothülfe die Person des Ersatzpflichtigen bestimmt werden[3].

Von ganz besonderem Interesse ist die für die wasserreiche Schweiz so wichtige Regulierung des Rechts an Quellen und Brunnen in Art. 699—705. Dieselbe steht aber in so engem Zusammenhang mit den sonstigen Sätzen des Wasserrechts, Art. 917—920, 922—943, daß die Besprechung notwendig eine gemeinsame sein muß und sich auch die Frage aufwerfen läßt, ob nicht im Gesetz selbst eine Zusammenrückung der getrennten Abschnitte Vorteil brächte. Die Trennung rührt daher, daß bei den Quellen und Brunnen vom Privateigentun ausgegangen wird, während die Wasserrechte an öffentlichen Gewässern unter den Gesichtspunkt der jura in

[1] Das Recht auf den Anries darf durch die kantonale Gesetzgebung nicht entzogen werden (Art. 687 Abs. 2).

[2] Die Bestimmung würde wohl bei uns einen fiskalischen Forstbeamten seltsam anmuten, und es würde dagegen vor allem geltend gemacht werden, daß es viel schwerer sei, Holzdiebe und Wilderer fernzuhalten, wenn man nicht jedes Abseitsgehen vom Wege unter Umständen mit Strafe belegen könne. Auch würde wohl entgegengehalten, daß der ortsübliche Umfang eine zu unbestimmte Grenze bilde. Aber trotzdem ist die Grundauffassung des Schweizer Entwurfs berechtigt. Eine genauere Fixierung des Ortsüblichen kann wohl durch lokale Ordnungen erfolgen.

[3] Nach deutschem Recht ist bestritten, ob der Nothelfer oder der Gerettete haftet. S. auf der einen Seite Endemann, 8. Aufl., § 85a N. 33, auf der anderen M. Rümelin, Gründe der Schadenszurechnung, S. 40 ff., 96. — Titze, Notstandsrechte, S. 117.

re aliena gebracht werden. Eine Folge der Trennung dürfte sein, daß die Privatgewässer, die neben den Quellen und Brunnen anerkannt werden, nirgends eine erschöpfende Regelung finden, sondern nur hin und wieder nebenbei erwähnt werden [1].

Der Entwurf geht in Art. 699 davon aus, daß ein Privateigentum an Quellen und Brunnen möglich sei, jedoch da die Quellen Bestandteile der Grundstücke sind, nur zusammen mit dem Eigentum an Grund und Boden. Will jemand auf fremdem Grund und Boden ein Recht auf Wasser oder Wasserkraft erwerben, so ist das nur in der Form einer Dienstbarkeit möglich. Eine nähere Bestimmung dieses Eigentums an der Quelle ist im Gesetze direkt nicht enthalten. Aus den Ausführungen Hubers in der Zeitschrift für schweizerisches Recht Bd. 19 dürfte sich ergeben, daß Eigentum an dem je zu einem bestimmten Zeitpunkt auf dem Grund und Boden des Eigentümers befindlichen Wasser angenommen werden soll. Außerdem nimmt Huber auch noch ein Eigentum an der jeweils innerhalb des Grundstücks vorhandenen Wasserkraft an, ohne daß ersichtlich wäre, wie diese Vorstellung weiter durchgeführt werden soll, ob etwa damit nur das Recht des Quelleneigentümers wiedergegeben ist, die Wasserkraft auszunutzen, oder ob in der That ein besonderes den körperlichen Sachen gleichgestelltes Eigentumsobjekt, das übergeben und gestohlen werden kann, angenommen wird [2].

Was nun zunächst das Eigentum an der aqua profluens und an der Wasserkraft anlangt, so möchten wir diese nicht ins Gesetz übergegangenen Vorstellungen Hubers jedenfalls eliminiert sehen. Das Eigentum an dem jeweils vorhandenen Wasser führt zu der dem modernen Rechtsbewußtsein widersprechenden Vorstellung, das Schöpfen aus einer Quelle oder einem Brunnen als Diebstahl an-

---

[1] Zu der ganzen Materie zu vergleichen ist: Huber, Die Gestaltung des Wasserrechtes im künftigen schweizerischen Recht (Zeitschrift für schweizerisches Recht, Neue Folge, Bd. 19), sowie Hubers Referat über die Gestaltung des Wasserrechts im künftigen schweizerischen Recht bei den Verhandlungen des schweizerischen Juristentags vom 28. August 1900 (Zeitschrift für schweizerisches Recht, Neue Folge, Bd. 19 S. 723—734).

[2] Die Vorstellung, daß Kräfte Gegenstand von Eigentum sein können, ist auch in Art. 706 zum Ausdruck gelangt. Dunkel bleibt auch, wie das Eigentum an Wasser und Wasserkraft sich zu dem Eigentum an Quellen und Brunnen als Ganzen verhalten soll, ob das Quelleneigentum sich in dem Eigentum an Wasser und Wasserkraft erschöpft oder daneben Bestand hat.

zusehen, ein Resultat, das erst wieder durch besondere Maßregeln des kantonalen Privatrechts (man denke z. B. an die in Art. 703 eingeräumte Befugnis) oder des Strafrechts beseitigt werden müßte. Das Eigentum an der Wasserkraft legt ähnliche abwegige Vorstellungen nahe, und außerdem steht es und fällt es mit der ganzen Auffassung der Naturkräfte als Sachen, von der später noch die Rede sein wird.

Eher kann man sich mit der in das Gesetz selbst aufgenommenen, auch in anderen Gesetzgebungen verwerteten Bezeichnung der dem Grundeigentümer in Bezug auf die Quelle eingeräumten Befugnisse als Quelleneigentum befreunden, sofern man dadurch eine kurze und verständliche Benennung erreicht, und dabei auch die privatrechtliche Natur des ganzen Verhältnisses hervorhebt. Nur ist hier die Frage berechtigt, ob der Gesetzgeber nicht besser daran thut, solche Konstruktionen ganz zu vermeiden, und es ganz der Wissenschaft zu überlassen, zu bestimmen, was für eine Art von Recht, ob ein Sachenrecht oder ein Aneignungsrecht, vorliegt. Dasselbe würde für die Konstruktion des Wasserrechts auf fremdem Grund und Boden als Dienstbarkeit zu gelten haben. Unter allen Umständen ist es Pflicht des Gesetzgebers, die Befugnisse des Quelleneigentümers klar und scharf zu bestimmen und zu verhindern, daß etwa aus der Bezeichnung als Eigentum falsche Konsequenzen gezogen werden. In diesem Fall wird gegen die Bezeichnung Quelleneigentum so wenig einzuwenden sein, als gegen den Namen „Bergwerkseigentum".

In der That sind nun die Befugnisse der quellenberechtigten Personen, mögen dieselben nach dem Sprachgebrauch des Entwurfs Quelleneigentümer oder Dienstbarkeitsberechtigte sein, durch wohlerwogene und soviel wir sehen durchaus billigenswerte Bestimmungen geordnet.

Zunächst ist es durchaus richtig, die Quellen und Brunnen principiell der privatrechtlichen Verfügungsmacht des Grundeigentümers zu unterstellen. Es könnte sich nur fragen, ob nicht mit dem Art. 2 des württembergischen Wassergesetzes eine ausdrückliche Ausnahme bez. der Quellen statuiert werden sollte, die mit solcher Mächtigkeit hervorbrechen, daß ihr Ablauf sofort einen zwischen Ufern ständig fließenden Wasserlauf bildet. Dies sind in der That von Anfang an Bäche oder Flüsse, und zwar in der Regel öffentliche Gewässer. Es dürfte auch aus den Ausführungen Hubers selbst hervorgehen (a. a. O. S. 26), daß er hier das Quellenrecht nicht zur Anwendung bringen will. Aber besser wäre es, dies ausdrücklich zu sagen.

Im übrigen handelt es sich bei dem Recht der Quellen und Brunnen wie überhaupt auf dem ganzen Gebiet des Wasserrechts einerseits um einen Ausgleich der verschiedenen Parteiinteressen, andererseits um das Verhältnis der Quellenberechtigung zu den öffentlichen Interessen.

In letzterer Beziehung ist vor allem zu erwägen, daß durch die unbeschränkte Ausübung des den einzelnen Quellenberechtigten zustehenden Rechts, zu dem auch die Befugnis der Ableitung an sich gerechnet wird, ganze fließende Gewässer zum Versiegen gebracht werden könnten. Deshalb ist es der kantonalen Gesetzgebung nach Art. 700 gestattet, die Ableitung von einer amtlichen Bewilligung abhängig zu machen, die aus Gründen des allgemeinen Wohls versagt werden kann[1]. Ferner ist es im öffentlichen Interesse erforderlich, daß in wasserarmen Gegenden oder in Zeiten vorübergehenden Wassermangels die Quellenberechtigten zur Abgabe des für andere notwendigen Wassers gezwungen werden können, wofür der schon oben erwähnte Art. 703 Fürsorge trifft. Aus derselben Erwägung ergiebt sich das in Art. 704 statuierte Recht des Notbrunnens, bei dem man allerdings von einer Beschränkung im öffentlichen Interesse nicht mehr sprechen darf[2].

Das in unserer Zeit sich so mächtig steigernde Bedürfnis nach einer möglichst intensiven Ausnützung der Wasserkräfte ergiebt die Enteignungsansprüche des Art. 705. Quellen, Brunnen und Bäche, die ihren Eigentümern von keinem oder im Verhältnis zu ihrer Verwertbarkeit von sehr geringem Nutzen sind, unterliegen unter Nachweis, daß sie zu wirtschaftlich viel höheren Interessen verwendet werden sollen, einer Expropriation. Vor allem sollen dabei die Trinkwasserversorgungen berücksichtigt werden.

Diese Bestimmung geht insofern sehr weit, als gar nicht mehr direkt auf öffentlichrechtliche Interessen abgestellt wird, wie das in Deutschland zumeist geschieht[3]. Allein das allgemeine Interesse an der möglichsten Ausbeutung der vorhandenen Wasserkraft kann dieses Enteignungsrecht immerhin rechtfertigen.

---

[1] cfr. auch württemb. Gesetz über die Benutzung öffentlicher Gewässer, Art. 3 Abs. 2.

[2] Die Erwägungen, die zu einem solchen Recht des Notbrunnens führen, kommen in Deutschland vor allem deshalb zu kurz, weil im Nachbarrecht des B.G.B. das Wasserrecht ausgeschaltet ist, bei den partikularen Wassergesetzen diese rein nachbarrechtlichen Gesichtspunkte nicht mit in Erwägung gezogen werden.

[3] cfr. z. B. Art. 63 des württemb. Wassergesetzes.

Besonders viel Kopfzerbrechen und Streit hat von jeher die Interessenregulierung zwischen den verschiedenen in einem Gebiet quellenberechtigten Personen verursacht. In welchem Umfang soll es dem Grundeigentümer gestattet sein, Quellen zu graben? Wird man schadensersatzpflichtig, wenn man dem Nachbar seine Quelle abgräbt? Ist man berechtigt, durch Fassung, Leitung, Tieferbohren u. s. w. die eigne Quelle besser auszunützen ohne Rücksicht auf die übrigen Quelleninhaber, oder inwieweit ist man verpflichtet, Rücksicht zu nehmen?

Der Entwurf steht auf dem meines Erachtens durchaus billigenswerten, sich neuerdings mehr und mehr Bahn brechenden, in das württemb. Wassergesetz allerdings nicht aufgenommenen Standpunkt, daß dem Quellenberechtigten ein gewisses Anrecht auf den Wasserlauf gebühre. Freilich nicht unumschränkt in der Weise, daß jede Einwirkung auf eine einmal bestehende Quelle verboten wäre, sondern in ganz bestimmter Begrenzung, die der Art. 701 giebt. Unter keinen Umständen soll das für die Bewohnung und einmal gegebene Bewirtschaftung unentbehrliche Wasser durch Abgraben oder Verunreinigung entzogen werden dürfen. Hier kann, soweit möglich, Wiederherstellung des früheren Zustands begehrt werden. Ob nicht auch eine entsprechende Bestimmung zu Gunsten öffentlich benutzter Heilquellen einzuschalten wäre, mag zur Erwägung gestellt bleiben. Im übrigen soll derjenige, der eine Priorität der thatsächlichen Benutzung geltend machen kann, der also die vorhandene, bei ihm allein vielleicht zu Tag tretende Wasserader gefaßt oder irgendwie praktisch verwertet hat, durch eine Schadensersatzklage gegen Beeinträchtigung geschützt sein. Bei Mangel an Vorsatz oder Fahrlässigkeit soll, und zwar auch im Fall der Entziehung des unentbehrlichen Wassers (!), der Schadensersatz vom richterlichen Ermessen abhängig sein. Während bei Vorhandensein von Vorsatz oder Fahrlässigkeit das Ermessen des Richters nur die Art und Größe des Schadensersatzes bestimmt [1], soll in den genannten Fällen auch das Ob von demselben abhängen [2].

---

[1] Art. 51 des Obligationenrechts.

[2] Ob diese Unterscheidung einen großen Wert hat, dürfte zweifelhaft sein. Denn ob der Abgrabende zu 50 Centimes Schadensersatz verurteilt wird oder zu gar nichts, wird ihm gleichgültig sein. Hat man einmal die freie Schadensersatzbemessung eingeführt, so wird gegen die vollständige Abstellung auf das richterliche Ermessen nichts Stichhaltiges mehr einzuwenden sein.

Diese Grundsätze kommen auch zur Anwendung, wenn sich jemand durch Abgraben einer Nachbarquelle das für ihn selbst notwendige Wasser verschafft. Er wird schadensersatz- und restitutionspflichtig. Die Remedur liegt in seinem eventuellen Anrecht auf den Notbrunnen.

Von dem Verhältnis mehrerer schon vorhandener Quellen oder Brunnen zu einander handelt der Art. 702. An sich soll jedermann zur ordnungsgemäßen Fassung und Ableitung seiner Quelle befugt sein, auch wenn dadurch die Stärke anderer Quellen beeinträchtigt wird.

Geschieht das, so ist nachgewiesen, daß die Quellen Ausfluß eines gemeinsamen Sammelgebiets sind, oder daß sie zusammen eine Gruppe bilden. Dies kann nun nicht zu einer Ersatzpflicht führen, sondern nur zu einem Anrecht aller Teilhaber auf gemeinschaftliche Behandlung, also auf gemeinschaftliche Fassung und Zuführung des Wassers an die Einzelnen im Verhältnis der bisherigen Quellenstärke.

Daneben kann dann noch ein Ersatzanspruch in Höhe der dem Handelnden zugeführten Bereicherung anerkannt werden[1].

Diese Regelung ist durchaus neu und originell. Die Heranziehung des Gesichtspunkts der Interessengemeinschaft dürfte an sich ein glücklicher Gedanke sein. Allein ob der Art. 702 Abs. 3, so wie er dasteht, durchführbar sein wird, erscheint nicht unzweifelhaft. Denn einmal werden die gemeinschaftlichen Fassungen sich meist in verschiedener Weise vornehmen lassen, so daß der eine oder der andere mehr belästigt oder mehr begünstigt wird. Wie soll dann entschieden werden, welche Maßnahmen die objektiv richtigen sind? Da muß eben auch wohl wieder das unumschränkte boni viri arbitrium des Richters oder richtiger gesagt irgend eines beliebigen willkürlich herausgegriffenen Technikers entscheiden. Ferner sollen die anderen Interessenten ihren Anspruch auf gemeinschaftliche Fassung zu jedem beliebigen Zeitpunkt geltend machen können, also auch in der Weise, daß man zuerst ruhig zusieht, wie der Nachbar eine kostspielige Anlage macht, obwohl man Einwirkung auf die eigene Quelle vermutet, und dann plötzlich hervortritt und sagt: so jetzt verlange ich gemeinsame Fassung auf gemeinschaftliche Kosten? Wäre vielleicht hier noch bei positiver Chikane abzuhelfen, so fragt sich doch,

[1] Art. 702 Abs. 2 spricht zwar von einer Verpflichtung insoweit, als die Quelle verstärkt sei. Das kann aber doch wohl nur auf eine Berechnung der Bereicherung bezogen werden.

ob nicht auch ein fahrlässiges Zuwarten bei der Kostenverteilung berücksichtigt werden sollte. Dazu müßte aber auch letztere vom richterlichen Ermessen abhängig gemacht werden.

Endlich nebenbei noch eine andere Frage: Bringt man einmal den Gedanken der Interessengemeinschaft zur Anwendung, müßte derselbe nicht noch weiter tragen? Sollte z. B., wenn nachgewiesen würde, daß durch eine gemeinschaftliche Fassung einer auf dem einen Grundstück hervorgetretenen, auf dem anderen Grundstück noch unterirdisch liegenden Wasserader beiden Grundeigentümern zu dem für sie unentbehrlichen Wasser verholfen werden könnte, nicht ein Anspruch auf solche gemeinschaftliche Fassung begründet sein? Giebt es nicht auch noch weitere ähnlich liegende Fälle, in denen auf Grund der Möglichkeit zu bohren ein solches gemeinschaftliches Vorgehen sollte impetriert werden können? — Hier würde man freilich, da man genötigt ist, den in Art. 762 Abs. 3 festgehaltenen Maßstab der gegebenen Quellenausnützung preiszugeben, zu außerordentlich schwierigen Abgrenzungen gelangen.

Wenig behandelt sind, wie schon bemerkt, die sonstigen Privatgewässer[1], über deren Abgrenzung das Bundesrecht nur die wenig inhaltreiche Regel des Art. 917 Abs. 2 aufstellt:

„Öffentliche Gewässer sind: die Seen, Flüsse und Bäche, an denen nicht jemandes Eigentum nachgewiesen ist.“

Damit ist absichtlich die nähere Normierung dem kantonalen öffentlichen Recht auf der Grundlage der bisher ausgebildeten Zustände überlassen. Den Maßstab für die Abgrenzung soll nach Hubers Meinung[2] die Bedeutung für das öffentliche Wohl abgeben, wobei keineswegs bloß auf die Schiffahrt, sondern auf die gesamte Nutzbarkeit der Wasserkraft zu sehen ist. Wo die volle Ausnutzung der vorhandenen Kraft von Privateigentümern nicht mehr erwartet werden kann, da sollten die Wasserläufe öffentliche sein. Bei Strömen und Flüssen wird das so ziemlich durchweg, bei Bächen vielfach zutreffen.

Nach den Ausführungen Hubers müßte auch bei diesen Privatgewässern Privateigentum an Wasser und Wasserkraft, soweit sich beide auf dem Boden des Grundeigentümers befinden, anerkannt

---

[1] Übrigens ist die Regelung immer noch eine erheblich ausgiebigere als im württemb. Wassergesetz.

[2] a. a. O. S. 44.

werden. Ausdruck gefunden hat aber nur die Auffassung, daß ein Eigentum an den Gewässern als Ganzen bestehe[1].

Bezüglich der einen wie der anderen Auffassung ist das oben für die Quellen und Brunnen Gesagte zu wiederholen.

Was die praktische Regelung anlangt, so kommt in erster Linie in Betracht der Art. 688, welcher den unten liegenden Grundeigentümer verpflichtet, das abfließende Wasser aufzunehmen (Recht der Vorflut), auf der anderen Seite die schädigende Abänderung des natürlichen Ablaufs, sowie jede Entziehung des unentbehrlichen Wassers, soweit es nicht auch für den oben liegenden Eigentümer unentbehrlich ist, verbietet. Ein weiteres Recht auf Wasserzulauf wird nicht anerkannt[2].

Die Errichtung von Wasserwerken, Stauwerken u. s. w. unterliegt nach Art. 932 der staatlichen Aufsicht und bedarf, sobald die Rechte Dritter oder allgemeine Interessen berührt werden, der Genehmigung der zuständigen Behörde. Dabei kann die erkennende Behörde immer eine billige Abwägung der verschiedenen kollidierenden Interessen vornehmen.

Dazu kommen dann noch die Beschränkungen durch die mögliche Anordnung eines Gemeingebrauchs nach Art. 703 und die Enteignungsmöglichkeiten des Art. 705.

Gegen alle diese näheren Bestimmungen wird nichts einzuwenden sein.

Bei den öffentlichen Gewässern geht der Entwurf nicht von einem Privateigentum des Staates am Gewässer, sondern von den Begriffen des Hoheitsrechts und Regals aus (Art. 909, 917, 918). Kraft Hoheitsrechts stellt der Staat die Normen über den Gemeingebrauch auf (dazu gehören auch die Schutzvorschriften zu Gunsten des Gemeingebrauchs). Der Art. 917 verweist auf das Hoheitsrecht der Kantone. Ein Hoheitsrecht des Bundes wird wohl hier nicht in Frage kommen können. Daneben steht dem Kanton die Befugnis zu,

---

[1] Siehe Art. 705.

[2] Der Gegensatz zur Quellenberechtigung springt in die Augen. Dem Quellenberechtigten darf die Ableitung nur aus Gründen des öffentlichen Wohls untersagt werden, dem Bacheigentümer, sobald er die unten liegenden Eigentümer schädigt. Der Quellenberechtigte auf der anderen Seite hat ein subjektiv unbeschränktes Recht auf den Zufluß, der Bacheigentümer nur ein beschränktes Recht auf das ihm nötige Wasser gegen andere Bacheigentümer, die nicht zugleich Quelleninhaber sind, sowie ein Verbotsrecht gegen schädigende Änderungen seitens anderer Bacheigentümer.

an den Gewässern nutzbare Rechte des Staates (Regale) zu statuieren (Art. 918) in der Weise, daß er sich entweder die neben dem Gemeingebrauch mögliche, von diesem verschiedentlich abgegrenzte Nutzung selbst vorbehält oder sie gegen Abgabe durch Konzession an andere überläßt. Auch bezüglich einiger weiteren Nutzungen der öffentlichen Gewässer, wie Eisgewinnung und Kiesgewinnung, ist es den Kantonen überlassen, entweder Gemeingebrauchsrechte anzuerkennen, die wiederum von einer behördlichen Genehmigung abhängig gemacht werden dürfen, oder Verleihungen an einzelne bestimmte Personen vorzunehmen, während die Wässerung zu den Gemeingebrauchsrechten gestellt wird (Art. 920). Die Verfügung über Anschwemmungen, Anschüttungen oder sonst durch Veränderungen im Stand der öffentlichen Gewässer frei werdendes Land überläßt der Art. 661 ebenfalls den Kantonen. Mangels anderer Bestimmung soll der Kanton Eigentum erwerben.

Man sieht also, daß hier ein sehr umfassendes Gebiet, das in unseren deutschen Wassergesetzen meist einen breiten Raum einnimmt, dem kantonalen Recht überlassen ist.

Eine eingehende Regelung erfahren die Rechte auf Aneignung von Wasser und Wasserkraft aus öffentlichen Gewässern, die sogen. Wasserrechte. Diese Rechte entstehen immer durch Verleihung, mag dieselbe auf das Hoheitsrecht oder auf ein Wasserregal basiert werden. Die Verleihung und das Verfahren bei derselben wird kantonalrechtlich des näheren geregelt (Art. 922, 940). Jedoch stellt das Bundesrecht eine Reihe von zwingenden Vorschriften auf, so über die Voraussetzungen der Verleihung (Art. 923), über das Vorrecht der Ufereigentümer (ebendaselbst), über das Vorrecht des Gemeinwesens (Art. 938, 939), über die Wahrung der Rechte Dritter (Art. 937), über die Mitwirkung oder das Eingreifen der Bundesbehörden bei gewissen Verleihungen oder Konflikten (Art. 929, 930, 931), über das Recht des Bundes, die Herstellung besonderer Anlagen im Interesse der Schiffahrt, Flößerei und Fischerei, sowie zur Vornahme von hydrometrischen Beobachtungen zu verlangen (Art. 928). Besonders hervorzuheben ist die im Interesse voller Ausnützung der Wasserkraft gegebene Vorschrift des Art. 924, daß die Verleihungen immer nur auf bestimmte nach den Umständen zu bemessende Zeit, die jedoch gegen den Willen des Bewerbers nicht unter 30 Jahren betragen darf, zu erfolgen hat. Bei der nach Ablauf dieser Zeit erforderlichen Erneuerung sind dieselben Voraussetzungen einzuhalten wie bei der Neuverleihung, jedoch hat bei Ablehnung der Erneuerung der Berechtigte einen Anspruch auf Entschädigung (Art. 941). Demselben Zweck der möglichsten Ausnützung der vorhandenen Wasserkräfte entsprechen die Verwirkungsbestimmungen des Art. 942.

Durch die Verleihung entsteht zunächst ein ausschließliches Bethätigungsrecht, das gegen Eingriffe Dritter schon vor Eintrag geschützt sein muß, obwohl der Entwurf dies nicht ausdrücklich ausspricht[1]. Huber in seiner Abhandlung in der Zeitschrift für schweizerisches Recht S. 39 wendet sich ausdrücklich dagegen, daß jetzt schon ein Recht am Wasser oder der Wasserkraft angenommen werde. Mit der Herstellung einer Wasserwerksanlage soll aber, wie es scheint, nach Hubers Meinung, ein selbständiges Rechtsgut entstehen, das als Rechtsobjekt, ja geradezu als Sache aufgefaßt werden kann[2], die im Eigentum des Konzessionierten steht.

Diese letztere Vorstellung scheint nun dem Referenten nicht genügend geklärt und auch den Vorschriften des Gesetzes selbst gegenüber nicht durchführbar zu sein. Die Rechtslage nach Herstellung des Wasserwerks unterscheidet sich nicht so wesentlich von dem vorher vorhandenen Zustand, daß eine ganz verschiedene Konstruktion am Platze wäre. Die Anlegung eines Grundbuchblattes für das Wasserrecht kann doch offenbar schon nach der Verleihung erfolgen und ist nicht von der faktischen Anlage abhängig. Deshalb wird die Fiktion, daß das Wasserrecht eine unbewegliche Sache sei, wenn von ihr, was wir nicht empfehlen, überhaupt Gebrauch gemacht werden soll, von der Verleihung an einzugreifen haben. Der Kern des dem Konzessionierten eingeräumten Rechts liegt nach wie vor in der Befugnis zur Verwertung der Wasserkraft[3]. Dem gegenüber kann weder das Hinzutreten eines weiteren sächlichen Substrats durch Errichtung der Anlage, noch der Ausschluß gewisser Ver-

[1] Auch in Hubers Abhandlung wird dieses Stadium nicht besonders gewürdigt.

[2] a. a. O. S. 40, 41.

[3] Dies tritt auch in verschiedenen Wendungen Hubers unmittelbar hervor. Man vergleiche z. B. die Worte S. 40 a. a. O.: „Nicht anders als wie der Bergmann die Stücke Kohlen sich aneignet, so wird der Konzessionär Eigentümer der Welle und der Kraft." Wie sich das wieder mit den Vorstellungen von einem Eigentum „am Werk", von einer Rechtsguteigenschaft des Werks und der Berechtigung zusammen (a. a. O. S. 41) vertragen soll, ist dem Referenten nicht klar geworden. Dazu kommt dann auch hier wieder die Anschauung, daß das Wasserrecht unbewegliche Sache sei und daß an diesem ein Eigentum bestehe.

wirkungsmöglichkeiten, der sich an die Vornahme dieses Aktes anschließt, von entscheidender Bedeutung sein. Ein gewisses sachenrechtliches Substrat ist ja doch schon infolge der Verleihung insofern vorhanden, als die Befugnis zu Anlagen an bestimmt bezeichneten Orten erteilt wird. Verwirkungsmöglichkeiten bestehen auch noch nach Fertigstellung des Werkes, z. B. infolge von Betriebseinstellung. (Art. 942, Abs. 2).

Nichts einzuwenden ist gegen den im Art. 933 ausgesprochenen allgemeinen Grundsatz der gegenseitigen Rücksichtnahme aller Wasserwerksberechtigen, ein Grundsatz, der freilich dringend der Ergänzung durch die in Abs. 2 des Artikels genannten Specialvorschriften bedürfen wird, nichts gegen die Beitrittsrechte und Beitrittspflichten der Wasserrechtsinhaber zu Wassergenossenschaften (Art. 934—936), gegen die Einräumung der Expropriationsbefugnis an Wasserunternehmungen, wie sie der Art. 927 gestattet[1]. Man wird sich nur darüber klar sein müssen, daß mit den wenigen Bestimmungen der Art. 934—936 noch entfernt nicht das ganze Recht der Wassergenossenschaften, insbesondere der Ent- und Bewässerungsgenossenschaften, geordnet ist. Die neueren Wassergesetze enthalten meist eingehende Bestimmungen über deren Organisation, die Privilegierung der sogen. öffentlichrechtlichen Genossenschaften u. s. w. (vgl. z. B. das württemberg. Wassergesetz Art. 67—100). All das soll offenbar dem Kantonalrecht überlassen bleiben.

Das Verhältnis der Wasserrechte zu den Quellenberechtigungen an denjenigen Quellen, welche das öffentliche Gewässer speisen, ist in Art. 926 geregelt. Hier wird meines Erachtens in richtiger Weise die Selbständigkeit der Quellenberechtigung festgehalten. Nur öffentliche Quellen können von der Verleihung mit betroffen werden, und gegenüber noch nicht benutzten oder gefaßten Quellen können gemeinnützige Unternehmungen ein Enteignungsrecht erhalten. Die Einwirkung des Quelleneigentümers auf den Lauf des öffentlichen Gewässers ist nur durch den Art. 700 (Verfügung der Bewilligung von Ableitungen) eingeschränkt.

---

[1] Das Expropriationsrecht kann eingeräumt werden den Unternehmungen, welche dem allgemeinen Wohl dienen. Der Enteignung unterliegen Grundstücke, dingliche Rechte, Wasserrecht und Flößereirecht, sofern an deren Erhaltung nicht ein besonderes Interesse besteht, das anders nicht befriedigt werden kann.

Die Möglichkeit, solche Expropriationsrechte auch Wasserwerksunternehmungen von privatem Interesse zu teil werden zu lassen, ist den Kantonen vorbehalten.

Fahrniseigentum.

In dem 20sten Titel über das Fahrniseigentum tritt uns zunächst entgegen, daß die Naturkräfte, soweit sie nicht zu den unbeweglichen Sachen gerechnet werden, Gegenstand des Fahrniseigentums sein sollen.

Welche Naturkräfte zu den unbeweglichen Sachen gerechnet werden, ist nirgends gesagt, es dürften aber wohl die zuletzt besprochenen Wasserkräfte gemeint sein. Wie schon aus den bisherigen Ausführungen hervorgeht, würde Referent diese ganze Begriffsbildung lieber beseitigt sehen, wenn sie auch vielleicht praktisch nicht allzuviel Schaden stiften, sondern mehr nur die Darstellung und Terminologie ungünstig beeinflussen wird. Vollständig Ernst wird mit der Vorstellung, daß die Naturkräfte Sachen seien, ja nie gemacht werden können. Man kann doch nicht ein bestimmtes Quantum Pferdekraft tradieren, oder ein Quantum Heizkraft verpfänden.

Es wird sich immer nur um einzelne Parallelen zur Behandlung der körperlichen Sachen handeln. Es ist möglich, die Elektricitätsentwendung dem Sachdiebstahl gleich zu bestrafen und dies dadurch zum Ausdruck zu bringen, daß man die Elektricität als Sache bezeichnet. Es ist ferner möglich, einen Vertrag auf Lieferung von Elektricität derselben Stempelsteuer zu unterziehen wie einen Vertrag auf Lieferung von Sachen. Um derartige Fragen hat sich der bisherige Streit ausschließlich gedreht.

Die Anzahl dieser Parallelen läßt sich aber bisher viel zu wenig übersehen, als daß der Gesetzgeber schon eine so allgemeine Wendung, welche die vollkommene Gleichstellung in sich schließt und einen ganzen Schwarm so ungereimter Vorstellungen wie die oben gekennzeichneten ins Leben ruft, gebrauchen sollte. Ein solcher allgemeiner Satz, der an allen Ecken und Enden restringiert werden muß, giebt der Praxis doch keinen genügenden Anhalt. Da dünkt es uns wiederum viel besser, mit einzelnen bestimmten Normierungen, die, wie z. B. die Bestrafung der Elektricitätsentwendung, dem allgemein empfundenen Bedürfnis entsprechen, vorzugehen, die Weiterentwickelung und die Konstruktion der Wissenschaft und Praxis zu überlassen. Sollte sich nicht hier dieselbe Erscheinung wiederholen, die wir seiner Zeit bei den Urheberrechten kennen gelernt haben, daß nämlich die Entwickelung nach der Ausbildung besonderer absolut geschützter Aneignungs- oder Verwertungsrechte hindrängt, die man zunächst mittelst des nicht adäquaten Eigentumsbegriffs zu erfassen sucht? Ob man, wie neuestens noch Endemann annimmt[1], mit einer bloß obligationenrechtlichen Behandlung dieser Verhältnisse auf die Dauer auskommen wird, erscheint allerdings zweifelhaft.

Bezüglich des Fahrniseigentumserwerbs wird zunächst in Art. 707 das allgemeine Erfordernis des Besitzübergangs aufgestellt. Diese Bestimmung wäre unseres Erachtens besser zu streichen, sofern sie als allgemeine Bestimmung gemeint ist.

Da jedenfalls einmal bei dem Eigentumserwerb durch Verbindung und Vermischung, ebenso aber auch beim Schatzfund Besitzerlangung keineswegs notwendig ist, giebt der Art. 707 Abs. 1 doch nur eine von Ausnahmen durchbrochene regula juris. Außerdem muß bei der Occupation die Besitzerlangung wieder besonders hervorgehoben werden. Die Specifikation setzt den Besitz voraus.

Vielleicht war aber mit dem Art. 707 Abs. 1 nur die Aufstellung des Traditionserfordernisses bei der Übereignung beabsichtigt. Der Abs. 2 des Artikels, welcher das in fraudem legis vorgenommene constitutum possessorium verbietet, legt das nahe. Zweifellos ist auch ein dringendes Bedürfnis vorhanden, die wichtigste Eigentumserwerbsart, die Übereignung, an dieser Stelle zu erwähnen. Die genauere Bestimmung derselben, die bisher im Obligationenrecht (Art. 199—209) enthalten war, ist leider in die Besitzlehre gestellt (Art. 964—967). Auch hier würde Referent es für dringend wünschenswert halten, daß eine Einfügung der betreffenden Artikel, ebenso aber auch der Bestimmungen über den Eigentumserwerb des gutgläubigen Erwerbers (Art. 976, 977) in die Lehre vom Fahrniserwerb vorgenommen werde, so wie es im deutschen B.G.B. der Fall ist. Dabei wäre dann auch Stellung zu nehmen zu der bei der gegenwärtigen Behandlungsweise gänzlich unter den Tisch gefallenen Frage, ob der zur Besitzübertragung hinzutretende Konsens als lediglich auf die Eigentumsübertragung oder als auf das Kausalgeschäft bezüglich gedacht wird, mit anderen Worten, ob ein abstrakter Eigentumsübertragungsvertrag anerkannt werden soll. In Ermangelung besonderer Bestimmung wird man freilich wie beim Liegenschaftserwerb, also gegen den abstrakten Vertrag, zu entscheiden haben. Außerdem muß bezweifelt werden, ob eine so strenge Festhaltung am Traditionssystem, wie sie dem Entwurf zu Grunde liegt,

[1] Lehrbuch des Bürgerlichen Rechts, 8. Aufl., Bd. I, S. 50, Nr. 10.

gerechtfertigt erscheint, ob nicht die Eigentumsübertragung durch Vindikationscession, wie sie das B.G.B. eingeführt hat, einen erheblichen Fortschritt bedeutet.

In seinem weiteren Verlauf beschäftigt sich der Titel mit Occupation, Funderwerb, Schatzerwerb, Specifikation, Verbindung und Vermischung, und Ersitzung. Es fehlen die Grundsätze über den Fruchterwerb.

Nachahmenswert ist insbesondere die Bestimmung, welche der Art. 717 bez. des Anrechts des Kantons auf Fundgegenstände von erheblichem wissenschaftlichem Wert trifft.

Bei der Verarbeitung wird glatt auf das Wertverhältnis zwischen Stoff und Arbeit abgestellt ohne die Vergünstigung, welche der § 950 B.G.B. durch seine Fassung dem Arbeiter zu teil werden läßt[1]. Ob eine solche Begünstigung des Specifikationserwerbs nicht besser den gegenwärtigen Verkehrsanschauungen entspricht, möchte Referent offen lassen[2]. Jedenfalls aber vermag er sich mit der Abstellung des Eigentumserwerbs auf das richterliche Ermessen, wie sie Art. 719 Abs. 2 für den Fall der bösgläubigen Specifikation vorschreibt, nicht zu befreunden. Wenn irgendwo, so sollte bezüglich der Eigentumsfragen certitudo herrschen. So mußte man entweder den Eigentumserwerb bei bösgläubiger Specifikation ein für allemal ausschließen, oder man durfte der mala fides gar keinen Einfluß auf die dingliche Frage einräumen. Im übrigen darf vielleicht nochmals an die nach Meinung des Referenten beste Lösung der Frage, wie sie das römische Recht in der rei vindicatio utilis gefunden hatte, erinnert werden: Der Stoffeigentümer bekommt gegen Ersatz des durch die Specifikation herbeigeführten Mehrwertes einen konkursrechtlich aussonderungsberechtigten Anspruch auf die specifizierte Sache, wofern ihm nicht, wozu der Specifikant und eventuell sein Konkursverwalter berechtigt, der volle Stoffwert ersetzt wird.

Bei der Verbindung und Vermischung wird bei Sachen, die nicht im Verhältnis von Haupt- und Nebensache zu einander stehen, zweckmäßigerweise ausschließlich auf die Thunlichkeit der Lösung abgestellt. Wünschenswert wäre es nur, wenn dieselbe Normierung auch auf die Loslösung nebensächlicher Bestandteile, auf die sie sich Art. 720 Abs. 2 nicht bezieht, übertragen werden könnte. Die

---

[1] Hier muß der Wert der Arbeit erheblich geringer sein als der des Stoffs, sonst erwirbt Eigentum immer der Specifikant.

[2] In Deutschland dürfte es wohl der Fall sein.

Vermischung wird ganz wie im B.G.B. der Verbindung entsprechend behandelt. Die dem Verkehrsbedürfnis abgelauschten Feinheiten des römischen Rechts über die Vermischung fester Körper und insbesondere die Vermischung von Geld sind dem Entwurf fremd. Durchzukommen wird mit der roheren aber einfacheren Lösung, welche die neueren Gesetzbücher geben, schon sein.

Für den Verlust des Fahrniseigentums bestimmt Art. 722, daß dasselbe trotz Besitzverlust erst verloren gehe, wenn entweder der Eigentümer sein Recht aufgebe oder in der Folge ein anderer das Eigentum erwerbe (z. B. nach den Grundsätzen über Specifikation, Fund, Ersitzung). Hier wäre nur zu erwägen, ob es nicht Fälle des Verlustes giebt, in denen beim Auffinden der Sache die Unauffindbarkeit des Eigentümers ebenso evident ist wie beim Schatz [1], und ob es in diesen Fällen nicht angezeigt wäre, die Sache als herrenlose zu behandeln. Man denke z. B., daß eine blanke Silbermünze in einem Vogelnest im Walde gefunden, oder daß der Kadaver eines erlegten Walfisches den Jägern durch die Gewalt des Meeres entführt wird. In solchen Fällen könnte doch die einfache Anwendung des gewöhnlichen Fundrechts zu Unzuträglichkeiten führen. — Eine andere Frage ist, ob man bei der Seltenheit solcher Fälle eine besondere Bestimmung treffen und nicht vielmehr auf etwaige Analogieschlüsse aus Art. 709 oder 716 vertrauen soll.

Die beschränkten dinglichen Rechte.

Dienstbarkeiten und Grundlasten.

Die zweite Abteilung des Sachenrechts behandelt die beschränkten dinglichen Rechte und zwar in einem 21. Titel zunächst die Dienstbarkeiten und Grundlasten.

Unter den Dienstbarkeiten werden zunächst die Grunddienstbarkeiten an die Spitze gestellt [2].

Hier springt vor allem die neuerdings lebhaft ventilierte, namentlich durch Kohlers interessanten Aufsatz im civ. Arch. Bd. 77 S. 169 ff. in den Vordergrund gerückte Frage in die Augen, ob eine Beschränkung der Grunddienstbarkeiten auf den Grundstücks-

[1] Auch dort ist es ja nicht genau zu sagen, daß kein Eigentümer vorhanden sei, derselbe läßt sich nur nicht konstatieren.

[2] Zu vergleichen hierüber die Abhandlung von Hitzig, Die Grunddienstbarkeit im Vorentwurf eines schweizerischen Civilgesetzbuchs, in der Zeitschrift für schweizerisches Recht, N. F., Bd. 19.

nutzen stattzufinden habe oder nicht. Der Entwurf hat eine solche Beschränkung nicht aufgenommen, und dieselbe ergiebt sich auch nicht daraus, daß an einzelnen Stellen von einem Interesse des Grundstücks oder von Bedürfnissen des berechtigten Grundstücks gesprochen wird [1]. Auch Referent möchte sich mit Kohler und Hitzig zu Gunsten der Aufnahme einer solchen Beschränkung aussprechen. Weder in der Zulassung der Baurechte (Art. 773) noch in derjenigen der Gebrauchsrechte zu Gunsten beliebiger Gemeinschaften (Art. 774) vermag ein entscheidender Grund dafür gefunden zu werden, daß auch die dauernde Belastung eines Grundstücks zu Gunsten des jeweiligen Eigentümers eines anderen Grundstücks unabhängig von den jeweiligen Grundstücksinteressen gestattet wird. Freilich wird ein Mißbrauch der durch den Art. 723 eingeräumten Freiheit nicht allzu häufig sein und wird sich in den schlimmsten Fällen mit der Ablösungsbefugnis des Art. 729 helfen lassen, allein ein stärkerer Schutz der weniger geschäftskundigen landwirtschaftlichen Bevölkerung wäre zweifellos durch eine solche beschränkende Bestimmung gegeben. Die rascher wechselnden Bedürfnisse des städtischen Verkehrs können, wo der Grundstücksnutzen Schwierigkeiten verursachen sollte, doch wohl auf dem Boden des Obligationenrechts und der Personalservituten befriedigt werden.

Wie das deutsche B.G.B., so bringt auch der Schweizer Entwurf die Durchführung des Grundbuchzwangs für die Grunddienstbarkeiten, für die meisten Kantone eine wichtige Neuerung. Die Gründe dafür und dagegen sind zu oft erörtert, um hier wiederholt zu werden. Daß beide Gesetzgebungen nach reiflicher Überlegung zu demselben Resultat, Einführung des Eintragungszwangs, gelangt sind, ist eine Gewähr für die Richtigkeit dieses Standpunktes. Nach den vorläufig im Schlußtitel zusammengestellten Bemerkungen über die Übergangszeit scheint in der Schweiz eine raschere Durchführung als in Deutschland in Aussicht genommen zu sein [2].

Während für die Regel zur Erreichung des Eintrags ein öffentlich beurkundeter Vertrag erforderlich sein soll (Art. 724 in Verbindung mit Art. 663), genügt bei allgemein sichtbaren Einrichtungen jede Art der Vereinbarung, also auch die stillschweigende (Art. 725). Infolge der Verweisung des Art. 724 auf das Grundeigentum ist eine

[1] cf. hierüber Hitzig, der mit Recht auch die Nichtübereinstimmung zwischen Abs. 1 und 2 des Art. 729 beseitigt wünscht.

[2] Zweiter Abschnitt des Schlußtitels XII, 2.

Servitutenersitzung und zwar regelmäßig als Tabularersitzung, daneben in den besonderen Fällen der Art. 664 Abs. 2 und Art. 665 auch als sogenannte blanke Ersitzung, anerkannt. Die Ersitzung giebt einen Anspruch auf gerichtliche Anerkennung des Servitutrechts. Diese wiederum ermöglicht in den Fällen, in denen noch keine Eintragung erfolgt ist, den Eintrag. — Die ganze Ersitzung ist nur zu Lasten von Grundstücken möglich, an denen auch das Eigentum ersessen werden kann.

Die ganzen beim Grundeigentum geltend gemachten Bedenken hinsichtlich des Bedürfnisses nach einer dinglichen Rechtsstellung des Erwerbers vor dem Eintrag kehren hier wieder.

Die Konsequenzen des Buchzwangs werden ebenso durchgeführt in Bezug auf den Untergang der Dienstbarkeiten (Art. 727–729). Hier sind nur die Grundsätze über die Ablösung besonders hervorzuheben. Bei Fehlen jeden Interesses kann der Richter ohne weiteres Löschung anordnen. Bei einem im Verhältnis zu dem ursprünglich vorhandenen Interesse und zur Belastung sehr gering gewordenen Interesse kann Ablösung gegen volle Entschädigung verlangt werden. Das entscheidende Wort spricht auch hier wieder das richterliche Ermessen. Ein Untergang der Dienstbarkeiten durch Nichtgebrauch ist nicht vorgesehen. Referent möchte hier den von Hitzig ausgesprochenen Gedanken unterstützen, ob nicht wie im B.G.B. § 1028 eine beschränkte usucapio libertatis eingeführt werden sollte[1].

Die Eintragung ist auch in erster Linie bestimmend für den Inhalt der Grunddienstbarkeit (Art. 731). Soweit die Eintragung jedoch nichts ergiebt, kann der Inhalt auch durch den Erwerbsgrund, sowie durch die thatsächliche Übung näher bestimmt werden. Bei einer Reihe von Dienstbarkeiten wird im Art. 733 auf das kantonale Recht und den Ortsgebrauch verwiesen. Außerdem finden sich noch die auch sonst überall anerkannten Sätze über die Befugnisse der Berechtigten, die Verpflichtung zum schonenden Gebrauch des Rechts (Art. 730), über den Ausschluß erheblicher Mehrbelastung infolge veränderten Bedürfnisses (Art. 732). — Keine Bestimmung ist ge-

[1] Eine Tabularersitzung ist kein Bedürfnis, wenn, wie Art. 727 vorschreibt, die Löschung schlechthin den Untergang der Dienstbarkeit herbeiführt. Auch wenn man annimmt, daß die Abänderungsklage des Art. 1017 auch auf die Löschungen sich bezieht (eine Anfechtbarkeit gewisser Löschungen ist nach Art. 1018 jedenfalls gegeben), so konsolidiert sich das Verhältnis jedenfalls mit der Verjährung der Berichtigungsklage. Eine Tabularersitzung bleibt überflüssig.

troffen über das Verhältnis der Grunddienstbarkeit zur entsprechenden eigenen Nutzung des belasteten Eigentümers. Der Entwurf steht wohl auf dem Standpunkte, daß wenn nichts anderes ausbedungen, die Nutzung des Servitutberechtigten auch bei den elastischen Dienstbarkeiten der Nutzung des Eigentümers immer vorgeht. Bei mehreren Grunddienstbarkeiten geht die ältere vor. Auf Grund besonderer Verabredungen können aber auch nach dem Recht des Entwurfs Verhältnisse vorkommen, die eine billige Gebrauchsregulierung zwischen den verschiedenen Interessenten erfordern. Eine solche wird dann eintreten können, auch ohne daß wie in § 1024 B.G.B. eine ausdrückliche Bestimmung gegeben ist.

Ebenfalls noch den Inhalt des Rechts betreffen die Vorschriften über das Tragen der Unterhaltslast (Art. 734), die Möglichkeit der Verlegung (Art. 735 entsprechend § 1023 B.G.B.) und über die Einwirkung der Teilung des herrschenden oder dienenden Grundstücks (Art. 736, 737).

Eine wesentliche Neuerung und zugleich eine wesentliche Abweichung vom Recht des B.G.B. enthält die Eigentümerdienstbarkeit des Art. 726, deren Bedeutung Hitzig mit Recht hervorhebt. Derselbe führt aus, in welchem Maß Gründe des praktischen Bedürfnisses für eine solche allgemeine Zulassung der Eigentümerdienstbarkeit sprechen. Daß diesen Bedürfnissen gegenüber der Schweizer Gesetzgeber sich weder durch die alte regula juris „nemini res sua servit“ noch durch die scheinbar logischen aus dem Begriff des Eigentums abgeleiteten Gründe beirren lassen würde, war mit Bestimmtheit zu erwarten. Übrigens ist zur Einfügung der Eigentümerdienstbarkeiten in das System eine Umwertung des Eigentumsbegriffs durchaus nicht erforderlich.

Über die Normierung der **Nutznießung** und der **sonstigen persönlichen Dienstbarkeiten** ist nur wenig zu bemerken, da sie ganz überwiegend, auch bis in die Details hinein, mit derjenigen des B.G.B. übereinstimmt. Auch der Schweizer Entwurf kennt wie das B.G.B. eine Nutznießung an Sachen, an Rechten und an einem Vermögen.

Bei der Nutznießung an beweglichen Sachen wird das Traditionsprincip, bei derjenigen an unbeweglichen Sachen das Grundbuchprincip durchgeführt [1]. Rühmenswert ist hier insbesondere die klare

[1] Art. 739 enthält am Schluß einen unzweifelhaften Druckfehler, statt „Grundeigentum“ muß es heißen „Eigentum“.

Bestimmung des Art. 744, welche alle Zweifel hinsichtlich des ehemännlichen und elterlichen Nutznießungsrechts abschneidet. Dem gutgläubigen Dritten gegenüber wirkt das Nutznießungsrecht erst auf Grund Eintrags[1].

Auch der Inhalt des Nutznießungsrechts ist im wesentlichen in gleicher Weise bestimmt: im Zweifel volle Nutzung (oder vollen Genuß, wie der Entwurf sagt), daneben aber die Möglichkeit, einzelne Nutzungen auszunehmen, das Recht nur persönlich zu gestalten u. s. w. Die Dauer des Rechts ist im Schweizer Entwurf im Gegensatz zum B.G.B. auf 100 Jahre beschränkt, so auch bei Nutznießung seitens einer juristischen Person.

Wesentliche Abweichungen liegen vor bezüglich des Eigentumserwerbs an den Früchten. Während das B.G.B. dem Nießbraucher an den fructus naturales Eigentum gewährt, wenn sie während der Dauer seines Rechts von der fruchttragenden Sache getrennt werden, und auch den obligatorischen Anspruch des Nießbrauchers abgesehen von etwaigem Kostenersatz nicht weiter gehen läßt, soll nach dem Schweizer Entwurf das Reifwerden entscheiden. Dies scheint so gemeint zu sein, daß von dem, übrigens schwer zu bestimmenden, Moment des Reifwerdens an ein gesondertes Eigentum schon an der hängenden oder stehenden Frucht entsteht. In zweifelloser Weise zum Ausdruck gebracht ist jedoch diese Auffassung nicht. Während ferner das B.G.B. die unwirtschaftlich gezogenen Früchte ins Eigentum des Nießbrauchers fallen läßt und diesem nur Entschädigungspflichten auferlegt, spricht der Art. 762 des Entwurfs bei Grundstücken die zu viel gezogenen Früchte dem Grundeigentümer zu. In allen diesen Punkten scheinen mir die Bestimmungen des B.G.B. den Vorzug zu verdienen, weil sie eine größere Sicherheit der Eigentumsverhältnisse herbeiführen. Bezüglich der fructus civiles findet, soweit sie periodisch abfallen, dieselbe Regelung in beiden Gesetzen statt, nur daß der Ausdruck des Entwurfs: „sie gehören dem Nutznießer“ Zweifel zu erregen geeignet ist. Gemeint ist doch wohl nicht, daß sie unbekümmert um den Parteiwillen beim Zahlungsgeschäft in das Eigentum bezw. Miteigentum des Nießbrauchers fallen sollen, sondern nur, daß sie ihm gebühren, daß er, wenn sie an einen andern gezahlt worden sind, Anspruch darauf hat. Dies wäre deutlicher zum Ausdruck zu bringen.

---

[1] Im deutschen Recht ist das Verhältnis des Grundbuchs zu § 1404, sowie zu den Einträgen im Güterrechtsregister nicht unzweifelhaft.

In Ermangelung besonderer Vorschriften über den Fruchterwerb anderer zur Fruchtziehung berechtigter Personen werden die geschilderten Grundsätze der Nutznießung analog auszudehnen sein. So jedenfalls einmal auf andere dingliche Rechtsverhältnisse. Für die gewöhnliche Pacht wird Art. 312 O.R. beibehalten werden.

In den übrigen wesentlichen Punkten, wie Rückgewährpflicht, Übertragbarkeit, Sicherungsleistung, Lastentragung, Versicherungspflicht, besondere Behandlung des Waldnießbrauchs, des Nießbrauchs an verbrauchbaren und an geschätzten Sachen, findet principielle Übereinstimmung mit dem B.G.B. statt. Nur sind die Bestimmungen des Schweizer Entwurfs überall knapper gefaßt und gehen nicht so auf das Detail ein. Dieselben dürften als ausreichend befunden werden[1]. Dagegen scheinen dem Ref. die Bestimmungen über die Nutznießung an Rechten und an einem ganzen Vermögen allerdings zu dürftig zu sein.

Von Bedeutung ist aus dem Recht der Dienstbarkeiten alsdann noch der Art. 774, welcher sowohl die sogenannten irregulären Personalservituten als auch die Belastung im Privateigentum stehender Sachen mit Gemeingebrauchsrechten umfaßt. Interessant ist insbesondere diese letztere Auffassung, daß die Gemeingebrauchsrechte Dienstbarkeiten seien, welche einer Gemeinschaft zustehen, eine Auffassung, die doch wohl auch in der jetzigen Fassung des Departementalentwurfs noch festgehalten sein dürfte[2]. Gegen die Unterstellung unter den Dienstbarkeitsbegriff wird nichts Erhebliches einzuwenden sein. Jedenfalls müssen eine ganze Reihe von Regeln des Grunddienstbarkeitsrechts übertragen werden. Nur sollte noch ausdrückliche Bestimmung darüber erfolgen, zu wessen Gunsten die Dienstbarkeit einzutragen ist, und wer zur Geltendmachung des Dienstbarkeitsrechts befugt erscheint, ob jeder Einzelne oder etwa die Gemeinden[3]. Die Stellung der betreffenden

[1] Eine Sonderbestimmung für den Fall der Vermietung oder Verpachtung durch den Nießbraucher war nach Art. 281 des Obligationenrechts nicht erforderlich.

[2] In der Fassung des Vorentwurfs waren noch die Worte „oder für den öffentlichen Gebrauch“ „en faveur du public“ enthalten. Diese sind jetzt gestrichen, aber unter den unbestimmten Ausdruck „beliebige Gemeinschaft“ kann man auch das Publikum bringen. Würde man diese Auslegung nicht acceptieren, so wäre die Zulassung solcher Gemeingebrauchsrechte an im Privateigentum stehenden Sachen nirgends mehr ausgesprochen, was nicht anzunehmen sein wird.

[3] Daß der Eintrag dieser Rechte nach dem Willen des Gesetzgebers im

Sätze im Gesetzbuch erscheint demgegenüber von untergeordneter Bedeutung [1].

Der dritte Abschnitt unseres Titels enthält die Grundlasten. Hier ist nun vor allem die Begriffsbestimmung keine ganz zweifellose. Art. 775 sagt: „Durch die Grundlast wird der Eigentümer des belasteten Grundstücks zu einer Leistung an einen Berechtigten verpflichtet.“ Hitzig (a. a. O.) nimmt an, daß aus dem französischen Text „certaines prestations“ sowie aus der wiederholten Hervorhebung der „einzelnen Leistungen“ in Art. 781, 784, 785 sowohl die Periodicität als die Positivität der Leistungen zu folgern sei.

Seine Argumentation scheint jedenfalls einmal bez. der Positivität der Leistung zutreffend. Denn wenn man an dieser nicht festhalten würde, wäre ja jede Scheidung zwischen Dienstbarkeiten und Grundlasten unmöglich. Allein auch bez. der Periodicität scheint seine Position sehr stark zu sein und sich auch noch weiter verstärken zu lassen.

Sobald man von den wiederkehrenden Leistungen Abstand nimmt, scheint sich gar keine Grenze für den Reallastbegriff mehr auffinden zu lassen. Jedes beliebige Verhalten, das Gegenstand einer Obligation sein kann, würde dann auch den Inhalt einer Reallast bilden können. Der Begriff der Leistung legt keinerlei Hindernis in den Weg. Derjenige der Reallast scheint es ebenfalls nicht zu thun. Denn wie Huber (Schweizer Privatrecht Bd. III S. 426) selbst ausführt, ist zur Reallast nicht notwendig, daß die Leistung aus den Erträgnissen des Grundstücks oder als Gegenleistung gegen dem Grundstück zugewendete Vorteile gemacht wird. Es genügt, daß sie in dem Wert des Grundstücks ihre Sicherstellung findet. Dies letztere könnte man auch geneigt sein anzunehmen, nicht bloß wenn das Grundstück pfandmäßig für einen Vermögenswert haftet, sondern auch wenn die Leistung mittelst einer dinglichen Klage gegen den Eigentümer des Grundstücks realisiert werden kann. — Demnach könnten denn auch Vorkaufs- und Rückkaufsrechte als Grundlasten eingetragen werden, ebenso die Verpflichtung, auf einem erst zu

---

Grundbuch erfolgen soll und nicht etwa in besonderen öffentlich-rechtlichen Verzeichnissen, scheint aus der Subsumtion unter den Servitutbegriff hervorzugehen. Die Möglichkeit solcher Eintragung ist dadurch gegeben, daß die im Privateigentum stehenden öffentlichen Wege nach Art. 986 im Grundbuch verzeichnet stehen müssen.

[1] Hitzig würde denselben lieber in den vierundzwanzigsten Titel (Art. 917 ff.) gestellt sehen.

erwerbenden Grundstück eine Grunddienstbarkeit zu errichten[1]. Dies wäre ja nun vielleicht den Gegnern des numerus clausus der dinglichen Rechte ein durchaus willkommenes Resultat[2]. Der sonstigen Stellung des Entwurfs aber scheint es in keiner Weise zu entsprechen. Denn wie erklärt sich sonst, daß Vorkaufs- und Rückkaufsrecht nach Art. 682, 683 in der Form der Vormerkung eingetragen werden müssen? wie erklärt sich der numerus clausus der Vormerkungen in Art. 1002 und 1003?

Trotz alledem können wir die Meinung, daß der Entwurf wiederkehrende Leistungen voraussetze, nicht für richtig hatten. Hätte man diese Beschränkung treffen wollen, so hätte es so außerordentlich nahe gelegen, das nach dem Muster des B.G.B. ausdrücklich hervorzuheben. Die Nichterwähnung des Worts „wiederkehrend" kann nur als eine Ablehnung dieser Beschränkung aufgefaßt werden. Auch der Art. 776 Abs. 2 beweist, daß es neben den periodischen Grundlasten auch nicht-periodische giebt, und dabei dürfte doch schwerlich bloß an unregelmäßig wiederkehrende Lasten, wie Holzdeputate bei Windbrüchen oder Schneebrüchen und dergleichen, zu denken sein. Vor allem scheint aber auch noch der Art. 779 entscheidend in Betracht zu kommen. Danach sind die Gülten Grundlasten, die nur unter besonderen Bestimmungen stehen. Alsdann ist aber auch die Kapitalschuld bei der Gült eine Grundlast, und das schließt den Gedanken an wiederkehrende Leistungen völlig aus[3].

Die Lösung der Schwierigkeiten dürfte darin zu suchen sein, daß der Entwurf, anknüpfend an den historisch gegebenen Reallastbegriff, ausschließlich an aus dem Grundstück aufzubringende Vermögenswerte oder, wenn man so sagen darf, an Wertausschnitte aus dem Grundstückswert, für die das Grundstück pfandmäßig haftet, denkt. Es können das Geldleistungen, Naturalleistungen oder Arbeitsleistungen sein, niemals aber kann die Herausgabe des Grundstückes selbst oder die Begründung eines Rechts an dem Grundstück den Gegenstand einer Grundlast bilden. — Diesen Grundlastbegriff setzt der Art. 775 schon voraus, er sucht nicht, ihn wiederzugeben.

Allerdings wird man sich mit der Fassung des Art. 775 nicht

---

[1] Siehe den von Hitzig a. a. O. S. 365, 366 mitgeteilten Züricher Fall.

[2] Siehe darüber unten bei den Vormerkungen.

[3] Die Ausführungen der Erläuterungen zum Teilentwurf über das Grundpfand sind wohl deshalb nicht mehr unmittelbar verwertbar, weil dort umgekehrt von der Gült auf die Grundlast verwiesen war.

einverstanden erklären können. Denn jedermann wird in demselben zunächst eine erschöpfende Angabe des Inhalts der Grundlast suchen.

Die Beschränkung der in Frage kommenden Leistungen könnte in einer wenigstens für den Juristen verständlichen Weise dadurch angedeutet werden, daß man wie das deutsche B.G.B. von Leistungen „aus dem Grundstück" spräche.

Auch in Beziehung auf die Grundlasten wird das Eintragungsprincip durchgeführt, mit Ausnahme der öffentlichrechtlichen Lasten (Art. 777).

Unter besonderem Recht sollen die Lasten stehen, die zur Sicherung einer Forderung begründet sind. Sie unterliegen dem Recht der Gült (Art. 778)[1]. Dabei ist durchaus nicht bloß an die Fälle zu denken, in denen etwa eine Grundlast neben eine schon begründete Obligation treten würde, sondern speciell und sogar vorzugsweise an die Fälle, in denen der Gläubiger seine ganze Sicherung im Grundstück sucht. Es ist also insbesondere der Fall des Rentenkaufs nach Gültrecht zu behandeln.

Festgehalten wird an der unbedingten Ablösbarkeit der Grundlasten durch den Schuldner nach 30jährigem Bestand, was sich übrigens auf die öffentlichrechtlichen Grundlasten nicht mitbezieht (Art. 782). Sie erfolgt um den Betrag, der als Gesamtwert der Grundlast im Grundbuch eingetragen sein muß (Art. 783). Auch der Gläubiger hat in gewissen Fällen einen Anspruch auf Ablösung.

Durchaus originell und ganz abweichend vom B.G.B. ist das Verhältnis der persönlichen Haftung zur Haftung des Grundstücks geregelt. An und für sich besteht nur Grundstückshaftung, so auch zunächst für die einzelnen Leistungen. Nach Ablauf von drei Jahren wird jedoch die einzelne Leistung zur persönlichen Schuld, für die das Grundstück nicht mehr haftet (Art. 785). Dies wirkt einerseits als Sporn für die rasche Beitreibung der einzelnen Leistungen und andererseits zur Sicherung des Verkehrs mit grundbelasteten Liegenschaften. Die Grundstückshaftung geht selbstverständlich ohne besondere Schuldübernahme auf den Erwerber des Eigentums über.

---

[1] Hier hat sich seit dem Teilentwurf über das Grundpfand eine Wandlung der Ausdrucksweise vollzogen. Früher sollte bei der Gült auf die Grundlast verwiesen werden.

Das Pfandrecht.

Es folgt nunmehr im 22. und 23. Titel das Pfandrecht, unseres Erachtens der vorzüglichste Teil des gesamten Sachenrechts. Hier hat der Redaktor des Entwurfs mit sicherem Blick die Summe aus der modernrechtlichen Entwickelung gezogen. Und wenn auch nicht gerade alle Einrichtungen sich auf deutsche Verhältnisse übertragen lassen, da sie teilweise, wie z. B. die staatliche Haftung für den Wert der Gült, aufs engste mit specifisch schweizerischen Institutionen, z. B. mit der Grundbuchbehörden-Organisation, zusammenhängen, so kann doch im ganzen dieser Teil des Schweizer Entwurfs uns als Muster und Vorbild dienen. Klar und auch dem nicht-juristischen Geschäftsmann sofort verständlich treten die Hauptarten der Verpfändung: Grundpfandverschreibung, Schuldbrief und Gült einerseits, Faustpfand, Fahrnisverschreibung und Versatzpfand andererseits, auseinander. Allen wesentlichen Bedürfnissen des Realkredits sowohl im Groß- wie im Kleinverkehr ist Rechnung getragen. Nirgends finden sich die detailkasuistischen und konstruktiven Künsteleien, die sich hier im B.G.B. so breit machen.

Das Grundpfand.

Der 22. Titel behandelt das Grundpfand und giebt hier in seinem ersten Abschnitt die gemeinsamen Bestimmungen für alle Arten desselben.

Es wird verlangt: bestimmter, in Landesmünze angegebener Geldbetrag, eventuell Höchstbetrag, der Forderung (Art. 788), Einhaltung der Zinsschranken, die kantonalrechtlich festgestellt werden können (Art. 789)[1], Verpfändbarkeit[2] und Bestimmtheit des Grundstücks, das mit dem Pfandrecht belastet werden soll (Art. 790 und 791). Inwieweit Zubehörstücke mithaften, wird in Art. 795 näher bestimmt.

Von ganz fundamentaler Bedeutung ist die Bestimmung des Art. 791 Abs. 1. Durch diese Bestimmung wird das vielbesprochene

---

[1] In dem Teilentwurf über das Grundpfand (Art. 903) war noch eine Regelung des Zinsmaximums bei grundversicherten Forderungen durch die Bundesgesetzgebung vorgesehen gewesen.

[2] Hier handelt es sich, abgesehen von dem Erfordernis des Eintrags, vor allem um die kantonalrechtlichen Bestimmungen über die Verpfändung von öffentlichem Grund und Boden, Allmenden und Alpen.

zu den zahlreichsten Schwierigkeiten Anlaß gebende und noch nirgends in ganz befriedigender Weise geregelte Institut der Gesamthypothek abgelehnt. Die Ansicht des Redaktors über diesen Punkt hat gewechselt. In dem Art. 905 Abs. 2 des Teilentwurfs über das Grundpfand war noch eine Zulassung der Gesamthypothek vorgesehen, allerdings ohne irgendwelche Specialbestimmungen und mit der ausgesprochenen Absicht[1], durch die strenge Haftung jedes einzelnen Grundstücks für den ganzen Schuldbetrag von der Begründung solcher Gesamthypotheken abzuschrecken.

Auf dieser Bahn ist nun ein Schritt weiter gemacht worden. Es soll nunmehr, sobald mehrere, nicht auf einem Grundbuchblatt zusammengeschriebenen Grundstücke[2] verpfändet werden, eine Verteilung der Pfandhaft auf die verschiedenen Parzellen in der Weise stattfinden, daß jede nur mit einem Teilbetrag belastet wird[3].

Dabei soll indessen die Meinung nicht sein, daß einfach Pfandrechte hinsichtlich der Teilbeträge entstehen, die in ihrer Durchführung vollständig unabhängig voneinander wären. Vielmehr soll die Forderung bei Grundpfandverschreibung und Schuldbrief ungeteilt bleiben in dem Sinn, daß sie einheitlich cediert, überhaupt einheitlich über sie verfügt werden kann. Nicht ist gemeint einheitliches Pfandrecht in dem Sinn, daß die Pfandbetreibung nur in sämtliche Parzellen zusammen erfolgen könnte.

Damit ist kein anderes Resultat erreicht, als eben vollständige Beseitigung der Gesamthypothek. Die Einheitlichkeit der Forderung, die entgegen einigen Kantonalrechten festgehalten ist, hat demgegenüber nicht viel zu bedeuten. Sie würde sich überall, wo mit Personalfolien operiert wird, von selbst verstehen.

Die völlige Beseitigung der Gesamthypothek dürfte aber nicht unerheblichen Bedenken unterliegen. Allerdings erreicht man ja dadurch die Abschneidung aller der Vexationen, die durch Herausgreifen einer einzelnen Parzelle stattfinden können und damit die Beseitigung jeglichen Anlasses zu einem Wettbewerb um die Gunst des Gläubigers zwischen mehreren Schuldnern oder zwischen Eigentümern und Einzelnachhypothekaren. Man beseitigt ferner die infolge der Gesamthypothek regelmäßig entstehende Unverkäuflichkeit der Parzellen.

---

[1] S. Erläuterungen zu dem Teilentwurf S. 102—106.

[2] Der Entwurf setzt hier Realfolien voraus.

[3] Und zwar ist diese Verteilung als definitive, nicht als vorläufige, im Sinne eines beneficium divisionis gemeint.

Dagegen wird aber eben die Situation des Gläubigers eine ungleich schlechtere, wenn man ihn im Fall des Kreditierens auf Parzellen der Vorteile der Gesamthypothek einfach beraubt, und es fragt sich, ob diese Maßregel nicht zu einer schweren Schädigung des kleinbäuerlichen Kredits führen muß.

Die Vorteile der Gesamthypothek bestehen vor allem darin, daß, wenn sich infolge verschiedener Bewirtschaftung, sei es seitens des einen oder seitens mehrerer Eigentümer, verschiedene Qualitäten der einzelnen Parzellen ergeben, der Gläubiger immer in der Lage ist, die besten in vollem Umfang in Anspruch zu nehmen, ohne durch Nachhypotheken gehindert zu sein. Dieses Wahlrecht des Gläubigers nimmt dem Eigentümer mehrerer Parzellen auch jedes Interesse, das eine Grundstück auf Kosten des anderen zu vernachlässigen, während bei Verteilung der Beträge sofort Anlaß gegeben sein kann, das höher bewertete auf Kosten des Pfandgläubigers zu vernachlässigen, das minder bewertete zu amelioriereren. In den Gebieten stark parzellierten Grundbesitzes, in denen der Wert der einzelnen ländlichen Parzellen ganz wesentlich von der Bewirtschaftung abhängt, bei schlechter Bewirtschaftung minimale Werte entstehen, wird das freie Wahlrecht des Gläubigers leicht eine unumgängliche Voraussetzung der Kreditgewährung bilden. Jede Festlegung von Teilbeträgen auf die einzelnen Grundstücke hebt die Berechenbarkeit der Chancen für den Gläubiger auf. So würde denn in Deutschland in der That für große Gebietsstrecken, so vor allem für Württemberg, wo (mit Ausnahme der geschlossenen Güter Oberschwabens) wohl die meisten ländlichen Hypotheken Gesamthypotheken sein dürften, die Beseitigung der Gesamthypothek nichts anderes bedeuten als Unterbindung des Realkredits der kleinen Parzellenbesitzer[1]. — Man sollte nun auch meinen, daß es in der Schweiz mehrfach Gebiete giebt, in denen die Verhältnisse ähnlich liegen wie in Süddeutschland, in denen daher die Bestimmungen des Art. 791, Abs. 3 ähnlich schwere Folgen haben könnten.

Man vertraue auch nicht allzusehr auf das Eingreifen der für die Gült unbedingt, für den Schuldbrief fakultativ vorgesehenen amtlichen Schatzungen zur Hebung des Parzellenkredits. Diese Schatzung kann eben, wenn nicht mit einer gleichmäßigen Bewirtschaftung mit anderen Parzellen zusammen gerechnet werden

[1] Zu vergleichen hierzu die Ausführungen der Motive zum preußischen Eigentumserwerbsgesetz von 1875 zu § 42; Lang im civ. Archiv, Bd 89 S. 260 u. 261.

kann, nur sehr niedrig ausfallen, und jede Haftung des Kantons oder der schätzenden Beamten wird die Schatzungssummen nur noch mehr herunterdrücken. Auch der schätzende Beamte muß die Möglichkeit verschiedener Bewirtschaftung und den durch die Festlegung von Teilbeträgen auf die einzelnen Parzellen geschaffenen Antrieb zu einer solchen in Anschlag bringen. Ohnedem wird es heute viel leichter sein, den Besitz eines Eigentümers von 6—7 Parzellen insgesamt abzuschätzen, als die einzelnen Stücke zu taxieren.

Noch größer werden die Bedenken bei der nachträglichen Parzellierung. Auch hier schreibt der Entwurf in Art. 820, 828, 834 vor, daß eine entsprechende Verteilung der Pfandhaft durch den Grundbuchverwalter, wie bei der anfänglichen Bestellung eines Grundpfands an mehreren getrennten Grundstücken, stattzufinden habe. Nach dem bisher Ausgeführten bedeutet das in zahlreichen Fällen nicht mehr und nicht weniger als eine Art ersatzlose Expropriation der Hypothekengläubiger. Denn wie soll es denn der Grundbuchverwalter anfangen, um die Gläubiger gegen die Nachteile zu schützen, die sich aus der Limitierung auf Teilbeträge gegenüber den bei den einzelnen Parzellen nunmehr auftauchenden Nachhypothekaren ergeben? — Es ist auch nicht einzusehen, wie etwa die in Art. 797—801 zu Gunsten der Gläubiger angeordneten Sicherungsmaßregeln Schutz gewähren sollten. Dieselben sind zugeschnitten auf die Wertverminderung durch schlechte Bewirtschaftung. Will man sie aber auch auf die durch die Parzellierung herbeigeführte Wertverminderung anwenden, so würden doch höchstens die Art. 797 und 798 für den Fall willkürlicher Parzellierung einen gewissen Schutz gewähren. Man könnte etwa aus dem Art. 797 entnehmen, daß der Gläubiger ein gerichtliches Verbot der geplanten Parzellierung herbeiführen darf. — Im Fall der durch einen Erbgang veranlaßten Parzellierung wird man aber schwerlich von einer durch Verschulden des Eigentümers herbeigeführten Wertverminderung reden können, und deshalb wäre nur der hier gänzlich wirkungslose Art. 801, der dem Gläubiger das Recht zu Schutzvorrichtungen gewährt, zur Anwendung zu bringen.

Einige weiteren Artikel führen das Grundbuchprincip in Bezug auf Entstehung und Untergang des Grundpfands durch (Art. 792—794). Alsdann werden die Wirkungen besprochen, allerdings nicht zunächst, wie man erwarten sollte, die Befugnis, sich aus dem Erlös zu befriedigen, welche erst im Art. 807 ff.

genannt, aber auch nicht näher normiert wird[1], sondern das Unverjährbarwerden der Forderungen (Art. 796) und sodann die Sicherungsbefugnisse des Pfandgläubigers (Art. 797—801).

Die Art. 803 ff. betreffen die Rangordnung der dinglichen Rechte, und zwar beschäftigt sich der Art. 803 selbst mit dem Verhältnis zwischen Pfandrechten einerseits, Dienstbarkeiten und Grundlasten andererseits. Im allgemeinen entscheidet das Datum des Eintrags über die Priorität. Jedoch geht die Dienstbarkeit oder Grundlast vor, wenn der Pfandgläubiger in ihre Begründung eingewilligt hat, und ebenso steht es, wenn eine Dienstbarkeit den älteren Pfandrechten in keiner Weise nachteilig ist. (Eine sehr zweckmäßige Bestimmung!)

Was das Verhältnis der mehreren Pfandrechte untereinander anlangt, so hat der Entwurf in Art. 804—806 das Princip der festen Pfandstellen aufgenommen.

Die einzelne Verpfändung erfolgt an ganz bestimmter Stelle, von der aus niemals von selbst ein Aufrücken erfolgt[2]. Es kann also von vornherein eine zweite oder dritte Hypothek errichtet werden, wenn nur für die vorausgehende Stelle ein bestimmter Betrag fixiert ist. Die leeren Pfandstellen können vom Grundstückseigentümer beliebig verwertet werden. Nur werden sie bei der Verteilung des Pfanderlöses nicht berücksichtigt. Derselbe wird den wirklichen Pfandgläubigern ihrem Range nach zugewiesen (Art. 806).

Diese letztere Lösung ist getroffen worden im Gegensatz zum deutschen Recht und auch im Gegensatz zu den Ausführungen, die Huber seinem Teilentwurf über das Grundpfandrecht, in welchem die Frage entgegengesetzt geregelt war, beigegeben hat. Entscheidend für die schließliche Stellungnahme ist wohl gewesen, daß das jetzt gewählte System im bisher geltenden schweizerischen Recht vorherrschte. Da jedes der verschiedenen Systeme seine Übelstände im Gefolge hat, wird dies auch die richtige Lösung sein. Daß den Pfandgläubigern nachstehenden Ranges allzu oft ein unverdienter Gewinn in den Schoß geworfen werden wird, dürfte schwerlich anzunehmen sein[3].

Nach diesem System, welches die modernen Grundpfandrechts-

---

[1] Zu vergleichen hierüber das Schuldbetreibungsgesetz vom 11. April 1889.

[2] Anders, wenn, was zulässig, ein Anspruch der nachfolgenden Pfandgläubiger auf Vorrücken vorgemerkt ist.

[3] Könnte man übrigens nicht auch bei dem entgegengesetzten System von einem unverdienten Gewinn der Chirographare sprechen?

gedanken am vollkommensten zum Ausdruck bringt, bewirkt also die Löschung kein Aufrücken der nachfolgenden Pfandgläubiger, sondern Offenbleiben der Pfandstelle. Es bedarf also nicht des künstlichen Instituts der Eigentümerhypothek oder Eigentümergrundschuld, um dem Grundstückseigentümer die Disposition über die Pfandstelle zu wahren.

Freilich dürfte es dem Eigentümer auch unbenommen sein, eine Eigentümergült eintragen zu lassen, da ja hier keine persönliche Forderung zur Eintragung des Pfandes vorhanden zu sein braucht. Er hat dann die Möglichkeit, den fertiggestellten Pfandtitel durch Cession, oder eventuell, wenn der Titel auf Inhaber gestellt ist, (Art. 840), durch bloße Begebung zu verwerten. Allein auch in diesem Fall wird, so lange der Pfandtitel nicht verwertet ist, die Verteilung des Erlöses unter die wirklichen Pfandgläubiger ihrem Range nach vorgenommen (Art. 806).

Die Art. 809 und 810 geben noch speciell Auskunft über den Umfang des Grundpfands, die Sicherung für Kapital, Zinsen und Kosten, sowie für werterhaltende Auslagen, wie z. B. Zahlung von Versicherungsprämien.

Der Art. 812 sorgt in den Fällen, in denen eine persönliche Beteiligung des Gläubigers erforderlich wird und bei Dringlichkeit irgend einer Maßnahme dessen Namen oder Wohnort unbekannt ist, für die Aufstellung eines Beistandes für denselben seitens der Vormundschaftsbehörde. Diese Beistandschaft fällt in die Kategorie des Art. 422. Den erforderlichen Antrag hat der Grundbuchverwalter zu stellen.

In dem zweiten Abschnitt des Titels wird alsdann die rein accessorische Form des Grundpfands, die sogenannte Grundpfandverschreibung, geregelt, die im wesentlichen der Sicherungshypothek des B.G.B. entspricht.

Notwendig ist eine gegenwärtige, zukünftige, oder bloß mögliche Forderung, die pfandrechtlich sichergestellt werden soll. Das Pfandrecht entsteht nicht ohne die Forderung, und das Bestehen der Forderung wird durch den Eintrag ins Grundbuch nicht bewiesen, muß also selbständig dargethan werden (Art. 813). Ein Pfandtitel (Hypothekenbrief) wird nicht ausgestellt (Art. 814). Die Abtretung kann nur durch Bucheintrag erfolgen (Art. 821). Bei Untergang der Forderung kann Löschungsbewilligung verlangt werden (Art. 816). Notwendig ist ein öffentlich beurkundeter Verpfändungsvertrag, der, obwohl das nicht ausdrücklich ausgesprochen, dem Pfandgläubiger einen persönlichen Anspruch gegen den Verpfänder auf Bewilligung des Eintrags geben muß [1].

Die Veräußerung des Grundstückes bewirkt nur den Übergang der Pfandhaftung auf den Erwerber. Die persönliche Schuld wird dadurch nicht berührt (Art. 820).

Das Gesetz giebt sodann noch einige besondere Vorschriften über Ablösungsbefugnis des Grundeigentümers, der nicht zugleich Pfandschuldner ist (Art. 817), und des Grundstückserwerbers (Art. 818), sowie über die Art und Weise der Kündigung gegenüber dem Eigentümer, der nicht zugleich Schuldner ist. (Hier muß nach Art. 819 zugleich auch dem Schuldner gekündigt werden.)

An die Grundpfandverschreibung werden auch die gesetzlichen Pfandrechte angeschlossen.

Hier ist überall ein Anspruch auf Eintrag einer Grundpfandverschreibung gegeben, mit einziger Ausnahme der gesetzlichen Pfandrechte des kantonalen Rechts aus öffentlichrechtlichen oder für die Grundeigentümer allgemein verbindlichen Rechtsverhältnissen (Grundsteuern, staatliche Feuerversicherungsprämie, Wasserwerksbeiträge u. s. w.), welche ipso jure entstehen sollen (Art. 822).

Diesen gesetzlich entstehenden Pfandrechten werden immer verhältnismäßig geringe Beträge zu Grunde liegen, so daß der Grundkredit dadurch nicht beeinträchtigt wird. Über die Rangordnung der gesetzlichen Pfandrechte unter sich und gegenüber den eingetragenen Pfandrechten sind keine Bestimmungen getroffen. Über den ersteren Punkt wird wohl das öffentliche Recht der Kantone entscheiden, der letztere sollte in dem Gesetze selbst klargestellt werden.

Unter den gesetzlichen Pfandrechten besonders hervorzuheben ist dasjenige der Bauhandwerker und Bauunternehmer. Hier muß die Eintragung spätestens drei Monate nach Übertragung des Eigentums aus dem Kauf oder nach Vollendung des Werks erfolgen. (Art. 823 Abs. 3.) Die Pfandrechte der verschiedenen Bauunternehmer stehen sich gleich, auch wenn sie zu verschiedenen Zeiten eintragen wurden, und dieselben sind sogar vorgehenden Pfandrechten gegenüber bevorzugt, soweit die vorgehenden Pfandgläubiger das Grundstück auf Gefahr der Bauhandwerker und Bauunternehmer überlastet haben. Letzteres ist anzunehmen, sobald die Belastung mit Rücksicht auf die noch zu erwartende Wertsteigerung oder für ein

---

[1] Die diesbezügliche Parallele zum Eigentum ist nur nicht ausdrücklich hervorgehoben.

Darlehen erfolgte, das keine Verwertung für das Grundstück gefunden hat. Bezüglich der Beweisfrage wird ausdrücklich auf das richterliche Ermessen verwiesen (Art. 825).

Diese Regelung scheint uns im höchsten Grad beachtenswert zu sein und jedenfalls den Bauhandwerkern einen ganz anders wirksamen Schutz zu gewähren, als der § 648 B.G.B., ohne daß den berechtigten Interessen anderer Personen zu nahe getreten würde.

Der dritte Abschnitt behandelt gemeinschaftlich Schuldbrief und Gült, von denen der erstere unsere Briefhypothek, die letztere unsere Grund- und Rentenschuld ersetzen soll. — Unsere Buchhypothek, die nicht Sicherungshypothek ist, findet in dem Schweizer Entwurf keine Stelle. Mit Recht! Es wird sich kein Bedürfnis nach ihr ergeben.

Bei dem Schuldbrief hat der Gläubiger einer für den Verkehr bestimmten unbedingten und nicht von einer Gegenleistung abhängigen (Art. 834) Forderung zunächst einen persönlichen Schuldner (darauf soll im Unterschied zur Gült nicht verzichtet werden können). Daneben soll aber eine dingliche Sicherung treten, welche eine größere Cirkulationsfähigkeit der Forderung bedingt, eine Art Mobilisierung des Bodenwerts in sich schließt. Das persönliche Schuldverhältnis kann beliebig ausgestaltet werden, sofern nicht die notwendige Fixierung des Betrags entgegensteht. Der Eigentümer des verpfändeten Grundstücks braucht keineswegs der Schuldner zu sein, vielmehr gelten für das Verhältnis zwischen Schuldpflicht und Eigentum nach § 828 dieselben Bestimmungen wie bei der Grundpfandverschreibung.

Jedoch ist die Geltendmachung der Forderung an den Pfandtitel gebunden (Hypothekenbrief), der hier jedenfalls ausgestellt werden muß (Art. 847). Eine Abtretung kann sich nur in Verbindung mit einer Übergabe des Titels vollziehen (Art. 848). Ein Auseinanderfallen von persönlichem Forderungsrecht und Schuldforderung auf der aktiven Seite ist ausgeschlossen. Der Eintrag im Grundbuch und der Pfandtitel erbringen zu Gunsten des gutgläubigen Erwerbers des Schuldbriefs Beweis für das Bestehen der Forderung, der Pfandtitel allerdings nicht im Gegensatz zum Grundbuch (Art. 844 und 845) (?). Der Pfandtitel kann, wenn das persönliche Schuldverhältnis oder das Pfandrecht untergeht, z. B. dadurch, daß der Schuldner den Gläubiger auszahlt, oder dadurch, daß dieser auf sein Pfandrecht verzichtet, weiter verwertet werden. Der Schuldner braucht nicht löschen zu lassen, er kann auch durch Weiterbegebung des stehen gebliebenen Pfandes eine hypothekarische Succession herbeiführen. Auch hier entsteht dann interimistisch bis zur weiteren Verwertung eine Art Eigentümerhypothek[1]. Bei Veräußerung des Grundstücks können wiederum persönliche Schuld und Grundstückshaftung auseinanderfallen, wenn nicht der Erwerber des Grundstücks die persönliche Schuld ausdrücklich übernimmt (Verweisung des Art. 828 auf 820)[2].

Bei den Schuldbriefen ist es den Kantonen überlassen, amtliche Schätzungen vorzuschreiben und die Belastungen an eine Schätzungsgrenze zu binden (Art. 827).

Anders bei der Gült! Die Gült wird aufgefaßt als eine auf das Grundstück gelegte Grundlast. Von einer persönlichen Haftung des Schuldners wird ganz abgesehen[3]. Es haftet eben der jeweilige Eigentümer des Grundstücks mit dem Grundstück (Art. 829 u. 833). Nur bezüglich der Zinsen entstehen (in gleicher Weise wie bei der Grundlast) persönliche Schulden in dem Moment, in dem die Pfandhaftung aufhört (Art. 833 Abs. 3).

Bei der Gült muß amtliche Schätzung erfolgen. Sie darf nur bis zu zwei Drittel des Schätzungswerts, vermehrt um die Hälfte des Schätzungswerts der Bauten, errichtet werden (Art. 830). Die Kantone haften für den Wert der Gült unter Vorbehalt des Exculpationsbeweises (Art. 831). Endlich ist wesentlich das unverzichtbare Recht des Gültschuldners, jeweils auf Ende einer Periode von 10 Jahren mit Jahresfrist zu kündigen (Art. 832), während der Gläubiger nur aus besonderen Gründen zur Kündigung berechtigt ist.

Im übrigen gelten bez. des Pfandtitels, der Abstellung auf einen bestimmten Gläubiger oder den Inhaber des Pfandtitels, Übertragung, Stellung des gutgläubigen Erwerbers, Amortisations-

---

[1] Nur kann eine solche nicht wie im deutschen Recht eingetragen werden, und der zahlende Schuldner oder Eigentümer kann nicht den betreffenden Betrag für sich in Anspruch nehmen. Es treten vielmehr, so lange der Pfandtitel nicht verwertet, die Grundsätze des Art. 806 ein, die oben beschrieben wurden.

[2] Ein besonderes Mittel, dem Gläubiger in dem Fall, in dem keine Schuldübernahme erfolgt, eine rasche Liquidation aufzunötigen, welches der Teilentwurf (in seinem Art. 941) noch hatte, ist nicht mehr vorhanden. Der Gesetzgeber vermutet wohl, daß von selbst eine angemessene Regulierung durch Verabredung der Parteien erfolgen werde.

[3] Es ist zwar nicht ausgeschlossen, daß die Parteien bei der Gült auch noch eine persönliche Haftung des Schuldners nebenher verabreden, und der Erwerber des Grundstücks wird diese persönliche Schuld übernehmen können. Allein das Gültrecht nimmt auf sie keinerlei Rücksicht.

verfahren u. s. w. dieselben Rechtssätze wie beim Schuldbrief. Die Bindung an den Pfandtitel und die Legitimationskraft des Eintrags und des Titels ergeben sich ja hier bei der lediglich das Grundstück belastenden Forderung noch viel natürlicher als beim Schuldbrief[1].

Insbesondere trifft das auch zu bei der Bestimmung des Art. 836, daß bei der Errichtung der Gült im Zweifel eine Novation der ursprünglichen Schuld angenommen werden solle[2]. Wesentlich auf die Gült berechnet ist auch die Bestimmung des Art. 841, die Aufstellung eines gemeinschaftlichen Bevollmächtigten für Gläubiger und Schuldner betreffend. Vor allem bei den Gülten und zwar besonders, wenn sie auf den Inhaber gestellt sind, wird es vorkommen, daß der Schuldner in gar kein persönliches Verhältnis zu dem Gläubiger tritt. Der Schuldner macht seine Zahlungen an die Mittelsperson, und bei dieser erheben die Gläubiger ihr Geld. Die Mittelsperson, regelmäßig ein Bankinstitut oder eine Darlehnskasse, besorgt auch Pfandentlassungen, sie verhandelt im Interesse der einen Partei mit der andern, und hat dabei, wie der Art. 841 sich ausdrückt, die Rechte des Schuldners und Eigentümers wie des Gläubigers mit aller Sorgfalt und Unparteilichkeit zu wahren.

Daß dieses also geregelte Institut der Gült ungleich viel lebensfähiger sein wird als die Grundschuld des B.G.B., liegt auf der Hand. Bei der deutschen Grundschuld würde der Gläubiger die persönliche Haftung aufgeben, ohne dafür erhebliche Vorteile einzutauschen, denn in der Möglichkeit, den Grundschuldbrief auf den Inhaber zu stellen, während der Hypothekenbrief auf eine bestimmte Person lauten muß, ist ein solcher nicht zu erblicken, da durch Abstellung auf den Inhaber der Grundschuldbrief bei uns doch regelmäßig nicht zum börsengängigen Papier gemacht werden kann. Noch weniger wird die Möglichkeit, von vornherein eine Eigentümergrundschuld eintragen zu lassen, bei uns zu Gunsten der Grundschuld wirken. Denn nach § 1198 kann ja diese Grundschuld, wenn sie

---

[1] cf. im einzelnen Art. 837—840, 844—853.

[2] Sollte es nicht besser sein, diese Bestimmung, wie es in dem Teilentwurf über das Grundpfand geschehen war, auf die Gült zu beschränken? Beim Schuldbrief dürfte es der Parteiabsicht regelmäßig nicht entsprechen, das persönliche Forderungsrecht abstrakt zu machen. (In dem Sinne, daß das geschehen solle, muß man doch wohl den Art. 836 auf den Schuldbrief bezogen auffassen.)

wirklich verwertet werden soll, ohne weiteres in eine Hypothek umgewandelt werden.

Ganz anders nach dem Schweizer Entwurf. Hier erwirbt der Gläubiger dadurch, daß er die mit der Pfandhaftung verbundene persönliche Haftung preisgiebt, die Sicherstellung durch die Haftung des Kantons und die Beleihungsgrenze. Dadurch wird der Pfandtitel bei der Gült zu einem ganz anders negociabeln Papier gemacht. Es kann bei der also gewährten Sicherheit leicht von der persönlichen Haftung Abstand genommen werden. Ganz besonders dürfte sodann die Einsetzung bestimmter Bankinstitute als Mittelspersonen im Sinne des Art. 841 die Verwertbarkeit und Umsetzbarkeit der Gültbriefe steigern. Die in Art. 832 bestimmte Ablösbarkeit wird dem keinen Eintrag thun.

Die Gült wird voraussichtlich, soweit nicht ausschließlich Sicherungszwecke, wie bei der **Kautionshypothek** oder bei der Begründung **zunächst persönlicher Kreditverhältnisse**, vorliegen und auf die Grundpfandverschreibung hindrängen, die häufigste Art des Grundpfands werden. Jedenfalls wird sie infolge der Beleihungsgrenze und der staatlichen Haftung die sicherste Art der Bodenkreditgewährung darstellen. Der Schuldbrief wird namentlich funktionieren, wo der Bodenkredit über die Beleihungsgrenze hinaus ausgedehnt werden und deshalb die persönliche Haftung herbeigezogen werden soll. Abgesehen davon mag das in diesen Dingen besonders starke Wirkungen äußernde Herkommen hin und wieder zu Gunsten des Schuldbriefs entscheiden.

Im Anschluß an das Grundpfandrecht wird alsdann noch die **Emission von Anleihen** unter Verschaffung grundpfändlicher Sicherung an die kreditgewährenden Personen geregelt, eine Materie, mit der sich das deutsche B.G.B. überhaupt nicht befaßt hat[1].

Hier wird zunächst die Möglichkeit erwähnt, daß die emittierende Ausgabestelle sich selbst zur Schuldnerin macht und ihre grundpfändlich gesicherte Forderung den Gläubigern verpfändet (Art. 854). — In diesen Zusammenhang gehört denn auch das in Deutschland wohlbekannte Institut der Pfandbriefausgabe seitens einer bestimmten Kreditanstalt (Hypothekenbank, Genossenschaftskasse, Landesbank), welche in den Pfandbriefen ihre unterpfändlich gesicherten Forderungen verpfändet.

[1] Über die Pfandbriefe der Hypothekenbanken ist zu vergleichen das Hypothekenbankgesetz vom 13. Juli 1899.

Dieses Institut, bei dem eine Hauptschwierigkeit in der Durchbrechung der gewöhnlichen Mobiliarpfandgrundsätze besteht, wird vom Schweizer Entwurf im Anschluß an das Fahrnispfand in den Art. 902—918 im einzelnen geregelt. Die von der Pfandbriefanstalt ausgegebenen Pfandbriefe gewähren den Käufern derselben ein Pfandrecht an allen der Anstalt gehörigen Grundpfandtiteln und an den Forderungen, die dem ordentlichen Geschäftskreis der Bank angehören. Die Pfandbriefe sind für den Gläubiger unkündbar, sie können auf den Namen oder Inhaber gestellt sein, während die Zinscoupons auf den Inhaber lauten müssen (Art. 915). Die übrigen Detailbestimmungen beziehen sich auf die Sicherung eines soliden Geschäftsbetriebes seitens dieser Anstalten, zu welchem Zwecke vor allem der Geschäftskreis der betreffenden Anstalten begrenzt und eine staatliche Kontrolle des Geschäftsbetriebes eingesetzt wird. Eine Vergleichung dieser Bestimmungen mit denjenigen des deutschen Hypothekenbankgesetzes würde hier zu weit führen. Hervorgehoben mag nur werden, daß die Institution des die Interessen der Pfandbriefgläubiger vertretenden Treuhänders im Schweizer Entwurf nicht aufgenommen ist.

Neben dieses, aus dem preußischen und französischen Recht übernommene Institut wird nun aber eine zweite Einrichtung gestellt, bei welcher den Titelinhabern direkte Grundpfanddeckung verschafft werden soll.

Diese Einrichtung, bei welcher lediglich angeknüpft wird an gewisse im Verkehr ohne besonderen Anhalt im positiven Recht geschaffene und deshalb nicht immer zu klaren Rechtszuständen entwickelte Gestaltungen, ist die vom Redaktor so genannte Ausgabe von Serientiteln.

Ein Anlehen, das ein Grundbesitzer aufnimmt, soll in eine Reihe von Serientiteln, die auf 100 Franken oder ein mehrfaches von 100 Franken lauten, zerschlagen werden können. Die Titel einer Serie, die fortlaufende Nummern tragen und die gleiche Form haben, sind entweder Schuldbriefe oder Gülten, die einander in der grundpfändlichen Sicherung gleichstehen. Das verpfändete Areal — in der Regel eine große Fläche, denn nur im großen Betrieb werden die Serientitel zur Anwendung kommen — haftet den Inhabern der Titel einer Serie gleichmäßig. Diese Gleichstellung ist allerdings nicht ganz durchgeführt in einem Fall, mit dem, wie die Erläuterungen zum Teilentwurf über das Grundpfand zeigen, ganz besonders gerechnet wird, dem Fall, daß mehrere kleinere Eigentümer sich zur Ausgabe von Serientiteln zusammengethan haben[1]. Hier ist davon auszugehen, daß für jede Partialobligation eine bestimmte Parzelle haften muß, und das hat zur Folge, daß bei den einzelnen Serientiteln die haftenden Parzellen genannt werden müssen, was freilich im Gesetz nicht besonders hervorgehoben wird. Das Verhältnis ist dabei wohl kaum anders denkbar, als daß Einzelpfandrechte mit getrennter Beitreibungsmöglichkeit entstehen. Ein Zwang zur Gesamtbetreibung wäre hier nicht durchzuführen. Die Sicherheit dieser Titel, mögen es Schuldbriefe oder Gülten sein, soll dadurch gewährleistet werden, daß sie immer im ersten Range stehen müssen und $^2/_3$ des Schatzungswertes (hier muß also jedenfalls Schatzung stattfinden) nicht überschreiten dürfen (Art. 860). Bei den Seriengülten kommt dann noch die kantonale Haftung hinzu.

Die Serientitel sollen wie Pfandbriefe unkündbar sein, während für den Schuldner ein höchstens auf zehn Jahre ausschließbares Ablösungsrecht besteht (Art. 857). Die Rückzahlung kann auf dem Weg der Amortisation geschehen (Art. 859), unter allen Umständen muß ein bestimmter Tilgungsplan zu Grunde liegen. Die Auslosungen und Tilgungen sind von den Kantonen amtlich zu überwachen.

Die Ausgabe der Serientitel kann durch die Eigentümer direkt oder durch eine Bank oder öffentliche Kasse erfolgen (Art. 855). Daß man sich irgendwie der Vermittelung einer Bank oder öffentlichen Kasse bedient, soll, so ist wohl gedacht, die Regel bilden. Und in der That wird es ja ohne die Hilfe eines solchen Instituts schwer möglich sein, den Absatz der Serientitel zu bewerkstelligen. Auch dadurch, daß eine Bank oder sonstige Anstalt Zahlstelle für den Schuldner und Einlösungsstelle für die unter allen Umständen auf Inhaber (sei es der Titel, sei es der Koupons) gestellten Zinsforderungen ist, wird eine größere Negociabilität der Titel herbeigeführt, noch mehr durch eine Bestellung der Anstalt zur Treuhänderin im Sinne des Art. 821.

Nun scheint mir aber die Beteiligung der Banken ganz außerordentlich erschwert, wenn nicht geradezu inhibiert zu sein durch die Bestimmung des Art. 855, daß dieselben für Kapital und Zinsen Haftung übernehmen müssen[2].

---

[1] Dieselben brauchen keineswegs Mitglieder einer Genossenschaft zu sein.

[2] Auf die sonstigen Kreditanstalten bezieht sich die Bestimmung nach dem Wortlaut des Art. 855 nicht.

Diese Bestimmung ist zunächst nicht ganz deutlich. Nicht an die Vermittler- oder Treuhänderstellung soll die eigene Haftung angeknüpft sein, sondern an das „Ausgeben". Dabei wird wohl an den Normalfall gedacht sein, daß die Bank die Serientitel, welche sie zunächst selbst beliehen hat, weiter verkauft, eventuell unter Vorbehalt irgendwelcher Vermittlerstellung. Der immerhin denkbare Fall, daß die Bank direkt als Stellvertreterin der Grundstückseigentümer auftritt, und in deren Namen die Titel ausgiebt, scheint nicht getroffen und kann wohl auch kaum getroffen werden[1].

Außerdem aber erscheint die erzwungene Haftung der emittierenden Bank, wenigstens nach unseren deutschen Begriffen, als ein übertriebener und nicht zu rechtfertigender Rigorismus. Es würde sich bei uns wohl gar keine Bank unter solchen Bedingungen zur Emission bereit finden, und wo das geschieht, wird sie jedenfalls Provisionsansprüche stellen müssen, die den Kredit erheblich verteuern. Überdies, sollte man meinen, könnte man es ruhig den beteiligten Kreditgebern überlassen, ob sie ohne solche accessorische Haftung der Bank ihr Geld geben wollen oder nicht. Die wohlgemeinte Absicht, das Publikum gegen schwindelhafte Emissionen zu schützen, dürfte leicht zu einer vollständigen Verhinderung der Bankbeteiligung und damit zur Verhinderung zahlreicher Personen, sich des Instituts der Serientitel zu bedienen, führen. Nur große Unternehmungen mit ganz gesichertem Kredit und bedeutendem Immobiliarvermögen werden die Emission von sich aus zu betreiben vermögen.

Unter allen Umständen wird das ganze Institut wesentlich nur den Bedürfnissen der Großgrundbesitzer und der großen industriellen Unternehmungen dienen, wie denn thatsächlich die verschiedenen Arten sogenannter Partialobligationen oder Teilschuldverschreibungen mit oder ohne Vermittelung einer Bank bisher nur in solchen Fällen ausgestellt worden sind[2]. Ob es gelingen wird, das Institut auch

---

[1] Dieser Fall kommt gegenwärtig in Deutschland unseres Wissens nicht vor. Es würde jedermann stutzen und fragen: warum giebt die Bank nicht aus, da muß irgend etwas faul sein. Würde aber der Bank bei jedem Ausgeben suo nomine die eigene Haftung aufgenötigt, so wäre wohl möglich, daß sich das Stellvertretungsgeschäft einbürgerte.

[2] In Deutschland bildet die Vermittelung einer Bank durchaus die Regel, und zwar überwiegend in der Weise, daß die Bank zur sogenannten Pfandhalterin bestellt ist. Auf sie wird, so war es bisher üblich, das für die Gesamtsumme verhaftete Pfand eingetragen. Sie veräußert die zunächst von ihr erworbenen Partialobligationen, wodurch die Erwerber, in der Regel durch

den Kleingrundbesitzern zugänglich zu machen, was, wie schon bemerkt, beabsichtigt ist, dürfte mehr als zweifelhaft sein. Hier scheint mir vor allem wieder das Fehlen der Gesamthypothek hindernd im Wege zu stehen. Denn wenn für den einzelnen Posten doch nur eine Parzelle haften soll, so ist schwer einzusehen, was der Eigentümer der Parzelle durch die Beteiligung an der Ausgabe der Serientitel gegenüber der Specialverpfändung erreicht. Die Möglichkeit des Gesamtarealverkaufs bei der regelmäßig zu erwartenden Nichtbefriedigung sämtlicher Partialgläubiger wird nicht ausreichen, um derartige Schuldverschreibungen gangbarer zu machen. Das Publikum wird solche auf einzelne kleinere Parzellen fundierte Partialobligationen, deren Qualität und Bewirtschaftung es nicht kennt, niemals gern nehmen, und das wird auch durch die Vorschriften über Beleihungsgrenze und über die Haftung des Kantons bei der Gült nicht wohl beseitigt werden können [1]. — Allerdings würde eine nebenher

Blankoindossament, entsprechenden Anteil an dem Pfandrecht bekommen, obwohl die Urkunde in der Hand der Bank zurückbleibt. Dabei ist ausbedungen, daß die Pfandbetreibung nur von der Bank ausgehen darf, daß also die Erwerber der Partialobligationen nicht rückziehbare Vollmachten erteilen sowie auf die eigene Geltendmachung ihres Pfandrechts verzichten. Die Nichthaftung der Bank ist dabei meist ausdrücklich hervorgehoben. Zahlstellen sind gewöhnlich neben der Bank, welche die Treuhänderstellung einnimmt und welche demnach verpflichtet ist, bez. der Pfandbetreibung die Interessen der Partialobligationeninhaber zu wahren, auch mehrere andere namhaft gemacht. (Man vergleiche z. B. die Isenburg-Birsteinschen Partialobligationen von 1887, die Teilschuldverschreibungen der Buderusschen Eisenwerke, der Aktiengesellschaft „Norddeutsche Eiswerke" in Berlin, der Aktiengesellschaft „Mechanische Sammetweberei" vormals Kolb & Schüle in Kirchheim unter Teck.) Von ohne Vermittelung einer Bank ausgegebenen hypothekarisch gesicherten Partialobligationen sind mir nur die Fürstenbergschen bekannt, die schon aus älterer Zeit stammen. Andere Anlehen, bei denen ebenfalls nur Zahlstellen benannt sind, haben keine hypothekarische Sicherung.

Neuerdings hat auch das B.G.B. eine gesetzliche Grundlage zu geben gesucht, ohne jedoch die ganze Materie erschöpfend regeln zu wollen. Der § 1187 sieht die Bestellung einer Sicherungshypothek vor, die auch von Haus aus auf den Inhaber eingetragen werden kann. Der § 1189 regelt die Treuhänderstellung des vom Eigentümer zu berufenden Vertreters der Gläubiger, ohne indessen weitergehenden Parteivereinbarungen entgegenzutreten. — Auf diese Bestimmungen wird in der neuesten Tile-Winklerschen Emission Bezug genommen. (Zu vergleichen über diese Bestimmungen des B.G.B. Hachenburg, Das Bürgerliche Gesetzbuch für das Deutsche Reich. Zweite, neubearbeitete Auflage. Mannheim 1900. S. 601—609.)

[1] Daß die kantonale Haftung auch wieder dazu führen kann, die Schatzung zu drücken, ist schon oben bemerkt.

gehende Haftung einer Bank oder Darlehenskasse hier viel nützen können. Aber gerade die Banken werden sich am allerwenigsten auf diese Geschäfte einlassen. Inwieweit die ländlichen Darlehenskassen, z. B. die nach Raiffeisenschem Muster eingeführten, hier einzugreifen vermögen, wird die Zukunft lehren müssen. Referent möchte nicht glauben, daß sie dazu im stande sind.

Im Unterschied zum neuen Recht des B.G.B. ist hervorzuheben, daß nach dem Entwurf die Grundpfandverschreibung, deren Ebenbild, die Sicherungshypothek, bei uns regelmäßig, wo nicht ausschließlich, in diesen Fällen funktioniert, nicht entsprechend verwendbar ist. Dieselbe findet nicht bloß bei den Serientiteln keine Erwähnung. Es ist auch positiv ausgeschlossen, daß man Schuldverschreibungen auf Ordre oder Inhaber ausstellt und zu deren Deckung eine Grundpfandverschreibung auf den Namen einer Bank eintragen läßt. Denn dabei ließe sich, weil Art. 821 zur Übertragung der Grundpfandverschreibung schlechthin Eintrag fordert, den neuen Gläubigern keine pfandrechtliche Sicherung verschaffen[1]. Umgekehrt sind in Deutschland die Verkehrshypotheken kraft positiver Vorschrift nicht verwendbar, sobald Inhaber- und Ordrepapierschulden in Frage kommen[2]. Dagegen würde der Verwertung der auf Inhaber gestellten Grundschuld zu den genannten Zwecken nichts im Wege stehen. Die Bestellung eines Vertreters nach § 1189 dürfte auch hier möglich sein[3]. Die Zurückerlangung der ausgegebenen Briefe, deren der Vertreter zur Geltendmachung des Pfandrechts bedarf, läßt sich im Fall des Notleidens der Schuldverschreibungen leicht verwirklichen.

Das Fahrnispfand.

Der 23. Titel behandelt das **Fahrnispfand** und zwar in seinem ersten Abschnitt zunächst das **Faustpfand**, an welches alsdann das Retentionsrecht angeschlossen wird[4].

---

[1] Nach deutschem Recht § 1187 letzter Satz ist bei Inhaber- und Ordreschulden die Notwendigkeit der Buchabtretung ausdrücklich ausgeschlossen. Das Teilpfandrecht geht mit der Übertragung der Forderung durch Indossament oder Begebung über.

[2] Über die Gründe vergleiche **Hachenburg** a. a. O. S. 601 u. 602.

[3] Nach dem Wortlaut des § 1189 könnte man Bedenken haben. Allein § 43 der Grundbuchordnung schließt jeden Zweifel aus.

[4] Die Art. 210—228 des Obligationenrechts sollen dadurch beseitigt werden (s. die Übersicht über das Obligationenrecht am Schluß des Entwurfs).

Die gewöhnliche Art der Verpfändung ist die Hingabe zu Faustpfand, für welche im wesentlichen dieselben Publicitätsregeln gelten, wie sie im deutschen Recht aufgestellt sind. Die Einräumung von Mitbesitz (B.G.B. § 1206) ist nach Art. 865 Abs. 3 genügend. Eine Verpfändung durch Cedieren des Herausgabeanspruchs unter Anzeige an den dritten Besitzer ist dem Schweizer Entwurf nicht bekannt, dafür aber kann der Besitz nach Art. 966 durch Vereinbarung und Anzeige an den dritten Besitzer übertragen werden. — Als besonderer Fall wird dann in Art. 866 derjenige der Nachverpfändung hervorgehoben. Dazu soll schriftliche Anweisung an den ersten Pfandgläubiger, daß er das Pfand an den folgenden Gläubiger herauszugeben habe, erforderlich sein.

Etwas kompliziert geregelt sind die Untergangsgründe. Der Artikel 868 bestimmt zunächst: das Faustpfandrecht geht unter, sobald der Gläubiger aufhört, das Pfand zu besitzen. Dabei ist auch an den Besitz durch Vermittelung eines anderen (Art. 962) gedacht. So lange man durch einen anderen besitzt, besteht das Pfandrecht weiter. Das macht eine weitere Vorschrift notwendig, daß nämlich der Verpfänder nicht der Besitzmittler sein kann. So lange der Verpfänder mit Willen des Pfandgläubigers besitzt, soll das Pfandrecht unwirksam sein. Bei Rückgabe lebt es wieder auf. Auch beim Besitz dritter Personen kann das Pfandrecht (offenbar mit rückwirkender Kraft) wieder hergestellt werden, wenn der Pfandgläubiger mit seiner dinglichen Klage dem Dritten den Besitz wieder abnimmt.

Sollte da nicht die Regelung des B.G.B. einfacher und angemessener sein, daß lediglich durch den gutgläubigen Erwerb dritter Personen, die nichts vom Pfandrecht wissen, dasselbe zerstört wird? Im übrigen kann das Pfandrecht sehr wohl aufrecht erhalten werden. Die Vorschrift des B.G.B. § 1253 allerdings, daß das Pfandrecht durch Rückgabe der Sache an den Verpfänder oder Eigentümer schlechthin erlöschen soll, dürfte nicht nachahmenswert sein. Hier wäre der Schweizer Bestimmung der vorübergehenden Unwirksamkeit in den Fällen, in denen nur vorübergehend anvertraut wird, der Vorzug zu geben.

In Art. 869 ist eine Bestimmung darüber zu vermissen, wie die Aufgabe des Pfandrechts erfolgt, ob dazu Vertrag notwendig, oder ob einseitige Erklärung genügt.

Die weiteren Bestimmungen über Haftung des Gläubigers, Umfang der gesicherten Forderung, Rang der Pfandrechte und Ausschluß der lex commissoria bieten keinen Anlaß zu weiteren Bemerkungen. Das gesamte Recht der Pfandveräußerung ist ebenso wie beim Grundpfand nicht behandelt, weil hier das Schuldbetreibungsgesetz vom 11. April 1889 eingreift. Auch über die Antichrese ist nichts ausdrücklich bemerkt, man wird aber die Einräumung einer solchen aus allgemeinen Gründen für zulässig erklären müssen. Die Zulässigkeit der Weiterverpfändung dürfte sich indirekt aus Art. 870 Abs. 2 ergeben. Bei Abtretung der Forderung geht das Faustpfandrecht nach Art. 190 des Obligationenrechts mit über. Die Haftung des ursprünglichen Pfandgläubigers für jeden aus der Herausgabe des Pfands an einen Dritten entstehenden Schaden wird auch auf diesen Fall auszudehnen sein.

Die Regelung des Retentionsrechts schließt sich nahe an die bisherige des Obligationenrechts an. Neu ist vor allem die Bestimmung, daß das Retentionsrecht an Sachen, die eine Verwertung nicht zulassen, ausgeschlossen sein solle (Art. 875 Abs. 1). Damit soll doch wohl nicht ausgeschlossen sein, daß an solchen Objekten durch Vertrag obligationenrechtliche Retentionsrechte, die dann aber keine Veräußerungsbefugnis in sich schließen, begründet werden können (?).

Des weiteren ist in dem Entwurf, wohl nach dem Muster des B.G.B., die durchaus angemessene Bestimmung aufgenommen, daß das Retentionsrecht durch Sicherheitsleistung abgewendet werden kann (Art. 877 Abs. 1).

Im übrigen braucht wohl kein Wort darüber verloren zu werden, daß das Retentionsrecht des Schweizer Entwurfs auf ganz anderem Fundament ruht als dasjenige des B.G.B. Es ist eine Fortbildung des deutschrechtlichen, auch in das deutsche H.G.B. aufgenommenen Retentionsrechts. Es beschränkt sich auf Sachen, die mit Willen des Schuldners in den Besitz des retentionsberechtigten Gläubigers gekommen sind. Hier aber wird ein Sachenrecht konstituiert, das sich vom Faustpfandrecht nur durch das Erfordernis vorherigen Verzugs und vorheriger Benachrichtigung und neuerdings durch die Abwendbarkeit mittelst Sicherheitsleistung unterscheidet.

Daneben finden sich im Entwurf auch noch weitere Fälle von Retentionsrechten (Art. 981 Abs. 1), wobei übrigens auch an die Möglichkeit, die Retention schadenstiftender Sachen bis zur Deckung des Schadens einzuführen, zu erinnern wäre[1].

---

[1] Die Bestimmung wäre etwa in Art. 696 einzufügen.

Die allgemeine Frage des § 273 B.G.B, inwieweit sich bei bestehenden Obligationsverhältnissen eine Zurückhaltung einer Leistung bis zur Leistung der Gegenpartei rechtfertigen könnte, war natürlich nicht innerhalb des Sachenrechts aufzuwerfen. Sie findet aber auch im Obligationenrecht keine Lösung. Die Aufstellung einer dem § 273 des deutschen B.G.B. entsprechenden Bestimmung dürfte bei der Revision des Obligationenrechts immerhin in Erwägung gezogen werden.

Bei den im folgenden Abschnitt besprochenen Pfandrechten an Forderungen und anderen Rechten wird, wie im B.G.B., auf die Regeln des Faustpfandrechts verwiesen, außerdem gerade wie dort die Verpfändbarkeit von der Übertragbarkeit abhängig gemacht und die Einhaltung der für die Übertragung notwendigen Form verlangt (Art. 878, 879). Bei der Verpfändung von Forderungen könnte zweifelhaft erscheinen, ob die Benachrichtigung des Schuldners für das Entstehen des Pfandrechts wesentlich ist. Infolge der Zusammenstellung dieser Vorschrift mit der Verpflichtung zur Herausgabe der Beweisurkunde auf Verlangen des Pfandgläubigers in Abs. 2 des Art. 879 dürfte das nicht anzunehmen sein. Es wird also eben die Benachrichtigung des Schuldners seitens des Pfandgläubigers begehrt werden können. Außerdem wird Art. 187 des Obligationenrechts entsprechend zur Anwendung kommen[1]. Es folgen alsdann einige Specialbestimmungen über Wertpapiere und Warenpapiere, insbesondere beim Vorhandensein von Warrants.

Über die Wirkungen dieser Pfandrechte sind unseres Erachtens keine genügenden Bestimmungen gegeben. Nur bei den verzinslichen oder sonst mit prozentualen Nebenbezügen verbundenen Forderungen wird der Umfang des Pfandrechts näher bestimmt (Art. 882), und in Art. 883 werden alsdann noch einige Bestimmungen über die Kündigung und Einziehung der Forderung überhaupt[2] gegeben. Es soll der Eigentümer (?) sie vornehmen können in der Weise, daß er Hinterlegung der Summe fordern kann, wenn er sich nicht mit dem Pfandgläubiger über den Zahlungsempfang einigt. Der Pfandgläubiger soll, wenn die ordentliche Vermögensverwaltung Kündigung und Einziehung fordert, solche verlangen können.

Damit dürften aber doch noch nicht alle Fragen erledigt

---

[1] Anders B.G.B. § 1280.

[2] Art. 883 dürfte nicht auf die in Art. 882 genannten Forderungen zu beschränken sein.

sein, auf die man eine Antwort erwartet. Mag immerhin die eigentliche Pfandbetreibung anderweit geregelt sein, so sollten doch gewisse, dem materiellen Recht angehörige Bestimmungen, wie z. B. über die Einziehungsbefugnis des zur Geltendmachung seines Pfandrechts schreitenden Pfandgläubigers, über die Entstehung von Pfandrechten an der gelieferten Sache bei Forderungsrechten auf res certa, über das Verhältnis verschiedener Pfandgläubiger zu einander Aufnahme in das Gesetzbuch finden.

Der dritte Abschnitt des Mobiliarpfandrechts behandelt die sogenannte Fahrnisverschreibung, deren Einführung schon nach dem Obligationenrechte den Kantonen freigestellt gewesen war (Art. 210 Abs. 3). Zulässig ist nach dem Entwurf die Fahrnisverschreibung bei Vieh, beweglichen Betriebseinrichtungen, zu denen auch die Schiffe gehören dürften, Vorräten und Warenlagern, wenn sie ihrem Eigentümer zur Ausübung seines Berufs oder Gewerbes dienen [1].

Die Publizität der Verpfändung wird gewahrt durch die Einschreibung in das öffentliche Pfandprotokoll der durch die Kantone zu bestimmenden Kreise (Art. 886). Die Pfandverschreibung wirkt nur auf zwei Jahre, allerdings mit Erneuerungsmöglichkeit (Art. 888). Wechselt die Sache ihren Standort, so verliert der Eintrag schon nach drei Monaten seine Wirkung, wenn nicht auch an dem neuen Standort ein Eintrag erfolgt (Art. 888 Abs. 3). Bei der Verpfändung von Sachgesamtheiten müssen Inventare zu Grunde gelegt werden [2]. Bei Entfernung einzelner Sachen vom Aufbewahrungsort muß hier das Pfandrecht sofort aufhören, während hinzugefügte Sachen kraft dinglicher Surrogation an die Stelle der ausgeschiedenen treten (Art. 889).

Was das Rangverhältnis des durch solche Fahrnisverschreibung begründeten Pfandrechts zu anderen Pfandrechten anbelangt, so versteht sich von selbst, daß das in gutem Glauben erworbene Faustpfand unbedingt vorgehen muß. Dies hielt man nicht einmal der ausdrücklichen Hervorhebung wert. Außerdem muß aber das Verhältnis zum Grundpfand festgelegt werden, da die der Fahrnis-

[1] Ob zu den Vorräten auch Früchte auf dem Halme gerechnet werden können, ist zweifelhaft. Vielleicht wäre eine ausdrückliche Zulassung dieser Verpfändung wünschenswert.

[2] Dies wäre bei der Verpfändung von Früchten auf dem Halme allerdings ausgeschlossen, man wird dieselben aber auch nicht unter den Begriff der Sachgesamtheit zu subsumieren haben.

verschreibung zugänglichen Gegenstände sehr häufig Zubehör einer Liegenschaft sein werden. Das in gutem Glauben erworbene Grundpfand soll der Fahrnisverschreibung vorgehen, wenn es auch hinter dem gutgläubig erworbenen Faustpfand zurücksteht (Art. 885).

Die Hauptfrage bei diesen Fahrnisverschreibungen wird sein, wie sich die vorhandenen reellen Bedürfnisse nach einem derartigen Kredit zu den Kosten der unter Umständen nicht unerheblichen Mühewaltung, welche die Führung der Protokolle mit sich bringt, stellen. Darnach würde auch der Umkreis der der Pfandverschreibung zugänglich zu machenden Gegenstände zu bestimmen sein.

Daß überhaupt ein Bedürfnis nach derartigen Verpfändungen besteht, dürfte kaum zu bestreiten sein[1]. Dasselbe hat sich auch in Deutschland stets von neuem geltend gemacht, wie die zahlreichen Sicherungsübereignungen zur Umgehung der strengen Pfandrechtsgrundsätze, die Schmerzenskinder der deutschen Rechtsprechung, beweisen. Unser Rechtsgefühl will sich dabei nicht beruhigen, daß es unmöglich sein soll, auf die wertvollsten Mobilien (mit Ausnahme der Seeschiffe und Zubehörstücke) Kredit zu bekommen, wenn man nicht in der Lage ist, den Besitz daran aufzugeben. Man darf dagegen auch nicht einwenden, daß durch Einführung eines Registerpfandrechts nur unsolide und schädliche Kreditgeschäfte gefördert werden, daß infolge solcher Zulassung es dem Wucherer leichter fallen werde, die Schlinge um den Hals seines Opfers zuzuziehen. — Es ist ja wohl richtig, daß Banken und größere Kreditinstitute auf ein solches Registerpfandrecht nicht viel geben werden, weil sie nicht in der Lage sind, die Wirtschaft des Schuldners, die Behandlung des Mobiliars, genügend zu überwachen, sich gegen Verbringung oder bedeutende Wertverminderung wichtiger Stücke zu schützen. Allein damit ist noch lange nicht über jede derartige Kreditgewährung der Stab gebrochen. Warum soll es ein unsolides Geschäft sein, wenn der Verwandte oder Freund, der in der Lage ist, die betreffende Kontrolle auszuüben, helfend einspringt und gegen solche Sicherung Kredit gewährt? Auch bei kleineren lokalen Kreditinstituten dürfte die Benutzung dieses Sicherungsmittels keineswegs ausgeschlossen sein. Ebenso wird der an Ort und Stelle befindliche Verpächter sich auf Inventarverpfändungen des Pächters einlassen können.

---

[1] Siehe darüber auch Gierke in seiner Kritik zum deutschen Entwurf S. 388.

Die geschilderten Fälle dürften wohl schon hinreichen, um den Versuch der Einführung eines Registerpfandrechts lohnend erscheinen zu lassen. Nur speciell darüber ließe sich zweifeln, ob der gesunde kaufmännische Kredit der Warenlagerverpfändung bedarf und nicht vielmehr durch die Zulassung einer solchen geschädigt werden kann [1].

Selbstverständlich müssen gegenüber Mißbräuchen des Instituts die erforderlichen Kautelen angebracht werden. Es muß die Wuchergesetzgebung eingreifen, es müssen die vor der Verpfändung vorhandenen Chirographare durch Anfechtungsrechte gedeckt sein, und endlich möchten wir noch zur Erwägung stellen, ob die Fahrnisverschreibung nicht ihre Schranke bei den der Pfändung nicht unterworfenen Gegenständen finden sollten.

Der vierte Abschnitt sodann behandelt das sogenannte Versatzpfand der gewerbemäßigen Pfandleihanstalten. Für die Struktur dieses Pfandrechts ist vor allem wesentlich der Ausschluß jeder persönlichen Haftung. Die Anstalt ist auf die Verwertung des Versatzpfands beschränkt. Diese Ausgestaltung ist beim Pfandleihgeschäft die allein sachgemäße, sie wird den meisten Ordnungen desselben zu Grunde liegen, wenn sie auch nicht überall so deutlich zum Ausdruck gebracht ist wie in Art. 897 Abs. 2 des Entwurfs. Bei dieser Ausgestaltung kann dann auch ohne weiteres der gewerbemäßige Kauf auf Rückkauf dem Versatzpfandgeschäft gleichgestellt werden (Art. 901). Die übrigen Bestimmungen des Abschnitts beziehen sich auf die öffentlichrechtliche Ordnung des Pfandleihgewerbes, die Gestalt des Versatzscheines und dessen Legitimationskraft bei der Auslösung, die Pfandsumme und die Zinsansprüche, sowie die Verkaufsbefugnisse der Anstalt.

Der fünfte und letzte Abschnitt, betreffend die Pfandbriefe, ist schon in anderem Zusammenhang besprochen.

Die Rechte der herrenlosen und öffentlichen Sachen.

Ebenso ist aus dem folgenden 24. Titel, welcher die Rechte an herrenlosen und öffentlichen Sachen behandelt, eine wichtige Materie, das Wasserrecht, schon ausgeschieden worden.

Aus den allgemeinen Bestimmungen des ersten Abschnitts sind nur die allgemeinen Hoheitsrechte des Staats über herrenlose und öffentliche Sachen, die Befugnisse der Kantone über die Aneignung

[1] Der bisher häufig in solchen Fällen gewährte ungedeckte Kredit würde dann wohl verschwinden.

herrenloser Sachen und den Gemeingebrauch an öffentlichen Sachen Bestimmungen zu treffen (zu vgl. auch die Specialsätze der Art. 919 u. 920), die Befugnis, außer der Ausnutzung der Wasserkräfte auch Jagd und Fischerei sowie die bergrechtliche Occupation für regal zu erklären, hervorzuheben.

Der Art. 921 ermöglicht sodann die Bestellung von Dienstbarkeiten und Grundlasten zu Gunsten und zu Lasten von öffentlichen Sachen. Welche Voraussetzungen dafür bestehen, wird nicht gesagt. Darüber bestimmt naturgemäß das kantonale Recht.

In den Bestimmungen über das Bergrecht fällt auf, daß der in den deutschen Gesetzgebungen zumeist preisgegebene Schürfschein festgehalten wird. Dies geschieht in der Weise, daß auch der schürfende Grundbesitzer selbst genötigt ist, sich einen Schürfschein geben zu lassen (Art. 946). Durch das Erfordernis des Schürfzettels dürften die Interessen der Grundbesitzer besser gedeckt werden, da sie von Amts wegen zur Äußerung aufzufordern und hier auch eventuell über ihr Recht, Entschädigung und Sicherheitsleistung zu fordern, zu belehren sind. Sind die Parteien einig oder will der Grundbesitzer schürfen, so wird sich ja das amtliche Verfahren rasch erledigen können, so daß in dem Verlangen, sich vor der Vornahme der Schürfarbeiten einem solchen zu unterwerfen, keine allzu große Belästigung des Verkehrs zu finden wäre. Nur ein Argument scheint in gewichtiger Weise gegen den Schürfzettel zu sprechen: die Nötigung zur Publikation der eigenen Berechnungen und Erwartungen. Durch das Verlangen des Schürfscheines können andere aufmerksam gemacht werden, und wenn sie bessere Bohrmaschinen haben oder im Terrain günstiger situiert sind, zuvorkommen. Ob dieses Moment von entscheidender Bedeutung sein darf, muß nach den örtlichen Verhältnissen beurteilt werden.

In der Fassung zu beanstanden sind die Art. 948, 949. Auf Grund des ersteren Artikels könnte man glauben, daß nur der Erwerber eines Schürfscheins, nachdem er gefunden hat, muten könnte, und daß dementsprechend auch der Art. 949 auszulegen wäre. Dies dürfte aber schwerlich die Absicht des Gesetzes sein. Es muß jedermann die Verleihung des Bergwerkseigentums nachsuchen können. Nur sollte dem Finder ein Vorrecht eingeräumt sein, was bei Stillschweigen des Gesetzes nicht wohl angenommen werden kann.

Die übrigen Bestimmungen beziehen sich auf die Ausdehnung der Verleihung (Art. 951), den Verlust der Bergberechtigung (Art. 953, 954), das Verhältnis zu den sonstigen Grundstücksinteressenten in Bezug auf Schadensersatzpflicht und Enteignungsrecht (Art. 952, 956, 957, 958). In Art. 958 wäre es vielleicht angemessen, besonders zum Ausdruck zu bringen, ob nur der vom Standpunkt des Betriebsunternehmers vorhersehbare Schaden ersetzt werden soll oder der in objektiv adäquater Weise verursachte [1]. Allerdings wird in Ermangelung besonderer Bestimmung das letztere anzunehmen sein, so daß man zu demselben Resultat kommt wie nach dem preußischen Berggesetz.

Bezüglich der Betriebsordnung ist nur die allgemeine Vorschrift im Art. 955 gegeben, daß der Unternehmer gewissen noch aufzustellenden Vorschriften unterworfen ist, und daß er alle zum Schutz des Grundeigentums, der Gebäude, Verkehrswege und Wasserläufe erforderlichen Vorkehrungen anzubringen habe, wie der Art. 958 Abs. 1 ergiebt, auf seine Kosten. Die Einzelvorschriften sind zweckmäßigerweise der Specialgesetzgebung überlassen, und zwar müssen sie nach Art. 960 vom Bundesrat entweder aufgestellt oder doch genehmigt werden. In derselben Weise wird das gesamte Knappschaftswesen, das im Entwurf ebenfalls keine Regelung findet, zu behandeln sein. Ein besonderes Gewerkschaftsrecht ist ebenfalls nicht vorgesehen, vielmehr werden sich die bergrechtlichen Associationen der gewöhnlichen Formen der Aktiengesellschaft oder Genossenschaft zu bedienen haben.

Besitz und Grundbuch.

Erst die dritte und letzte Abteilung des Sachenrechts beschäftigt sich, wie gleich eingangs bemerkt, mit dem Begriff und der Rechtswirkung des Besitzes, sowie mit der allgemeinen Einrichtung und Bedeutung des Grundbuchs. Die beiden Titel gehören zu den schwierigsten, aber auch zu den bedeutsamsten und interessantesten des ganzen Gesetzes.

Der Besitz.

Die Regelung des Besitzes weicht von derjenigen des B.G.B. stark ab.

Zunächst wird einmal der Sachbesitzbegriff ausschließlich abgestellt auf das Merkmal der thatsächlichen Gewalt über die Sache (Art. 961). Ergänzend hinzugefügt wird nur, daß wenn der Besitzer

---

[1] Zu vergl. M. Rümelin, Die Verwendung der Kausalbegriffe in Straf- und Civilrecht, S. 79 u. 80.

die Sache einem anderen zu einem beschränkten dinglichen oder einem persönlichen Rechte übertragen habe, beide Besitzer sein sollen (Art. 962)[1].

Es ist klar, daß damit eine ganze Reihe von Fragen offen gelassen, bezw. der richterlichen Praxis zur Beantwortung übergeben ist. So zunächst einmal die auch im deutschen B.G.B. ohne Antwort gebliebene Frage, inwieweit zur thatsächlichen Gewalt irgendwelche Art von animus erforderlich sein soll. (Daß nicht der römische animus rem sibi habendi verlangt wird, ist allerdings einleuchtend.) Sodann aber ist vor allen Dingen unerledigt die Stellung der Personen, welche eine Sache in nach Verkehrsanschauung durchaus abhängiger Weise innehaben, so daß sie den jederzeitigen Weisungen eines Besitzherrn oder seiner Vertreter unterworfen sind. Haben diese Personen nun die thatsächliche Gewalt, sind sie Besitzer?

Man könnte zunächst versucht sein, einen Schluß aus dem Art. 962 zu ziehen. Da nur, wenn zu beschränktem dinglichem oder zu persönlichem Recht übergeben ist, beiderseitiger Besitz stattfinden soll, könnte man a contrario schließen, daß bei Fehlen solcher festen Rechtsstellung der Übergebende alleiniger Besitzer bleiben, daß dann auf Seiten des Empfängers auch keine thatsächliche Gewalt im Sinne des Gesetzes angenommen werden solle. Allein das Merkmal „Übergabe zu dinglichem oder persönlichem Recht" bildet keineswegs eine sichere Handhabe. In welchen Fällen kann man nicht eine Übertragung zu persönlichem Rechte annehmen? Der Verwahrungsvertrag soll doch gewiß unter Art. 962 fallen, das persönliche Recht also nicht auf die Fälle des selbstnützigen Innehabens beschränkt sein. So würde denn die Praxis doch ohne unmittelbaren Anhalt am Gesetz die Abgrenzung gewinnen müssen. Gegen diesen principiellen Standpunkt ist nichts einzuwenden, wenn man auch die Rechtsunsicherheit in Kauf nehmen muß, welche ein derartiges Verhalten des Gesetzgebers immer längere Zeit hindurch nach sich zieht und wenn auch, wie schon früher bemerkt[2], der erst aus der Judikatur seinen Inhalt gewinnende Begriff der thatsächlichen Gewalt dem Verständnis des

---

[1] In der Überschrift des Artikels stehen die Worte selbständiger und unselbständiger Besitzer. Dabei ist indessen keineswegs klar, welcher der selbständige und welcher der unselbständige Besitzer sein soll. Für beide Besitzer läßt sich eine gewisse Unselbständigkeit behaupten. Indessen wird von der Terminologie kein weiterer Gebrauch gemacht.

[2] Am Beginn des 1. Artikels.

Publikums nicht wird nahe gebracht werden können. Denn immer besser gar keine nähere Bestimmung, als eine solche, die nur scheinbar einen Anhalt gewährt oder gar die Praxis in fehlerhafte Bahnen zu drängen geeignet ist.

Mit Recht wird der Redaktor des Schweizer Entwurfs für sich geltend machen können, daß bisher eine durchaus befriedigende Abgrenzung durch eine abstrakt gefaßte Norm noch nicht gefunden sei, auch nicht im deutschen B.G.B. — Das B.G.B. hebt zwar einige zweifellose Fälle der Besitzdienerschaft treffend heraus, allein die Abgrenzung im einzelnen bleibt ebenso schwierig, wie sie ohne den § 855 wäre. Außerdem wird die Gefahr einer Festlegung der Praxis auf falsche Resultate nicht ganz abzulehnen sein.

Eine solche Gefahr möchte Referent z. B. annehmen bez. der Frage, ob bei Unterschlagung eines Besitzdieners, der eine bewegliche Sache an einen gutgläubigen Dritten veräußert, eine Vindikation des Besitzherrn bestehen bleibt oder nicht. Hier liegt die Argumentation außerordentlich nahe: da der Besitzherr als der einzige Besitzer gilt, hat er durch das Übergeben der Sache an den Besitzdiener oder das Unterstellen unter dessen Aufsicht den unmittelbaren Besitz nicht aufgegeben, folglich tritt bei Unterschlagung des Besitzdieners unfreiwilliger Besitzverlust ein. Die Vindikation ist gegeben[1]. Ich lasse dahingestellt, ob dieses Resultat durch irgendwelche Mittel der Auslegung nach dem B.G.B. abgewendet werden kann, darüber, daß es verkehrt ist, kann wohl kaum ein Zweifel bestehen. Das Erhaltenbleiben der Vindikation ist zwar vollkommen gerechtfertigt, wenn das Zimmermädchen ein Buch aus der Bibliothek des Dienstherrn veruntreut, der Soldat einen ärarischen Gegenstand, den er im Dienst in die Hand bekommt, verkauft, aber nicht, wenn der Handlungsgehilfe, sei es in bewußter, sei es in unbewußter Weise, eine ihm nicht erlaubte Veräußerung vornimmt. Daß in allen Fällen, in denen der Angestellte Veräußerungsvollmacht in Bezug auf derartige Gegenstände, wie der anvertraute einer ist, besitzt und diese absichtlich oder mißverständlich mißbraucht, der Grundsatz, Hand muß Hand wahren, ebenso oder noch mehr am Platze ist, als bei der Übergabe an einen Verwahrer, dürfte offensichtlich sein. Man nehme gar den Fall, daß jemand seine Sache einem Geschäft anvertraut hat, etwa eine Pflanze dem Gärtner zur

[1] So Gierke: Die Bedeutung des Fahrnisbesitzes für streitiges Recht, S. 25 N. 13. Biermann, Kommentar zu § 935, S. 2.

Pflege, und daß nun ein Angestellter des Geschäfts, sei es in Verwechselung, sei es in böser Absicht, den Gegenstand veräußert. Soll man da wirklich entscheiden, daß nach § 935 Abs. 1 Satz 2 die Vindikation bestehen bleibe, während, wenn der Prinzipal selbst die Veräußerung vorgenommen hätte, sie unterginge? Wie leicht können hier auch Fälle vorkommen, in denen ein fehlerhaftes Verhalten des Geschäftsherrn und ein solches des Angestellten zusammenwirken.

Nach dem Schweizer Entwurf hat man jedenfalls bez. der letztbehandelten Frage freie Hand. Zu helfen ist schon dadurch, daß man den Art. 976 für sich interpretiert und gar nicht in Zusammenhang mit der Frage der Besitzdienerschaft bringt. In diesem Artikel ist abgestellt auf das „Anvertrauen". Man kann sehr wohl zu dem Resultat gelangen, daß nicht bloß in den Fällen des Art. 962 (Übergeben zu beschränkt dinglichem oder persönlichem Recht), sondern auch bei Unterstellen unter eine gewisse Veräußerungsbefugnisse in sich schließende Aufsicht, ein „Anvertrauen" im Sinne des Art. 976, vorliege. Der Art. 977 Abs. 1 wäre dann eben aus dem Gegensatz zu Art. 976 zu bestimmen.

Auch im übrigen gewährt der Entwurf in wünschenswerter Weise freie Hand, z. B. bei der Behandlung derjenigen prekaristischen Besitzer, die unter unmittelbarer Aufsicht des Besitzherrn eine Sache in Händen halten.

Es könnte sich nur die Frage erheben, ob die Absicht des Gesetzgebers, möglichst freien Spielraum zu gewähren, in genügendem Maße erreicht ist, ob nicht in dieser Richtung noch ein Schritt weiter gethan werden sollte. Nach Ansicht des Referenten wäre es wünschenswert, wenn man den Begriff der „thatsächlichen Gewalt" relativ fassen und z. B. sagen könnte: Dritten gegenüber hat der Dienstbote die thatsächliche Gewalt, ihnen gegenüber hat er die Befugnis zur Eigenmacht (dadurch wäre der § 860 des deutschen B.G.B. ersetzt), und kann auch die Besitzschutzklage des Art. 964 anstellen, dem Dienstherrn gegenüber besteht die thatsächliche Gewalt nicht, und deshalb sind auch die genannten Befugnisse ausgeschlossen[1].

Eine derartige Gestaltung wäre schon deshalb zweckmäßig, weil in Abwesenheitsfällen für eine rasche Beseitigung der Besitzverletzung gesorgt werden könnte.

---

[1] Daß gerade bei häuslichen Abhängigkeitsverhältnissen die Eigenmacht des Abhängigen gegen den Hausherrn schon auf Grund der Hausgewalt abgeschnitten werden kann, ist früher hervorgehoben worden.

Nun würde allerdings der Begriff der thatsächlichen Gewalt für sich allein einer solchen Auslegung kein Hindernis in den Weg legen. Wohl aber ergeben sich Schwierigkeiten, wenn man die Klage auf Grund früheren Fahrnisbesitzes (Art. 974 Abs. 2) mit zur Betrachtung zieht.

Diese sollte auf Grund derartiger Positionen, wie sie die Köchin zu den Küchenutensilien, der Soldat zu seinem Dienstgewehr einnimmt, auch Dritten gegenüber nicht gewährt werden. Die Aktivlegitimation zu dieser Klage wäre beim Nachweis des Gegners, daß Kläger die Sache nur in einem durchaus abhängigen Verhältnis innegehabt habe, daß er den jeweiligen Weisungen eines Dritten unterworfen gewesen sei, zu eliminieren. Entsprechend dürften auch die Vermutungen der Art. 972, 973 für solche Personen nicht zur Anwendung kommen.

Dies läßt sich aber nach dem Wortlaut des Entwurfs kaum erreichen. Denn diese Klage auf Grund früheren Besitzes ist nicht von anderen Voraussetzungen abhängig gemacht als die Klage aus eigenmächtiger Besitzentsetzung (Art. 969). Der Entwurf geht offenbar von der Anschauung aus, daß der Begriff der thatsächlichen Gewalt durch die Kasuistik der Judikatur unter Zuhülfenahme des Art. 962 einheitlich festzustellen sei, so daß die Befugnis zur Eigenmacht, zur Besitzschutzklage und zur petitorischen Klage aus dem Besitz Hand in Hand zu gehen hätten.

Diese Auffassung, die doch nur auf einer vorgefaßten Meinung beruhen dürfte, sollte unseres Erachtens aus dem Entwurf beseitigt werden. Die Praxis könnte sich viel freier bewegen, wenn sie in die Lage gesetzt wäre, die Voraussetzungen für jede einzelne Besitzwirkung selbständig zu bestimmen. Dies würde etwa dadurch herbeizuführen sein, daß unter Beibehaltung des Art. 961 Abs. 1 der Art. 962 folgendermaßen gefaßt würde:

„Übt jemand die thatsächliche Gewalt über eine Sache infolge davon aus, daß ein anderer ihm die Sache anvertraut oder zur Aufsicht oder Obhut übergeben hat[1], so ist sowohl er wie der andere Besitzer.“

Außerdem wäre in dem, wie sich aus dem Folgenden ergeben wird, ohnedies eingehender zu formulierenden Artikel, welcher die petitorische Klage aus dem Besitz regelt, einzuschalten: „Wer die

[1] Dadurch würde hervorgehoben, daß nicht bloß die Fälle des Art. 976 getroffen sein sollen.

thatsächliche Gewalt über die Sache in einer abhängigen Stellung ausübt, welche ihn den jederzeitigen Weisungen eines anderen unterwirft, kann die Klage nicht anstellen."

Dies führt uns nun schon zu den Besitzklagen hinüber, die in dem Entwurf ganz eigenartig geregelt sind.

Der Entwurf unterscheidet einerseits: die possessorischen Klagen wegen eigenmächtiger Besitzentziehung und Besitzstörung, welche sowohl bei unbeweglichen wie bei beweglichen Sachen zustehen, ohne Verzug anzuheben sind und alsdann keine petitorischen Einreden zulassen, außerdem an eine Ausschlußfrist von einem Jahr gebunden sind (Art. 969, 970, 974, 975), andererseits die sonstigen Klagen aus dem Besitz, die auf bewegliche Sachen beschränkt sind, petitorische Einreden zulassen und entweder einer fünfjährigen (Art. 977) oder der gewöhnlichen Verjährung unterliegen (so im Fall des Art. 979 und bei der negatorischen Klage aus dem Besitz [?]).

Dabei ist offenbar die Meinung des Entwurfs, daß diese petitorischen Klagen aus dem Besitz bei beweglichen Sachen für die Regel die Klagen aus dem Recht, insbesondere die Vindikation, ersetzen werden (wie denn auch nach dem B.G.B. die Klage aus § 1007 viel häufiger sein wird als die Klage aus Art. 985, trotz Zuhülfenahme des § 1006). Denn die allgemeinen Vindikationsgrundsätze bei beweglichen Sachen werden lediglich im Zusammenhang mit diesen Besitzklagen in den Art. 976—979 erörtert.

Dies letztere möchte Referent für einen Fehler der Darstellung halten. Die Klagen aus dem dinglichen Rechte sollten nicht in dieser Weise mit Stillschweigen übergangen werden. Es sollte jedenfalls einmal ausdrücklich klargestellt werden, daß die Beschränkungen der Klage aus dem Besitz, wie sie sich aus den Art. 976—978 ergeben, auch gegenüber der Vindikation gelten, während z. B. die Beschränkung des Art. 979 Abs. 2 den Vindikanten, der trotz seines schlechten Glaubens wahrer Eigentümer ist, nicht trifft[1]. Die Praxis wird zwar vielleicht auch von sich aus zu den richtigen Resultaten gelangen, aber besser ist es doch, Zweifel in dieser Richtung gar nicht aufkommen zu lassen.

Es ergeben sich aber unseres Erachtens aus der Anordnung des Entwurfs noch weitere Unzuträglichkeiten, vor allem eine ungenügende

---

[1] Art. 979 Abs. 2 lautet: Hatte jedoch der frühere Besitzer selbst nicht in gutem Glauben erworben, so kann er einem späteren Besitzer die Sache nicht abfordern.

Bestimmung der negatorischen Klagen. Die Herausgabe-Ansprüche sind genügend fixiert. Insbesondere ist die Stellung des Beklagten gegenüber allen Klagen auf Herausgabe, mögen es Klagen aus dem Besitz oder aus dem Recht sein, durch die Art. 980—982 ausreichend geregelt. Die Pflicht zur Herausgabe beweglicher Sachen speciell ist durch die Art. 676—679 in allen wesentlichen Punkten klargestellt[1]. Darauf, daß über den Ort der Herausgabe nichts gesagt ist, möchten wir keinen Nachdruck legen. Auch den Herausgabe-Anspruch in Bezug auf Immobilien wird sich der Jurist auf Grund der Art. 975 Abs. 1, 644, 980—982, wenn auch mit einiger Mühe, klarmachen können[2]. Aber gänzlich im Stich gelassen wird man hinsichtlich der negatoria. Es ist doch wohl nicht anzunehmen, daß die Störungsklage immer auf Schadensersatz gehen soll, wie die Klage wegen eigenmächtiger Störung in Art. 970. Auf der anderen Seite wird aber auch zweifelhaft sein, ob nur im Fall des Verschuldens Schadensersatz geleistet werden soll. Auch die Frage des Früchteersatzes wäre bei den negatorischen Klagen einer Erwägung zu unterziehen. Im deutschen B.G.B ist ja auch nicht viel über die actio negatoria ausgesagt, aber es ist doch ein Paragraph (1004) vorhanden, der ihren Inhalt angiebt.

Aber auch abgesehen davon wäre es im Interesse der Übersichtlichkeit und Verständlichkeit mit Freuden zu begrüßen, wenn der Zusammenhang der verschiedenen dinglichen Ansprüche (Art. 644, 730, 749, 807, 974 ff., 1017, 1018, auch 679 wäre vielleicht zu erwähnen) deutlich hervorgehoben würde. Am besten würde das, wie wir glauben, dadurch zu bewerkstelligen sein, daß ein besonderer Abschnitt über die Ansprüche aus dinglichen Rechten und aus dem Besitz gebildet würde.

Dadurch wäre dann wohl auch Anlaß gegeben, das Verhältnis zwischen den petitorischen Klagen aus Besitz oder Eintrag und den Klagen aus dem Recht, sowie das Verhältnis der Besitzklagen mehrerer

[1] Aufmerksam zu machen ist besonders auf den in Art. 977 Abs. 2 eingeführten Lösungsanspruch. Bei öffentlicher Versteigerung, Kauf auf dem Markt oder im Laden soll der gutgläubige Erwerber nur gegen Vergütung des von ihm bezahlten Preises herausgeben müssen.

[2] Es dürfte wohl einmal eine Herausgabeklage auf Grund des Eintrags, daneben eine Herausgabeklage auf Grund des materiellen Rechts, die neben der Berichtigungsklage des Art. 1017 einhergeht, gegeben sein. (Der Ausdruck für die Klage auf Grund Eintrags ist schlecht gewählt.)

Besitzer untereinander[1] zu bestimmen. Das Verhältnis ist durchaus nicht ohne weiteres klar. Soll z. B., wenn die Klage aus dem Besitz erhoben ist, der Klage aus dem Recht, wenn sie derselbe Kläger anstellt, die Rechtshängigkeitseinrede entgegenstehen? Wie soll es ferner gehalten werden, wenn der Vermieter und der Mieter einer beweglichen Sache gleichzeitig die Klage aus dem Besitz anstellen? Nach dem Recht des Entwurfs scheint ja jeder Herausgabe an sich selbst verlangen zu können, da eine Bestimmung im Sinne des § 869 B.G.B. fehlt. Soll auch hier die Prävention entscheiden, was nur mit Hülfe einer Rechtshängigkeitseinrede durchzuführen wäre? Oder sollen die Prozesse nebeneinander geführt und eventuell mit Verbindung oder Aussetzung operiert werden? Welches die beste Lösung der auch im deutschen Recht nirgends ausdrücklich geregelten Frage ist, darüber läßt sich zweifeln. Unseres Dafürhaltens geht man de lege ferenda am besten von der Selbständigkeit der Klagen aus und sucht nur einmal durch Chicaneeinreden gegenüber zweimaliger Klage derselben Person und ferner in den Fällen mehrfachen Besitzes des durch Verurteilung auf Herausgabe an den zum unmittelbaren Besitz Berechtigten (entsprechend § 869 B.G.B.) zu helfen. Nun aber wird de lege lata in Ermangelung besonderer Bestimmungen von dem Ausschluß der Rechtshängigkeitseinrede auszugehen sein. Am schwersten wird sich nach dem Entwurf die Herausgabe an den unmittelbaren Besitzer auf dem Wege der Interpretation entwickeln lassen. Es wird also nur durch ein Hinterlegungs- oder Sequestrationsrecht des Beklagten, unter analoger Anwendung des Art. 188 Obligationenrechts, zu helfen sein[2].

Gut gelungen sind die Vorschriften über die Haftung des Beklagten gegenüber allen dinglichen Klagen auf Herausgabe. Dieselben sind in drei Artikel zusammengefaßt, während das B.G.B. 16 sehr unübersichtlich zusammengestellte Paragraphen dazu verwendet. Eine wesentliche Vereinfachung der Darstellung wird schon dadurch erzielt, daß von der Rechtsstellung des Beklagten ausgegangen wird, infolgedessen der Ausschluß der Ersatzpflicht des gutgläubigen Besitzers, die Ansprüche auf Impensen u. s. w. als Folgen der betreffenden Besitzerstellung erscheinen. So wird vor allem in Art. 980 ein Nutzungsrecht des gutgläubigen Besitzers konstatiert.

[1] Dabei kommen nicht nur die petitorischen, sondern auch die possessorischen Besitzklagen in Betracht.

[2] Dieses Recht hilft dem Beklagten freilich nichts, wenn er in erster Linie jeden Herausgabe-Anspruch bestreiten will.

Wünschenswert wäre es vielleicht, noch ausdrücklich festzustellen, ob und inwieweit die Vorschriften über Herausgabe einer ungerechtfertigten Bereicherung noch zur Anwendung kommen. Beim Verwendungsersatz ist von einer Anwendung der Bereicherungsklage nicht die Rede, da, sobald Bereicherung stattfindet, eine nützliche Verwendung vorliegt und mithin die Klage des § 981 gegeben ist. Wohl aber kann es sich bei der Herausgabe von Früchten um eine Anwendung der Bereicherungsgrundsätze handeln. Der Art. 981 Abs. 3 will die Frage für den Fall des gutgläubigen Besitzes offenbar nicht erledigen[1]. Der Fall der Rechtshängigkeit ist mit gutem Grund nicht an dieser Stelle behandelt. Keine Abweichung gegenüber dem deutschen Recht enthält die Bestimmung des Art. 982 Abs. 3, welche in den Fällen, in denen der bösgläubige Besitzer nicht weiß, an wen er die Sache herauszugeben hat, eine Milderung der Haftung eintreten läßt. Der Entwurf geht nämlich an sich von der casus-Haftung aus und reduziert demgegenüber in den genannten Fällen die Haftung auf eine Haftung für Verschulden. Das deutsche B.G.B. dagegen geht von der Verschuldungshaftung aus und ordnet im Fall des Verzugs eine Steigerung an[2]. — Dagegen ist das Impensenretentionsrecht in einem wesentlichen Punkt anders gestaltet als bei uns. Während das deutsche B.G.B. in § 1003 eine Verwertung der retinierten Sache im Wege des Pfandverkaufs vorsieht, wird man nach dem Recht des Entwurfs die Retentionsrechte der Art. 981, 982 nicht unter die Regel des Art. 877 subsumieren dürfen.

Die übrigen, bisher nicht erwähnten Bestimmungen über den Sachbesitz beziehen sich auf Erwerb und Verlust desselben, sowie auch auf die Rechtsvermutungen, die der Besitz bei den beweglichen Sachen mit sich bringt.

---

[1] Es läßt sich auch aus Art. 981 Abs. 3 nicht mit Sicherheit schließen, auf welchem Standpunkt der Entwurf hinsichtlich des Fruchtgenusses des bonae fidei possessor steht. Soll er schlechthin Anspruch auf die fructus bona fide consumpti haben, soll man wie nach deutschem Recht zwischen unentgeltlicher Erlangung des Besitzes (§ 988) und entgeltlicher (§ 993), und in letzterem Fall zwischen ordnungsmäßigem Ertrag und darüber hinausgehender Fruchtziehung unterscheiden? Wenn nach Art. 981 Abs. 3 unter allen Umständen die gezogenen Früchte auf die Verwendungen angerechnet werden sollen, so ist das sowohl mit der Auffassung, daß der gutgläubige Besitzer an sich einen Anspruch auf die Früchte habe, als mit der gegenteiligen Anschauung verträglich.

[2] Vorzuziehen ist wohl, wenn die Kategorie des Verzugs bei diesen dinglichen Klagen vermieden wird.

Zum Besitzerwerb und Besitzverlust ist wenig zu bemerken. Der auf den Besitzverlust sich beziehende Art. 963 entspricht in seinem Inhalt vollständig unserem § 856. Erworben wird der Besitz auch nach Schweizer Recht im allgemeinen durch Erlangung der thatsächlichen Gewalt. Es werden nur noch besondere Bestimmungen über den derivativen Besitzerwerb hinzugefügt. (Der Besitzerwerb durch Erbgang ist in Art. 577 geordnet.) Ein Vorzug vor dem Recht des B.G.B. ist, daß ausdrücklich von der Übergabe an einen Stellvertreter des Erwerbers gesprochen und dabei die Stellung des Frachtführers normiert wird (Art. 965)[1], sowie daß eine ausdrückliche Normierung des Rechts der Warenpapiere (Art. 967) erfolgt. Zweifeln wird man können, ob die Besitzübertragung nach Art. 966 (bei constitutum possessorium und bei Besitz eines Dritten) genügend klar normiert ist. Es fehlt hier an einer deutlichen Bestimmung des besitzübertragenden Aktes[2]. Dies ist in beiden Fällen doch wohl die Vereinbarung, daß Besitz übergehen solle, zu der im Fall des Drittbesitzes, damit die Besitzübertragung gegenüber dem Dritten Wirkung erlange, noch eine Benachrichtigung durch den Geber treten muß[3].

Die Vermutungen aus dem Besitz einer beweglichen Sache in Art. 972 und 973 dürften im wesentlichen ebenfalls mit den Resultaten übereinstimmen, zu denen der § 1006 des deutschen B.G.B. gelangt. Es fehlt die Einschränkung, daß die Vermutung zu Gunsten des gegenwärtigen Besitzers nicht bestehe gegenüber einem früheren Besitzer, der den Besitz unfreiwillig verloren habe. Die ausdrückliche Hervorhebung dieser Einschränkung dürfte indessen überflüssig sein; sie wird sich von selbst verstehen.

Auf der anderen Seite könnte auch die im Art. 973 Abs. 1 enthaltene Vermutung überflüssig erscheinen[4]. Denn auch ohne den Art. 973 Abs. 1 würde sich ergeben, daß jeder, der seinen Fremd-

[1] In Art. 965 sollte übrigens das dritte Wort statt „Übergabe“ „Übertragung“ lauten.

[2] Man beachte auch die Abweichung der Fassung von Art. 201 des Obligationenrechts.

[3] Ein ähnliches Resultat wird nach deutschem Recht dadurch erreicht, daß der § 870 an die Anspruchscession anknüpft, wodurch ohne weiteres die Cessionsgrundsätze (§§ 407, 408) übertragen werden. Nur ist es nach deutschem Recht gleichgültig, in welcher Weise der cessus die Kenntnis der Cession erlangt.

[4] Dieselbe lautet: Besitzt jemand eine bewegliche Sache ohne Eigentümer sein zu wollen, so kann er die Vermutung des Eigentums dessen geltend machen, von dem er sie in gutem Glauben erhalten hat.

besitz von einem anderen ableitet, dessen Eigentumsvermutung geltend machen kann [1]. Die Bestimmung des Artikels hat aber Wert wegen der Bedeutung, die dem bösgläubigen Erwerb beigelegt wird. Man kann die Vermutung nicht geltend machen, wenn der Gegner bösgläubigen Erwerb nachweist [2].

Man nehme etwa folgenden Fall: B. hat von A. ein Pferd gemietet, C. klagt mit der Vindikation gegen B. und weist nach, daß dieses Pferd seinem Erblasser D. gehört habe. Wie es aus der Hand des D. kam, vermag er nicht darzuthun. Nun müßte an und für sich B. herausgeben, wenn er nicht durch die Präsumtion zu Gunsten des A. Deckung fände, denn abgesehen von dieser Präsumtion würde wohl das einmal begründete Eigentum als fortbestehend gelten. Die Präsumtion wird aber nun ihrerseits widerlegt durch den Nachweis, daß B. von A. bösgläubig erworben habe. Ein solcher Nachweis kann etwa dadurch erbracht werden, daß Äußerungen des B. dargethan werden, aus denen hervorgeht, daß er beim Erwerb nicht an das Recht des A. glaubte.

Nun fragt sich aber weiter, ob die Vermutung des Art. 973 Abs. 1 nicht überflüssig gemacht wird durch die weitgefaßte und weittragende Vermutung des Art. 973 Abs. 2, daß jeder, der eine bewegliche Sache mit dem Anspruch eines beschränkt dinglichen oder eines persönlichen Rechtes besitze, als entsprechend Berechtigter angesehen werde.

Man sollte meinen, diese Präsumtion, bei der man gar nichts über den Erwerb auszusagen, seinen Autor nicht namhaft zu machen braucht [3], könne ebenfalls dazu benutzt werden, um jede Vindikation so lange siegreich abzuschlagen, bis der Kläger unfreiwilligen Besitzverlust nachweist. Dies trifft aber doch nicht zu oder doch nur bei den beschränkt dinglichen Rechten.

Für den persönlich Berechtigten ist die Vermutung weder zur Verteidigung gegen eine Vindikation noch zur Begründung einer

---

[1] Dies wird in der deutschen Litteratur ohne weiteres angenommen. Die Einschränkung, die sich für das deutsche Recht daraus ergeben könnte, daß nach § 1006 die Vermutungen nur „zu Gunsten" der betreffenden Besitzer wirken sollen, fällt nach dem Recht des Schweizer Entwurfs weg.

[2] Anders ist der Art. 973 Abs. 1 nicht zu verstehen; selbstverständlich braucht man nicht, um die Vermutung für sich zu verwerten, gutgläubigen Erwerb darzuthun, sondern der Gegner müßte den bösen Glauben beweisen.

[3] Daß diese Präsumtion gegenüber dem Art. 976 selbständige Bedeutung hat, liegt auf der Hand.

Herausgabeklage verwertbar[1]. Das persönliche Recht läßt sich ja, abgesehen von den Besitzklagen, einem nicht Obligierten überhaupt nicht entgegenhalten, also weder zum Angriff noch zur Verteidigung gebrauchen[2]. Dem angeblich selbst obligierten Vindikanten gegenüber ist die Verwertung der Präsumtion nach Art. 973 Abs. 3 ausgeschlossen. So könnte es sich denn überhaupt fragen, welche Bedeutung der Ausdehnung der Vermutung auf bloß persönlich berechtigte Personen zukomme. Dieselbe ist insofern gerechtfertigt, als sich die Vermutung immerhin verwerten läßt bei der Begründung von Schadensersatzklagen aus unerlaubter Handlung, Bereicherungsklagen u. s. w. Daß hier die Mieter, Pächter rc. sich der Präsumtion bedienen können, ist ein Vorzug gegenüber dem deutschen B G.B.

Sehr weit geht der Entwurf in der Anerkennung des Rechtsbesitzes, von dem bekanntlich im B.G.B. nur kümmerliche Reste stehen geblieben sind. Bei allen Grunddienstbarkeiten und Grundlasten soll die thatsächliche Ausübung des Rechts dem Sachbesitz gleichgestellt sein.

Allerdings wird im Folgenden dieser Rechtsbesitz ziemlich stiefmütterlich behandelt, es finden sich gar keine ausdrücklichen Bestimmungen mehr, die sich direkt auf ihn bezögen; vielmehr ist überall der Wissenschaft überlassen, zu untersuchen, inwieweit die Grundsätze des Sachbesitzes sich übertragen lassen. Daß der maßgebende Begriff der thatsächlichen Ausübung in derselben Weise durch die Praxis bestimmt werden muß wie derjenige der thatsächlichen Gewalt beim Sachbesitz, versteht sich von selbst.

Die Übertragung der Sachbesitzgrundsätze vollzieht sich nicht ohne Schwierigkeiten im einzelnen. Am zweifellosesten wird die Übertragung der possessorischen Klage aus Art. 970 sein, sowie die Übertragung der Grundsätze des Art. 975, daß Vermutungen und petitorische Klagen nicht auf Grund des Besitzes, sondern nur auf Grund Eintrags möglich sind, sobald die betreffenden Grundstücke ins Grundbuch aufgenommen wurden. Bei den nicht aufgenommenen

---

[1] Zur Herausgabeklage auf Grund früheren Besitzes braucht der Mieter die Präsumtion darum nicht, weil er sich bei derselben gar nicht auf das Recht beruft.

[2] So wird denn zur Verteidigung des Mieters gegen eine Vindikation die Präsumtion des Abs. 1 Dienste leisten können, während die Präsumtion des Abs. 2 ausgeschlossen ist.

Grundstücken würden sich allerdings eine Präsumtion und eine petitorische Klage aus dem Besitz ergeben.

Nur bis zu einem gewissen Grad übertragbar sind die Vorschriften über Eigenmacht in Art. 968. Eine Wiedererlangung der thatsächlichen Gewalt durch sofortige Vertreibung des Gegners dürfte z. B. nur bei baulichen Vorrichtungen auf fremdem Grund und Boden denkbar sein.

Möglich ist sodann, soweit die betreffenden Rechte der Ausübung nach übertragen werden können, eine Doppelbesitzerstellung entsprechend Art. 962. Auch 963 kann analog zur Anwendung gebracht werden. Endlich steht der Übertragung des Art. 983, welcher die acessio temporis bei der Ersitzung normiert, kein Hindernis im Wege. Dagegen können die Grundsätze der Besitzübertragung (Art. 964 ff.) wohl keine Anwendung finden. Auch bei einem Wegerecht wird eine Besitzschutzklage nicht schon dann eingreifen, wenn der angeblich Wegberechtigte „mit dem Willen des Eigentümers des belasteten Grundstücks sich in der Lage befindet, über dasselbe zu gehen", sondern erst, wenn mindestens einmal gegangen worden ist. Bei dem Reallastbesitz fehlt jede Möglichkeit der Übertragung des Art. 964 Abs. 2, geschweige denn der folgende Artikel. Endlich wird es sich auch um eine Übertragung der Haftungsgrundsätze der Art. 980—982 nicht handeln können, da dieselben ja auf die Herausgabe von Sachen und nicht auf die künftige Unterlassung von Eingriffen zugeschnitten sind. Die Haftung einer negatorischen Klage gegenüber ist, wie schon oben bemerkt, nirgends im Entwurf genauer geregelt.

Das Grundbuch.

Wenden wir uns schließlich noch zu dem letzten Titel, welcher das **Grundbuch** behandelt, so können hier die sämtlichen Fragen der äußeren Einrichtung und Anlage, der Öffentlichkeit, der Behördenorganisation, die amtlichen Pflichten der Behörden, die Teilung der Kompetenzen zwischen Bund und Kantonen, beiseite bleiben. Hier wird durch den Entwurf entfernt auch noch nicht alles definitiv geordnet (vgl. darüber Art. 984, 987—1000, 1016—1112). Hervorgehoben mag nur werden, daß die Kantone für allen Schaden verantwortlich gemacht werden, der durch unrichtige Grundbucheinträge verursacht wird. Die Schadensersatzpflicht ist nicht auf das Verschulden der Grundbuchbeamten oder Aufsichtsbeamten abgestellt. Nur für den Regreß der Kantone gegen die Beamten kommt es in Betracht (Art. 998).

Von Interesse ist dagegen vor allem die Bestimmung der möglichen Eintragungen. Hier fragt sich zunächst: was kommt als Objekt der grundbuchlichen Rechte in Betracht? Das sind die Liegenschaften mit Ausnahme der in Art. 986 genannten, die selbständigen und dauernden Rechte, wie Wasserrechte und Baurechte, sowie die Bergwerke (Art 985). Es fragt sich ferner, welche Rechte und Rechtsakte in Bezug auf eines der genannten Objekte eingetragen werden können. Es sind dies von Rechten das Eigentum, die Dienstbarkeiten, Grundlasten und Pfandrechte (Art. 1001). Grundbuchpflichtige Akte sind also alle Eigentumsübertragungen, alle Begründungen und Löschungen sowie Übertragungen von jura in re aliena.

Außerdem können eingetragen werden sogenannte Vormerkungen und zwar in drei Fällen. Einmal können nach Art. 1002 solche persönliche Rechte vorgemerkt werden, bei denen das ausdrücklich im Gesetz bestimmt ist. Die Grenze ist also hier erheblich enger gezogen als in § 883 des Bürgerlichen Gesetzbuchs, nach dem alle Ansprüche auf Erneuerung oder Aufhebung eines Rechts an einem Grundstücke oder an einem das Grundstück belastenden Recht, sowie alle Ansprüche auf Änderung des Inhalts oder Rangs solcher Rechte eingetragen werden können. Zugelassen sind nach dem Entwurf nur die Vorkaufs- und Rückkaufsrechte, die, wie schon früher hervorgehoben, unter ein klares einheitliches Recht gestellt sind, sowie, wenn das kantonale Recht das bestimmt, Pacht und Miete (§ 1002 in Verbindung mit Art. 281 Abs. 3 des Obligationenrechts). Sodann können Vormerkungen eingetragen werden bez. richterlicher oder sonstiger amtlicher (z. B. von den Verwaltungsbehörden ausgehender) Verfügungsbeschränkungen zur Sicherung streitiger oder vollziehbarer Ansprüche. Man denke an einstmalige Verfügungen und Einleitung der Subhastation. Dazu kommen Verfügungsbeschränkungen bei solchen Rechtsgeschäften, bei denen die betreffende Vormerkung ausdrücklich vorgesehen ist, wie z. B. beim Heimstättenrecht und bei der Anwartschaft eines Nacherben. Gesetzliche Verfügungsbeschränkungen können nicht vorgemerkt werden[1] (Art. 1003).

[1] Dazu gehören jedoch nicht Verfügungsbeschränkungen auf Grund des ehemännlichen oder elterlichen Nießbrauchs, für welche besondere Vorschriften bestehen.

Endlich wird das Institut der Vormerkung verwertet in den Fällen, in denen nach deutschem Recht Widersprüche eingetragen werden (sogenannte Vormerkung vorläufiger Eintragungen), dienlich zur Sicherung behaupteter dinglicher Rechte, hier entweder auf Grund einer Einwilligung sämtlicher Beteiligter oder auf Grund einer summarischen richterlichen Kognition (Art. 1004).

Dazu kommen noch die Vormerkungen im Fall des Art. 1009, wenn der Rechtsgrund schon hergestellt ist, es aber noch an der Vollständigkeit der Ausweise fehlt. Auch hier erfolgt die Vormerkung auf Grund des Einverständnisses der Beteiligten oder auf Grund besonderer grundbuchamtlicher Verfügung (Art. 1004).

Die Wirkung der Vormerkung ist dingliche Sicherung der persönlichen Ansprüche oder Verfügungsbeschränkungen gegenüber jedem später erworbenen Recht, bei der Sicherung dinglicher Rechte, sowie bei Nachholung des Ausweises, Datierung vom Momente der (vorläufigen) Eintragung an.

Diese Umgrenzung der Vormerkungen ist von ganz grundlegender Bedeutung. Denn erst durch sie wird in Wahrheit der numerus clausus der dinglichen Rechte hergestellt. Nach deutschem Recht z. B. ist es möglich, durch Eintragung von verschiedentlich bedingten Eigentumsrückübertragungspflichten die allerverschiedenartigsten Rechtszustände zu schaffen, insbesondere auch, wie A. Schultze neuerdings nachgewiesen haben dürfte[1], eigentümliche Treuhänderverhältnisse ohne überschießende Rechtsmacht zu begründen. Der Redaktor des Schweizer Entwurfs hat das abgelehnt, gewiß nicht aus beschränktem Romanismus, sondern wohl geleitet durch die Erwägung, daß es den Parteien nicht gestattet zu werden braucht, die dinglichen Verhältnisse an Grund und Boden beliebig zu komplizieren, so daß schließlich jeder Interessent, der sich Auskunft aus dem Grundbuch holen will, dazu rechtsverständigen Rat in Anspruch nehmen muß. Mag immerhin, wie namentlich von Schultze ausgeführt wird, durch das sogenannte materielle Publizitätsprincip die Möglichkeit geboten sein, über die beschränkte Zahl der römischen Sachenrechte hinauszugehen, so bleibt es doch ein durchaus gesunder Gedanke, bei denjenigen Rechten, die nach den verschiedensten Seiten hin wirken sollen, weil sie gegen jeden, dem sie erkennbar werden, geschützt werden, der Parteilaune nicht Thür und Thor zu öffnen, sondern bestimmte, durch das Verkehrsbedürfnis herausentwickelte Typen festzuhalten.

[1] Ih. Jahrb. Bd. 43 S. 1 ff.

Voraussetzung für die Eintragung von Eigentumsübertragungen, Rechtsbegründungen und Vormerkungen ist regelmäßig schriftliche Erklärung des Eigentümers (Art. 1005 Abs. 1). Damit ist ausschließlich der „eingetragene Eigentümer" gemeint[1]. Die Fälle, in denen keine solche Erklärung eines eingetragenen Eigentümers denkbar ist, fallen unter Art. 1005 Abs. 2[2]. So beruft sich der Erbe, der sein Erbrecht nachweist, auf die Gesetzesvorschrift des Art. 667, der Ersitzende auf das nach Art. 664 oder 665 ergangene Gerichtsurteil. Nicht anzunehmen ist wohl, daß eine solche Person, ein Erbe oder jemand, dem auf Grund von Ersitzung das Eigentum zugesprochen ist, ohne sich selbst eintragen zu lassen, eine Veräußerung vornehmen kann[3].

Bei Eintragung von Rechten ist also der Antrag des Erwerbers nicht verlangt, und insbesondere ist die erschwerte Auflassungsform bei Eigentumseintragungen nicht aufgenommen.

Bei allen Löschungen muß zur Erklärung des Eigentümers die Zustimmung aller aus dem Eintrag berechtigten Personen hinzutreten. Bez. dieser Zustimmung sind erleichterte Erklärungsformen verwilligt (Art. 1006).

In formeller Hinsicht wird für alle Eintragungen Ausweis über das Verfügungsrecht und über den Rechtsgrund verlangt (Art. 1008). Der Ausweis über das Verfügungsrecht wird in Art. 1008 Abs. 2 näher dahin bestimmt, daß der Gesuchsteller nachzuweisen habe, er sei der eingetragene Eigentümer oder dessen Stellvertreter. Dies ist aber unzweifelhaft auf die zustimmungsberechtigten Personen des Art. 1006 analog zu übertragen.

Der Ausweis über den Rechtsgrund soll erfolgen durch den Nachweis, daß die für die Gültigkeit erforderliche Form erfüllt sei. Damit ist ausgeschlossen, daß das Grundbuchamt auf eine weitere Prüfung der Gültigkeit, etwa ob kein Irrtum, kein Betrug, kein Wucher stattgefunden habe, eingeht. Auf Grund dieser Bestimmung glaubt der Entwurf, und zwar mit Recht, auf eine Loslösung der

---

[1] Das Wort „eingetragen" dürfte der größeren Deutlichkeit halber eingefügt werden.

[2] „Keiner Erklärung des Eigentümers bedarf es, wenn der Erwerber sich auf eine Gesetzesvorschrift, auf ein Gerichtsurteil oder einen gleichwertigen Erlaß zu berufen vermag."

[3] Wäre die Absicht vorhanden, hier etwas anderes zu bestimmen (cf. § 41 der deutschen Grundbuchordnung), so müßte das ausgesprochen werden. Der Art. 1005 dürfte nicht so, wie geschehen, gefaßt werden.

abstrakten dinglichen Einigung von dem obligatorischen Kausalgeschäft verzichten zu können. Vor der Eintragung wird unter keinen Umständen etwas anderes geschaffen als ein obligatorischer Anspruch. Deshalb kann auch die Einigung, daß jemand verpflichtet sein solle, Eigentum an einem Grundstücke zu übertragen oder ein dingliches Recht an einem Grundstücke zu bestellen, einen genügenden Rechtsgrund für die Eintragung abgeben[1].

Die Art. 1013—1019 behandeln die Wirkungen der Grundbucheintragungen einschließlich der Frage der Aufhebungs- und Berichtigungsmöglichkeit. Mit anderen Worten: es wird hier erst dargelegt, welches Grundbuchprincip gelten soll. Wenn nun auch schon früher bei der Eigentumslehre auf die grundsätzliche Gestaltung des Buchsystems aufmerksam gemacht wurde, so ist doch hier die Stelle zur eingehenderen Besprechung.

Da bestimmt denn nun zunächst der Art. 1013 negativ: Die einzutragenden Rechte bestehen, soweit sie aus dem Grundbuch nicht ersichtlich sind, auch nicht dinglich zu Recht. Es fragt sich, wie sich das zusammenreimen soll mit dem Art. 1004. In diesem letzteren werden doch zweifellos dingliche Rechte, die nicht aus dem Grundbuch ersichtlich sind und deshalb durch vorläufige Eintragung vorgemerkt werden können, anerkannt. Und zwar werden das jedenfalls einmal dingliche Rechte sein, die zu Unrecht gelöscht[2] oder durch einen unrechtmäßigen Eintrag beinträchtigt sind. Dazu kommen eventuell noch die früher besprochenen Fälle, in denen möglicherweise eine jedem Dritten gegenüber zu schützende Anwartschaft auf Eintrag besteht, die Fälle des Erbgangs, der Aneignung und Ersitzung. Daß solche Rechtsstellungen durch Vormerkung gesichert werden könnten, wäre wenigstens wünschenswert.

Demgemäß müßte nun aber die Bestimmung des Art. 1013 in einer Weise restringiert werden, daß sie überhaupt als eine verfehlte erscheint. Ihr richtiger Kern wäre darauf zu beschränken, daß eine Vermutung für die Nichtexistenz nicht eingetragener Rechte spricht, und daß der gutgläubige Erwerber von Rechten durch die aus dem Grundbuch nicht ersichtlichen Rechte nicht berührt werden darf. Daß

[1] Daß der abstrakte dingliche Vertrag beseitigt sein soll, ergiebt sich insbesondere aus der Fassung des Art. 1016 Abs. 2.

[2] Die Rede ist in Art. 1017 allerdings nur von der Klage auf Löschung oder Abänderung ungerechtfertigt eingetragener Rechte. Es ist aber kaum anzunehmen, daß bezüglich der Tilgung ungerechtfertigter Löschungen oder Vormerkungen etwas anderes gelten sollte.

zur rechtsgeschäftlichen Begründung dinglicher Rechte der Eintrag erforderlich ist, steht schon bei der Lehre vom Eigentumserwerb, Servituterwerb u. s. w.

Der Art. 1014 bestimmt die Entstehungszeit und die Rangordnung der eingetragenen dinglichen Rechte. Es soll hier das Datum des Eintrags in ein Tagebuch (nicht in das Hauptbuch) entscheiden. Die Einträge in das Hauptbuch sind natürlich dementsprechend vorzunehmen. Finden sich in den verschiedenen Abteilungen des Hauptbuchs Eintragungen vom gleichen Datum und es ist nicht eingetragen, daß die eine Eintragung der anderen vorgehen soll, so gelten die Eintragungen als gleichberechtigt.

Die beiden folgenden Art. 1015 und 1016 geben das Princip der publica fides des Grundbuchs wieder. Wer in gutem Glauben sich auf eine Eintragung verlassen und daraufhin Eigentum oder andere dingliche Rechte erworben hat, ist in diesem Erwerb zu schützen. Daß das auch in Bezug auf das Vertrauen auf eingetragene Löschungen gilt, dürfte bis jetzt aus dem Art. 1013 zu entnehmen sein. Würde derselbe, wie dringend zu wünschen, geändert, so wäre eine entsprechende Bestimmung aufzunehmen. Aus Art. 1017 Abs. 2 ergiebt sich, daß diese wohlerworbenen Rechte auch geschützt werden müssen gegenüber nachträglichen Löschungen oder Abänderungen ungerechtfertigter Einträge.

Zu Gunsten des bösgläubigen Dritten kommt das ungerechtfertigt eingetragene Recht nicht zu stande, und entsprechend wird ihm gegenüber auch die ungerechtfertigt eingetragene Löschung nicht wirksam sein (Art. 1016). Außerdem kann bei ungerechtfertigtem Eintrag vorbehaltlich der wohlerworbenen Rechte gutgläubiger Dritter die Abänderung des Eintrags begehrt werden, und zwar von jedem in seinen dinglichen Rechten Verletzten. Solche Berichtigungen dürfen bei schriftlicher Einwilligung sämtlicher Beteiligten ohne weiteres eingetragen werden, sonst muß Anordnung des Richters auf durchgeführte Berichtigungsklage hin erfolgen (Art. 1019).

Gegen alle diese Bestimmungen ist materiell nichts einzuwenden. Es fragt sich nur, ob nicht eine bessere und zugleich vollständigere Fassung erreicht werden könnte. Referent würde das für möglich und wünschenswert halten. Auszugehen wäre davon, daß unrechtmäßig eingetragene Rechtsveränderungen nicht gültig zu stande kommen, daß aber, wer in gutem Glauben auf eine eingetragene Rechtsveränderung sich verläßt, seine Rechtsstellung dem guten Glauben entsprechend erwirbt. Im Anschluß daran und auf dieser Grundlage wäre die Berichtigungsklage zu normieren. Sehr wünschenswert wäre alsdann noch eine genauere Bestimmung des guten Glaubens, da gerade in diesem Punkte die Grundbuchgesetzgebungen voneinander abweichen, die einen den guten Glauben nur bei positivem Anderswissen ausgeschlossen sein lassen, andere wenigstens bei grober Fahrlässigkeit ebenfalls bösen Glauben annehmen.

Schließlich wäre dann auch noch die in Art. 975 ausgesprochene Vermutung zu Gunsten der Grundbucheinträge zu verallgemeinern. Es sollte nicht bloß eine Vermutung zu Gunsten des eingetragenen Rechts, sondern auch gegen das nicht eingetragene bezw. gelöschte Recht aufgestellt werden (zu vgl. B.G.B. § 891).

Ich schließe damit die Besprechung, indem ich die geplanten Änderungen des in den fünften Teil des Gesetzbuchs aufznehmenden Obligationenrechts[1], sowie den Schlußtitel, der die Grundsätze des internationalen Privatrechts und die Übergangsbestimmungen enthalten soll, außer Ansatz lasse.

Ich bin in Bezug auf das Sachenrecht häufiger als in den anderen Teilen in der Lage gewesen, Widerspruch zu erheben oder wenigstens Bedenken anzumelden. Diese Bedenken bezogen sich jedoch ganz überwiegend auf die Technik der Gesetzgebung, insbesondere auf gewisse, aus der germanistischen Rechtswissenschaft entlehnte Konstruktions- und Anschauungsweisen, wie z. B. die Aufnahme des Begriffs der unkörperlichen Sache, die Voranstellung der Gewereklage gegenüber der dennoch unentbehrlichen Vindikation und negatorischen Klage. Vielleicht würde an diesen und einigen anderen Stellen etwas mehr Romanistik dem Entwurf nichts schaden, vielleicht lassen sich auch abgesehen davon noch einige Widersprüche und Unebenheiten beseitigen, sowie da und dort noch genauere Präcisierungen erlangen. Das alles hindert in keiner Weise die vollste Anerkennung auch dieses Teils des Entwurfs. Auch hier zeigt sich derselbe große Zug in der Erfassung der Probleme, — man denke vor allem an das Pfandrecht und das Wasserrecht —, dieselbe Originalität in der Fort-

---

[1] Dasselbe soll seine sachenrechtlichen Bestandteile verlieren; außerdem sollen verschiedene Materien, wie das Aktienrecht, Genossenschaftsrecht, Wechselrecht und Checkrecht, einer Revision auf dem Wege der Specialgesetzgebung unterzogen werden.

entwickelung des historisch Gegebenen nach den Bedürfnissen des modernen Verkehrs, wie in den ersten Teilen. Auch hier wird man in größeren Partieen (nicht bloß im Pfandrecht) die entschiedene Superiorität der Anordnungs- und Darstellungsweise gegenüber dem Bürgerlichen Gesetzbuch anerkennen müssen, wenn auch infolge der viel größeren technischen Schwierigkeiten nicht überall dasselbe Maß von Durchsichtigkeit und Verständlichkeit erreicht sein mag wie im Familienrecht und Erbrecht. Und so wird man denn auch unter Einbeziehung des Sachenrechts das schon von Laband[1] mit Rücksicht auf die ersten Teile ausgesprochene Urteil bestätigen können, daß die Schweiz, wenn das Gesetz auf der durch den Entwurf gebotenen Grundlage zu stande kommen sollte, nicht bloß eines der besten, sondern wohl das beste moderne Civilgesetzbuch haben wird.

[1] Deutsche Juristenzeitung von 1897 Nr. 7 S. 132 ff.

Kolibri 360 GmbH
Ferdinand-Jühlke-Straße 7
99095 Erfurt, Deutschland
produktsicherheit@kolibri360.de

Druck:
CPI Druckdienstleistungen GmbH
im Auftrag der
Kolibri 360 GmbH
Ferdinand-Jühlke-Str. 7
99095 Erfurt